U0052790

現代佛學叢書

梁武帝

傅偉勳・楊惠南主編／東大圖書公司

顏尚文 著

國家圖書館出版品預行編目資料

梁武帝╲顏尚文著. --初版. --臺北市
：東大，民88
　　面；　　公分. --(現代佛學叢書)
參考書目：面
ISBN 957-19-2281-1 (精裝)
ISBN 957-19-2282-X(平裝)

1.梁武帝-傳記-　　2.佛教-中國-梁
(502-557)

228.2　　　　　　　　　　　88002413

網際網路位址　　http://www.sanmin.com.tw

© 梁　　武　　帝

著作人　顏尚文
發行人　劉仲文
著作財
產權人　東大圖書股份有限公司
　　　　臺北市復興北路三八六號
發行所　東大圖書股份有限公司
　　　　地　　址／臺北市復興北路三八六號
　　　　電　　話／二五○○六六○○
　　　　郵　　撥／○一○七一七五──○號
印刷所　東大圖書股份有限公司
總經銷　三民書局股份有限公司
門市部　復北店／臺北市復興北路三八六號
　　　　重南店／臺北市重慶南路一段六十一號
初　版　中華民國八十八年十月
編　號　E 22058

基本定價　肆元捌角

行政院新聞局登記證局版臺業字第○一九七號

ISBN 957-19-2282-X(平裝)

《現代佛學叢書》總序

　　本叢書因東大圖書公司董事長劉振強先生授意，由偉勳與惠南共同主編，負責策劃、邀稿與審訂。我們的籌劃旨趣，是在現代化佛教啟蒙教育的推進、佛教知識的普及化，以及現代化佛學研究水平的逐步提高。本叢書所收各書，可供一般讀者、佛教信徒、大小寺院、佛教研究所，以及各地學術機構與圖書館兼具可讀性與啟蒙性的基本佛學閱讀材料。

　　本叢書分為兩大類。第一類包括佛經入門、佛教常識、現代佛教、古今重要佛教人物等項，乃係專為一般讀者與佛教信徒設計的普及性啟蒙用書，內容力求平易而有風趣，並以淺顯通順的現代白話文體表達。第二類較具學術性分量，除一般讀者之外亦可提供各地學術機構或佛教研究所適宜有益的現代式佛學教材。計畫中的第二類用書，包括(1) 經論研究或現代譯注，(2) 專題、專論、專科研究，(3) 佛教語文研究，(4) 歷史研究，(5) 外國佛學名著譯介，(6) 外國佛學研究論著評介，(7) 學術會議論文彙編等項，需有長時間逐步進行，配合普及性啟蒙教育的推廣工作。我們衷心盼望，關注現代化佛學研究與中國佛教未來發展的讀者與學者共同支持並協助本叢書的完成。

　　　　　　　　　　　　　　　傅偉勳　　楊惠南

謹以本書獻給

父親顏希驥、母親顏許卯

感謝他們的養育之恩，祈願他們健康、
無煩惱。

自　序

　　梁武帝是一位「皇帝菩薩」,「奉佛天子」。在位期間建立中國僧團「持素戒葷」的傳統,大力推行「菩薩戒」,宏揚《般若經》與菩薩思想,影響往後一千五百年的中國、日本等世界性佛教的發展。直到今天臺灣社會中經常舉行的「梁皇護國祈願消災法會」仍然盛況空前,深為佛教徒所熱衷參與。但是,中國的正統「史籍」卻明確的記載梁武帝一生發動的戰爭中死傷百萬人以上。「侯景亂梁」時「百姓流亡、死者塗地。千里絕煙、人跡罕見。白骨成聚,如丘隴焉」❶。在研究梁武帝的過程中,有著佛教徒的「法喜充滿」,也有歷史學者的「悲憤無奈」。1986年初,開始著手搜集梁武帝的資料,就被愉悅、興奮、懷疑、厭惡、痛恨、同情、諒解、包容等冰炭滿懷抱的情緒不斷的困擾著。十二年來,從中國中古佛教政治史的研究,轉向臺灣佛教社會史的探討,《梁武帝》這本書才逐漸脫離「理想與現實的糾纏」,在「願力與業力對決」的「菩提煩惱」中,讓「他」勇敢的走向俗世紅塵中,再接受「一大事因緣」的洗禮。本書即將出版,筆者有義務交待這番心路歷程,幫助讀者瞭解《梁武帝》。

　　筆者在碩士論文《隋唐佛教宗派研究》完成後,深感中國佛教史必須上溯魏晉南北朝更具體的人物或寺院研究才能更踏

❶　《南史》卷八十〈侯景傳〉,頁2009。

實。博士班期間仍然無法突破上述研究困境。因此，在葉阿月老師的安排下，於1986年秋天到日本東京大學「取經」。秋去冬來，在東京大學廣大的學術殿堂中，竟然找不到立足之地。1987年初，筆者在鎌田茂雄、木村清孝兩位「中國佛教史」權威教授指導下，嘗試探討「梁武帝與佛教」課題。白天冒著東京大雪紛飛、冷風逼人的酷寒，穿梭在東大圖書館、山喜房等地，找尋有關梁武帝的資料；夜晚在冰雪滾動撞擊聲中，法喜充滿的品嘗當天豐碩成果，興奮地計劃天亮後的進一步研討。1987年九月，開學前夕才匆忙趕回臺灣，帶著滿腔的喜悅與好友林保堯、賴鵬舉、周伯戡共同討論有關「梁武帝與佛教」等課題。1988年在《師大歷史學報》所發表的〈梁武帝的君權思想與菩薩性格初探——以「斷酒肉文」形成的背景為例〉，是在林保堯板橋的家中，每週一次的討論會中，逐漸成型的。1989年六月完成《梁武帝「皇帝菩薩」理念的形成及政策的推展》博士論文，感謝林兄以及「東方宗教討論會」諸畏友的斧正，才能以不到兩年的時間，趕在博士生修學期限終了前，完成學位論文，因此，無暇處理梁武帝維護政權的黑暗面。1981年九月，接替恩師朱際鎰教授在臺灣師範大學歷史系「魏晉南北朝史」課程，面對史學的新血輪，再也無法以宗教理由為梁武帝辯護其政治的黑暗面；也不想以學術的藉口將《梁武帝》設限在新的「理念」及「新政策」的推展範圍內，因此，不敢冒然出版博士論文。究竟梁武帝是一位極端的現實政權追逐者？亦或是一位「罔恤民命」的昏君？還是一位極端理想的宗教犧牲者？一位神聖的「佛菩薩」？而梁武帝個人能否超越中國二千年的封建君主集權體制？以及三百年來六朝貴族門閥的束縛？拋

棄統治階級的既得利益而照顧身份卑下的庶民奴婢？是否能力
挽其政權、國家免於淪亡的宿命而不動干戈？梁武帝體悟的《般
若經》、「菩薩思想」等深奧的佛理，筆者是否能理解、能正確
的掌握？梁武帝「持戒謹嚴」的操守，筆者是否能感同身受？
讓位出家是否是梁武帝的最佳選擇？一千五百年後的今天，我
們是否能設身處地的論斷梁武帝？各種各樣的問題，在無邊的
漆黑中，一團無知、無解的黑影不斷的侵襲著。筆者無法面對
「不可知」的「梁武帝」，更不敢以《梁武帝》示人。因為，
無明的恐懼，令人毛骨悚然，無法逃避。

　　要瞭解梁武帝奉佛的光明面，唯有勤讀佛經、如法修行；
要突破梁武帝政治的黑暗面，只有走出學術的象牙塔，踏上真
實的土地上，親自參與紅塵的掃除工作。1993年毅然辭掉師大
教職，南下嘉義中正大學，在綠油油的嘉南平原上展開生命上
另一段旅程。1994年秋天，帶領25位歷史系所的學生參與文建
會全國文藝季「梅鄉汗路──梅仔坑的故事」文史調查工作。
1995年參與文建會「梅山鄉社區總體營造──尋根探源系列活
動」規劃工作。也在中華佛教百科文獻基金會的支持下，進行
「南臺灣觀音信仰寺院調查研究計劃」等實際的田野工作。南
下嘉義後，對魏晉南北朝佛教政治史的研究由佛教人物轉向佛
教社區組織的探討。1995年完成國科會專題研究計劃《兩晉南
北朝造像銘記彙編附考──邑義集團篇》。 1996年撰寫〈中古
佛教社區的法華邑義組織與活動──以東魏「李氏合邑造像碑」
為例〉、《臺大佛學研究中心學報》第1期。在當前鄉土社區的
改造方面，1998年編撰《彩繪嘉義新故鄉──嘉義縣社區總體
營造教材》，撰寫《梅山文化的營造與展望──梅山鄉社區總體

營造規劃報告》。學術研究也落實到南臺灣的土地上。1997年開始執行國科會專題研究「南臺灣佛教寺院的分布與發展」三年計劃，也負責《嘉義市志》總編纂的鉅大工程。

近六年來，帶領著歷史系所學生踏遍南臺灣山區的峰巒溪谷，一望無際的嘉南平原，海風襲人的海浦河口，深深感受到俗世的苦痛與無奈，對於魏晉南北朝的政治、社會、文化也有更深一層的理解。回想梁武帝一生由儒生、文人、隱者、軍隊將帥、方面大員、權臣而開國稱帝，又轉向苦行僧而成為「皇帝菩薩」，最後餓死臺城，身死國亡。他生命內容多元、多層次的困境、突破、轉換。全力投入扮演各種角色，生命突破一層，又被覆蓋更深厚的一層。以菩薩的願力，清除累劫的業障後，又面臨無始以來的習氣。在人間成佛的過程中，每個人都要面對各種不可思議的因緣。如實觀察，如理思惟，如份抉擇，需要更清淨的般若空慧與菩薩更深厚的慈悲善巧，以及更偉大的諸佛本願力之護持！

1997年初，帶著「梅山健康學習之鄉」的營造成果與解說學生，翻山越嶺遠赴宜蘭參與「全國社區總體營造博覽會」，在三、四十萬參觀人潮的推擠中，逐漸突破多年來「梁武帝」的夢魘，無懼於傳統威權體制的束縛，能隨緣營造鄉土社會中善良的種子。就在同年的春天，筆者以〈梁武帝《注解大品經序》考──「國家佛教」的建立基礎〉在清華大學「第一屆中國古典文學會議」中宣讀，獲得與會學者的積極肯定。1998年夏天，利用暑假空暇，將梁武帝的「皇帝菩薩」，理念與政策的推展，提昇到「皇帝菩薩」理念與「佛教國家」的興滅之層次上，重新改寫多年來不敢面對的博士論文。本書《梁武帝》，主題是

「皇帝菩薩」與「佛教國家」的興滅，站在梁武帝學佛的光明
面且兼顧政治黑暗面的互動，以學術謹嚴的考證態度，描述他
所創造的「皇帝菩薩」新理念，以及他全力以赴想創造的「佛
教國家」之興滅歷程上。做為一個學佛的歷史工作者，筆者雖
然無法全面處理梁武帝政治的黑暗面，但是，也不再逃避政治
的黑暗面。如今敢於面對臺灣寺廟十八羅漢洞窟中的「梁武帝
君」，虔誠地祈願：藉著千百年來無數的佛教徒在《梁皇寶懺》
法會中所流下來無盡懺悔的淚水，能洗淨政權爭奪所造成的血
海深仇。衷心的祝禱：「梁武帝君」羅漢圓頂的法相上，能早
日脫下龍袍，棄除貪瞋痴無明習氣，以「菩薩戒弟子蕭衍」的
身份，生生世世奉行菩薩道，早日建立他菩提願中「佛教國家」
的極樂淨土！更祝福參與討論、協助完成《梁武帝》的出版及
閱讀《梁武帝》的有緣人，早日脫離苦海，成就人間淨土。

顏尚文

一九九九年四月十一日

梁 武 帝

目　次

前　言

歷史演變的進程中，往往會因時代環境不同，而發展出新理念、新政策或新的國家風貌，而對當世或後代產生各種啟示、改革等深遠影響。中國古代的君主集權政治，在政治與宗教之間常有某種程度的結合或衝突關係。中國政治與宗教關係的發展，到魏晉南北朝時代進入一個顯著的變革時期，政治方面是南北長期分裂與動盪不安，宗教方面則是外來的佛教迅速地傳佈於各個階層並取得優勢地位。因此衍生出各種政教衝突或政教結合等問題。北朝一方面有北魏太武帝及北周武帝激烈、殘酷的滅佛法難，另方面卻有雲岡及龍門石窟中慈祥、雄偉的「帝王如來身」大石佛；南朝一方面有勢不兩立的形神、因果、夷夏、本末等激烈的義理論爭，另一方面也有三教合一、政教結合等兼容性、創造性的理念或政策出現。梁武帝為因應魏晉南北朝政治與佛教關係的發展，創造出「皇帝菩薩」這一新的政教結合理念，並且以「皇帝菩薩」的理念為中心來制定與推行各種政教結合政策，進而創建中國有史以來第一個以佛法義理為基礎而進行各種改革工作的「佛教國家」，對往後中國、日本等世界性佛教的形成，有深廣精微的貢獻。梁武帝「皇帝菩薩」的新理念與新政策，雖然未能進一步創造出新的制度而完成國家與宗教方面全盤改革，而身死國亡、悽慘失敗；但是，在中國政治、宗教史

上，他的政教結合理念與政策，即其形成與推展過程，就具備了創造性、建設性的積極意義，值得佛教史學者做深入的探討。

傳統政治中的帝王，大都居於統治結構的主體地位，擁有至高無上的權力，如能順利地制定或執行各種政策，就會對政治、社會、文化等方面產生不小的影響。做為統治中心人物的帝王，他們與宗教之間有相當密切的關係。三代以下迄清帝遜位，二千多年來的帝王，都以政教結合「真命天子」的身分發號施令❶。帝王身上帶著濃厚的宗教性神秘色彩，傳統政治文化有「政教合一」的特性。宗教為政治人物所接受及運用之後，會帶來政治理念、政治行為、政治決策乃至政治理想的轉變，也必然能對當代的社會、文化有所影響。當吾人嘗試從統治主體的帝王與宗教的關係上，做一番深入的研究時，「梁武帝及其創建的佛教國家」似乎是這一類課題中，最具有代表性的個案。

梁武帝蕭衍，南蘭陵人（今江蘇省常州市）。生於南朝宋孝武帝大明八年(464)，卒於梁武帝太清三年(549)，享年八十六歲。武帝是南朝梁代(502–557)的開國皇帝，而其在位亦長達四十八年之久 (502–549)。梁武帝所處的魏晉南北朝時代，是歷史上著名的亂世。魏晉南北朝(220–589)是秦漢大一統帝國崩潰之後，所陷入的一段長達三、四百年的分裂與戰亂的時代。南北的統一與政治的安定，似乎是這一時代中有理想的政治人物之願望。一般人民苦於政局動盪，於兵荒馬

---

❶ 參見吳彰裕《歷代興業帝王政治謎思之研究》，中山大學中山學術研究所碩士論文，民國七十四年，頁79–82。

亂、顛沛困頓之際，很自然的會尋求宗教信仰，來安慰他們的心靈，排解他們的痛苦。佛教在這種時代的需求下，得以迅速而普遍的獲得社會上各階層的信奉。痛苦的人們，虔誠的祈願救苦救難偉大的佛菩薩，賜給他們平安與幸福。另一方面，廣博究極的佛法也提供各種「救世安民」、「正法治世」等理論與典範，有助於帝王的政治理想之達成。北魏雲岡、龍門等石窟，巨大的「帝王佛」之開鑿 —— 模倣帝王容貌雕刻佛像，象徵著統治主體的「帝王」與宗教神聖的「佛陀」融合為一體，展現出北朝政教關係上「皇帝即如來觀」的特色。梁武帝在這種時代風氣影響之下，不但個人成為一位「篤信正法，尤長釋典」的虔誠佛教徒❷，而且被史家認為是以佛化治國的君王❸。甚且，梁武帝被尊稱為「皇帝菩薩」，這個稱謂內涵意味著政治中最神聖崇高的「皇帝」概念與佛教中最通俗又含義深遠的「菩薩」概念之上，蘊含著政教關係更高層次的理念深義。假若以「皇帝菩薩」這一理念為中心，經由梁武帝其人與佛教關係的瞭解，似乎可以探討這一特殊的「政教結合」之理念的形成背景、基礎與政策的內容。也可以「皇帝菩薩」理念為主，探討梁武帝的政治態度或宗教信仰，探索此一理念形成政策的決策過程與執行情形，更進一步瞭解他所要創建的「佛教國家」之興滅緣由。

梁武帝既是一位集軍政大權於一身，且是「勤於政務，孜孜無怠」多所創制的最高統治者❹；同時也是一位「文思

---

❷ 《梁書》卷三〈武帝紀〉，臺北，鼎文書局點校本，頁97。以下的「正史」引用版本相同。

❸ 湯用彤《漢魏兩晉南北朝佛教史》，臺北，鼎文書局本，頁474。

欽明，能事畢究，洞達儒玄」、「博通前載」的學者❺；更是一位「齋戒不廢」精於佛理且極為虔誠的佛教徒❻。在武帝統治的前三、四十年間，被史家譽為六朝兩百餘年來未有之盛世，在政治與文化等方面，亦獲得難以比美的成就❼。然而，晚年卻因「侯景之亂」而身死國亡。在南北朝對峙而長期戰亂不已的形勢下，以梁朝的覆亡作為轉折點，標示著南北軍事上的均勢從此消失，因而大致決定了四十年後隋朝統一南方的結局❽。故由此可知，梁武帝在魏晉南北朝下啟隋唐帝國的歷史趨勢上，居於頗為關鍵性的地位。這個歷史上重要的轉折階段，傳統史家似乎以儒家為本位，以成敗論英

❹ 《梁書》卷三〈武帝紀〉，頁97。又參見周一良〈論梁武帝及其時代〉，《中華學術論文集》，北京，中華書局，1981年，頁123–140。

❺ 《梁書》卷三〈武帝紀〉，頁96。《隋書》卷一三〈音樂志上〉，頁287。又參見周一良，前引文，頁145–150。

❻ 《梁書》卷三〈武帝紀〉，頁96。《南史》卷七〈梁本紀〉，頁224、226。又參見周一良，前引文，頁140–145。方立天〈梁武帝蕭衍與佛教〉，氏著《魏晉南北朝佛教論叢》，北京，中華書局，1982年，頁188–195。

❼ 《梁書》卷三〈武帝紀〉，頁97，史臣曰：「興文學，脩郊祀，治五禮，定六律，四聰既達，萬機斯理，治定功成，遠安邇肅。……征賦所及之鄉，文軌傍通之地，南超萬里，西拓五千。……三四十年，斯為盛矣。自魏晉以降，未或有焉。」又，《南史》卷七〈梁本紀〉，頁225–226，史臣論曰：「及據圖籙，多歷歲年，制造禮樂，敦崇儒雅，自江左以來，年踰二百，文物之盛，獨美于茲。」又參見周一良，前引文，頁123–150。

❽ 周一良，前引文，頁123。

雄，認為梁朝或南朝亡於梁武帝的信奉佛教。例如：唐·史臣魏徵曰：「不能息末敦本，斲雕為樸，慕名好事，崇尚浮華，抑揚孔、墨，流連釋、老。」❾唐·李延壽論曰：「帝留心俎豆，忘情干戚，溺於釋教，弛於刑典。」❿宋·曾鞏序曰：「自先王之道不明，百家並起，佛最晚出，為中國之患，而在梁為尤甚。」⓫把梁武帝身死國亡或南朝淪滅於北朝，片面的歸咎於「溺於釋教」，這不是持平公正的論斷。梁武帝信奉佛教，推行「皇帝菩薩」理念的政策，進而創建理想的「佛教國家」，筆者以為消極方面符合時代的需要，積極方面有其深遠的政治改革與政治理想。吾人必須就政治與宗教間的關係，作持平而公正的探討，不偏袒任何一端，方能對「梁武帝與佛教」等問題，有客觀且接近真相的理解。

梁武帝八十六年的生命過程，按照他與政治、佛教方面的關係來看，主要可以分成四個階段。

第一階段，是誕生至三十九歲之前，即天監元年四月八日即位以前的創業期(464–502)。此一階段是蕭衍培養其政治與佛教之能力、學養的時期。由於各方面條件的配合，蕭衍成功地踏上「開國皇帝」之路，並形成往後採取政教結合政策之傾向，詳見本書第二章。

第二階段，是三十九歲即位起至天監十八年四月八日受菩薩戒的五十六歲為止(502–519)。這一階段梁武帝以開國皇帝的雄心大志，改革吏治、官制，北伐北魏，修訂禮、律等，

❾　《梁書》卷六〈敬帝紀〉，頁150。

❿　《南史》卷七〈梁本紀〉，頁226。

⓫　《梁書》卷末〈曾鞏梁書目錄序〉，頁869。

造成歷史上著名的「天監之治」。這一階段，也從即位的四月八日「佛誕節」、「浴佛節」開始，施行初期的政教結合政策。除了建造「法王寺」等彰顯其「政教合一」的政治象徵之外，也集聚建康地區的高僧、佛學學者建立了「建康教團」（詳見表一：「建康教團」政教結合工作摘要表，本書第三章第四節）。天監年間政教結合工作中，最重要的是動員了至少三十餘位義學高僧、佛教學者從事大規模的佛典整理、編纂、翻譯、注解等工作，重新解釋佛教義理，研擬創造了「皇帝菩薩」新的理念與新的政教結合政策，並奠定「佛教國家」的佛學基礎。詳見第四章的探討。

第三階段，從天監十八年四月八日受菩薩戒，確立「皇帝菩薩」地位起至中大通三年昭明太子死為止(519–531)。梁武帝在五十六歲至六十八歲這一階段中，由於北魏進入六鎮之亂的衰微末期，無力對南朝作戰，而使武帝能在安定的環境中進行大規模的內部改革。梁武帝建立「皇帝菩薩」神聖地位之後，進行以菩薩戒為中心的政治改革，也進行以禁斷酒肉為中心的佛教教團改革，企圖重整六朝以來士族政治的敗壞風氣與僧團的蕪亂情形，創建他理想中的「佛教國家」，然而，前者遭致完全的失敗，後者則相當的成功，詳見第五、六章的探討。

第四階段，從六十八歲昭明太子逝世到太清三年（武帝八十六歲）的五月八日餓死臺城為止(531–549)。梁武帝此時已進入老年階段，丁貴嬪(485–526)，昭明太子(501–531)，及四子南康王績(507–531)等所倚重的家人相繼逝世，又由於立第三子簡文帝蕭綱(503–551)而不立昭明太子之子為皇儲，引

發了宗室子弟對於帝位的爭鬥。晚年的梁武帝由於家族的悲劇❷，「建康教團」主要成員的凋謝，士族政治敗壞每況愈下等情形，逐漸消滅了政、教等方面的改革熱忱，「皇帝菩薩」政策的執行也逐漸偏離了現實的政教環境，而走向個人的崇拜、神化等途徑。而理想中的「佛教國家」也因緣不具足，走向衰滅末路。詳見本書第七章。

　　另一方面從本書主題「梁武帝『皇帝菩薩』理念與『佛教國家』的興滅」來陳述本書研究架構。要了解梁武帝為何會擁有或選取「皇帝菩薩」做為自己的神聖稱號，首先必須了解武帝總體環境與個體環境，也就是要先了解梁武帝「皇帝菩薩」理念與「佛教國家」形成的時代背景，與梁武帝個人的人格傾向。第一章，「皇帝菩薩」理念與「佛教國家」的淵源：就魏晉南北朝至梁武帝時代為止的政教關係發展中，追溯並檢討影響「皇帝菩薩」理念與「佛教國家」形成的三大因素，並進一步分析梁武帝選取「皇帝菩薩」稱號的原因。第二章，早年經歷、創業稱帝與佛教的關係：探討梁武帝的家世，早年的交遊與經歷，士大夫教養的影響，創業稱帝的背景、經過與佛教的關係等。一方面分析梁武帝邁向「開國皇帝」之路的各種因素；另一方面也注意此一時期與佛教的關係，以及日後選取「皇帝菩薩」稱謂的人格傾向。前兩章的研究重點係放在梁武帝生命歷程第一階段的政治與宗教方面。

---

❷　詳見牧田諦亮《中國佛教史研究》第一冊第六章〈梁の武帝——その信佛と家庭の悲劇〉，東京，大東出版社，昭和五十六年，頁217–233。

一個新的政教結合理念之形成，必須經過一段時間的醞釀，尤其必須在舊有的政教結合政策施行、檢討，以及重新研擬、創造新的思想、策略之後，才可能被創造性的提出。第三章、第四章，這兩章分別就梁武帝生命歷程的第二個階段裡，所從事的各種政教結合政策的實行，以及新的政教結合政策之新理念形成的學術性基礎，作較深入的探討。由於這十八年的努力，透過佛典的重新整理與新的詮釋，一個築基於深廣精微的政教理論體系之上的新理念與新政策新國家方向，被研究創造出來。

「皇帝菩薩」這個名詞不能祇停留在梁武帝的稱號或一個理論性的理念而已，想要在實然的政教環境中發揮其作用，必須透過儀式及人事運作等程序，使梁武帝真確地、神聖地建立「皇帝菩薩」的地位。另一方面使此一理念進一步化成實際可運作的國家政策。第五章，探討梁武帝如何運用前一時期所形成的新理念，建立其神聖的、崇高的「皇帝菩薩」地位；又如何運用此一理念化成政策性的實際運作，以菩薩道的戒行為中心，屬行「佛教國家」的政治改革。第六章，梁武帝以「皇帝菩薩」之尊，同時運用王法與佛法，君權與神權之雙重權柄，以不殺生、不飲酒兩條最基本的佛教戒律，成功地進行佛教教團之改革。第五、六章探討梁武帝生命歷程第三階段中，在他所創建的「佛教國家」執行得最認真的兩件政教結合政策，本書將仔細分析影響它們成敗的各種因素。

第七章，由於梁武帝已經進入垂暮之年的最後階段，家庭悲劇、股肱賢臣凋謝、高僧辭世等因素，使得政教結合政

策的展開不能更上一層樓地建立各種制度，反而消極地內斂為個人崇拜、純宗教性的活動而已，終不免在侯景之亂時餓死臺城、身死國亡，而「佛教國家」也趨於幻滅。

　　本書研究的範圍限於梁武帝「皇帝菩薩」的理念與「佛教國家」興滅，其重點在於與本題有關梁武帝的政治、佛教之交互關係，而與此主題關係較疏遠的梁武帝政治思想、制度或佛教思想、信仰、制度等方面則不予討論。由於本書旨在於研究梁武帝「皇帝菩薩」理念的形成、政策之推展以及「佛教國家」的興滅，尚無力涉及純倫理道德、政治成敗、價值體系等方面的研究，所以也暫時不對梁武帝做最後的論斷。

第一章 「皇帝菩薩」理念與「佛教國家」的淵源

魏晉南北朝是一個長期分裂、戰亂不已的時代，先後出現二十幾個「國家」。永嘉之亂(307–312)以後，北方陷入五胡十六國的胡人統治時代，各地豪族成為胡漢複合社會的中流砥柱；南方則大批士族過江，共擁東晉元帝建立朝廷而偏安江南。佛教因應亂世人心的需要，分別在南北不同的政治環境下，迅速地傳佈到社會的各個階層。寺院僧侶與門第貴族同享有免除稅、役等特權，從而庇護人口、占有土地，而在南北朝的國家中擁有相當的經濟基礎❶。沙門與貴族具備宗教或學術方面的指導能力，成為各個地域各個國家的領導者。沙門與貴族因擁有經濟基礎，宗教、學術領導權，再配合各種政治特權與社會地位，因此在南北朝的國家社會中擁有頗為強大、深厚的勢力。南北朝的國家社會結構，以帝王（宗室）、貴族、沙門三種勢力最為強大❷。做為南北朝時代

❶ 根據唐·法琳《辯正論》卷三〈十代奉佛篇〉的記載：西晉愍帝(313–316)佛寺一百八十所，僧尼三千七百餘人。梁武帝(502–549)寺院多達二千八百四十六所，僧尼八萬二千七百餘人。北魏時(386–534)國家大寺四十七所，王公貴室、五等諸侯寺八百四十九所，百姓造寺三萬餘所，總度僧尼二百萬人。《大正藏》五十二冊，頁502下–507下。

中的一個國家領導者——皇帝，如何協調、應用這三大勢力，是一個首要的問題；如何制定與推行有關國家與佛教的政策，是一個無法逃避的政教課題；如何為國家與佛教結合政策，擬定一個核心理念，做為政治性與宗教性之號召，也是一項艱鉅而需要進行的工作。

有關魏晉南北朝佛教與國家，佛法與王法，僧侶與皇帝關係的研究著作，塚本善隆與藤堂恭俊有很好的基礎性、完整性研究。塚本善隆〈シナにおける仏法と王法〉討論東晉南朝皇帝與沙門的關係，以及胡族治下北地的王法與佛法等問題❸。藤堂恭俊〈江南と江北の仏教——菩薩戒弟子皇帝と皇帝即如來觀——〉一文，探討南北朝不同的佛教特徵，梁武帝的菩薩戒弟子皇帝，以及北朝的皇帝即如來觀到無佛感的演變❹。以上兩位學者的研究，是本書的重要基礎。因為前輩學者尚未注意到梁武帝全盤的政教結合政策，此一政策的核心理念「皇帝菩薩」以及「佛教國家」興滅之重要性。因此本書擬在前輩學者的研究基礎上，以「皇帝菩薩」理念

---

❷ 參見何茲全〈中古時代之中國佛教寺院〉、〈中古大族寺院領戶研究〉，金家瑞〈南朝的寺院和僧侶〉，簡修煒、夏毅輝〈南北朝時期的寺院地主經濟初探〉，收在何茲全編《五十年來漢唐佛教寺院經濟研究》，北京師範大學出版社，1986年，頁1–54、65–99、100–107、278–298。

❸ 塚本善隆〈シナにおける仏法と王法〉，收在宮本正尊編《仏教の根本真理》，東京，三省堂，昭和四十九年，頁683–706。

❹ 藤堂恭俊〈江南と江北の仏教——菩薩戒弟子皇帝と皇帝即如來觀——〉，《仏教思想史》第四號，昭和五十六年，頁1–18。

的形成為主，追溯此一「佛教國家」形成的時代背景。筆者認為下列三大因素可以解決上述問題：①東晉南朝「沙門不敬王者」的影響，②北朝「皇帝即如來觀」的影響，③佛教徒自覺、菩薩思想的影響。

第一節　東晉南朝「沙門不敬王者」的影響

　　東晉南朝的佛教與國家關係之發展上，沙門與王者之間的關係至為緊張。環繞在「沙門不敬王者」的論題上，曾經引發多次的論爭與衝突。釋慧遠《沙門不敬王者論》更將論證的方式，論辯的內涵提昇到多元、多層次的境界。而且這種理論對於後來的南朝，在沙門與帝王之間造成頗為深遠的影響。梁武帝的政教結合政策，必須對東晉南朝流行的「沙門不敬王者」之理論，有所因應與化解。

一、東晉初年「沙門不敬王者」的論爭

　　東晉南渡，獲貴族鼎力協助，才得以立國江南，也因而君權下移於門第。沈約曰：「晉自社廟南遷，祿去王室。朝權國命，遞歸台輔。君道雖存，主威久謝。」❺六朝門第社會盛行西晉以來的玄學、清談，而北來的竺道潛、支遁等高僧，能融合佛法玄理而與名士相談論，也因此佛法得清談之助而興起，並獲得帝王、貴族的接納。《高僧傳‧竺道潛傳》：

---

❺　梁‧沈約《宋書》卷三〈武帝紀〉，頁60。

> 竺道潛，晉永嘉初避亂過江。中宗元皇及蕭祖明帝，丞
> 相王茂弘、太尉庾元規，並欽其風德，友而敬焉。建武、
> 太寧中，潛恆著展至殿內，時人咸謂方外之士，以德重
> 故也。……潛嘗於簡文處遇沛國劉惔。惔嘲之曰：道士
> 何以遊朱門。潛曰：君自覩其朱門，貧道見之為蓬
> 戶。❻

東晉咸康六年(340)，發生第一次的「沙門不敬王者」論爭。當時成帝年幼，想有作為的庾冰執持朝政，主張沙門見皇帝應該行跪拜禮。

> 因父子之敬，建君臣之序，制法度、崇禮秩，豈徒然哉。
> 良有以也。既其有以，將何以易之，然則名禮之設，其
> 無情乎。……（沙門）矯形骸，違常務。易禮典，棄名
> 教，是吾所甚疑也。名教有由來，百代所不廢。……抗
> 殊俗之傲禮，直形骸於萬乘。又是吾所弗取也。……禮
> 重矣，敬大矣。為治之綱盡於此矣。萬乘之君非好尊也，
> 區域之民非好卑也。而卑尊不陳，王教不得不一，二之
> 則亂。斯襄聖所以憲章體國，所宜不惑也。❼

庾冰站在中國禮教的立場，主張君臣有序，必須崇禮典、

---

❻ 梁·慧皎《高僧傳》卷四〈竺道潛傳〉，《大正藏》五十冊，頁347下。

❼ 東晉·庾冰〈為成帝作詔〉、〈成帝重詔〉，收在《大正藏》五十二冊《弘明集》卷一二，頁79中–80上。

重名教，使王政得以施展。如果讓沙門得以不敬拜王者，則一國之內有兩種以上的禮法，將使天下秩序混亂。庾冰的主張受到佛教徒和一批奉佛的朝貴反對。其中為首的是尚書令何充，此外還有僕射褚翌、諸葛恢、尚書馮懷、謝廣等人。他們堅持沙門不敬王者，其理由如下：

> 五戒之禁，實助王化。……直以漢魏逮晉，不聞異議，尊卑憲章，無或暫虧也。……（沙門）每見燒香咒願，必先國家，欲福祐之隆。情無極已、奉上崇順。出於自然禮儀之簡。蓋是專一守法，是以先聖御世，因而弗革也。……不令致拜，於法無虧，因其所利而惠之，使賢愚莫敢不用情，則上有天覆地載之施，下有守一修善之人。❽

何充等認為，漢魏以來的帝王不令沙門敬拜，無虧王法。因為沙門守五戒，為國家祈福，有助於王化。如果命令沙門敬拜王者，就會損壞佛法，並且必然帶來愁懼。「今一令其拜，遂壞其法。令修善之俗，廢于聖世，習俗生常，必致愁懼」❾。庾冰「沙門盡敬王者」的主張，經過何充等人的反覆辯論，最後庾冰撤回他的主張，仍然維持「沙門不敬王者」的成規。

---

❽　東晉・何充等〈沙門不應盡敬表〉、〈重表〉，同前注，頁80上。
❾　同前注。

二、東晉末年沙汰僧團與「沙門不敬王者」 論爭

佛教在東晉長期的發展，逐漸普及到社會各個階層之中，不可避免會有各種流弊產生。例如：東晉末年，少數上層僧尼與朝廷結納，干預政事，不免擾及國政。例如：簡靜寺支妙音尼：

> 晉孝武皇帝、太傅會稽王道子等並相敬信。……太傅以太元二十年(395)為立簡靜寺，以音尼為寺主。徒眾百餘人。內外才義者，因之以自達。供襯無窮，富傾都邑，貴賤宗事。門有車馬，日有百餘輛。……權傾一朝，威行內外。❿

東晉末年，桓玄控制了政權。桓玄就曾憑藉支妙音之力，使孝武帝任命殷仲堪為荊州刺史。桓玄熟悉僧尼的參政，有削弱政權之虞。此外，佛教流傳於國家各階層之中，導致不少人民規避賦稅，逃入佛寺為僧尼。這不但使僧團蕪亂，且危及國家的政治與經濟⓫。因此，桓玄在元興元年(402)發佈

---

❿ 梁‧寶唱《比丘尼傳》卷一〈支妙音尼傳〉，《大正藏》五十冊，頁936下。

⓫ 東晉‧桓玄〈輔政欲沙汰眾僧與僚屬教〉：「比者凌遲遂失斯(佛)道，京師競其奢淫，榮觀紛於朝市。天府以之傾匱，名器為之穢黷。避役鍾於百里，逋逃盈於寺廟。乃至一縣數千猥成屯落。邑聚遊食之群，境積不羈之眾，其所以傷治害政，塵滓佛教，固已

沙汰眾僧的命令，規定只有①「能申述經誥，暢說義理者」；
②「禁行修整，奉戒無虧，恆為阿練若者」；③「山居養志，
不營流俗者」❷才能為沙門。不符合上述三項要求者，一律
勒令還俗。但是對於釋慧遠(334–416)所領導的「廬山教團」，
卻特別強調「唯廬山道德所居，不在搜簡之例」❸。

　　廬山慧遠是東晉末年的佛教領袖，一生致力於追尋、實
踐佛法真理，且努力於使佛教能在中國生根、茁壯。慧遠也
十分憤慨佛教教團的蕪亂，憂懼佛教因此淪滅，因此他也贊
成桓玄的沙汰劣僧，並勉勵效法外國諸王護法之事。〈遠法
師與桓太尉論料簡沙門書〉：

> 佛教凌遲，穢雜日久。每一尋思，憤慨盈懷。常恐運出
> 非常，混然淪滑。此所以夙宵歎懼，忘寢與食者也。見
> 檀越澄清諸道人教，實應其本心。夫涇以渭分，則清濁
> 殊流。枉以直正，則不仁自遠。⋯⋯昔外國諸王多參懷
> 聖典，亦有因時助弘大化，扶危救弊，信有自來矣。檀
> 越每期情古人。故復略敘所聞。❹

　　桓玄順利的沙汰僧眾蕪亂問題，接著更進一步地要求全
國僧侶必須向君主致拜。桓玄憂慮「沙門不敬王者」將導致

　　彼此俱弊，實污風軌。」《弘明集》卷一二，頁85上。

❷　同前注。

❸　同前注。

❹　東晉・釋慧遠〈與桓太尉論料簡沙門書〉，《弘明集》卷一二，頁
　　85中–下。

佛教徒漠視或否認國家的權威，對俗世政權造成威脅，桓玄
從儒家的綱常秩序之外，特別強調中國的「帝王之德」，做
為必須敬拜王者的理論根據。桓玄〈與八座書論道人敬事〉：

> 老子同王侯於三大，原其所重，皆在資生通運，豈獨以
> 聖人在位而比稱二儀哉？將以天地之大德曰生，通生理
> 物，存乎王者。故尊其神器而禮實惟隆。豈是虛相崇重
> 義存君御而已。沙門之所以生生資存，亦曰用於理命。
> 豈其受其德而遺其禮，沾其惠而廢其敬哉？ ❺

　　桓玄應用《老子》關於「四大」的話 ❻，從帝王的神聖
地位與作用，論述沙門應當敬拜王者。王侯與道、天、地並
列為「四大」，王侯的功德是資助萬物的生存且調理其成長。
沙門能生存長養也是仰賴「帝王之德」的恩惠，應該敬禮王
者以為回報。桓玄以「帝王之德」的主要理由，向廬山慧遠、
中書令王謐等人多次辯難，要求沙門敬拜王者 ❼。慧遠不但
立即回了一封長信為沙門辯護，且在第二年撰成著名的《沙
門不敬王者論》長篇論文。慧遠在此文中應用中、印等思想
來論證佛教中君主與沙門的自主性，同時也與中國思想緊密
銜接，有力的反駁桓玄「帝王之德」的理論 ❽。

---

❺　東晉・桓玄〈與八座書論道人敬事〉，《弘明集》卷一二，頁80中。

❻　《老子・二十五章》云：「道大、天大、地大、王亦大，域中有
　　四大，王居其一焉。」

❼　桓玄與王謐的四次往返論難，與慧遠的來回問答，詳載《弘明集》
　　卷一二，頁80下–84中。

三、慧遠的《沙門不敬王者論》

《沙門不敬王者論》是一篇有系統的論文。全文分成五
篇：在家第一，出家第二，求宗不順化第三，體極不兼應第
四，形盡神不滅第五。在論證上，慧遠把在家的居士與出家
的僧侶分開。根據佛教對居士的看法，慧遠同意桓玄的說法，
在家居士應向君王禮拜。《沙門不敬王者論·在家第一》：「在
家奉法，則是順化之民。情未變俗，跡同方內，故有天屬之
愛，奉主之禮。」❶但是，出家的沙門則為方外之賓，「不重
運之資」，不是順化的俗世之民，因此不應該向君王敬拜。
《沙門不敬王者論·出家第二》云：

> 出家則為方外之賓，跡絕於物。其為教也，達患累於有
> 身，不存身以息患。知生生由於稟化，不順化以求宗。
> 求宗不由於順化，則不重運通之資，息患不由於存身，
> 則不貴厚生之益。此理之與形乖，道之與俗反也。……
> 凡在出家，皆遁世以求其志，變俗以達其道。變俗則服
> 章不得與世典同禮，遁世則宜高尚其跡。夫然，故能拯
> 溺俗於沉流，拔幽根於重劫。遠通三乘之津，廣開天人
> 之路。如令一夫全德，則道洽六親，澤流天下。雖不處
> 王侯之位，亦已協契皇極，在宥生民矣。是故內乖天屬
> 之重而不違其孝，外闕奉主之恭而不失其敬。❷

---

❸　詳見周伯戡〈慧遠「沙門不敬王者論」的理論基礎〉，《臺大歷史
　　系學報》第九期，民國七十一年，頁67–92。

❶　東晉·慧遠〈沙門不敬王者論〉，《弘明集》卷五，頁30上。

慧遠認為出家僧侶體認出眾生輪迴，是因為順於世俗情欲的結果。主張不順從政治禮法的規範，去追求最究極的真理。追求究極真理，則不必重視厚生的利益，並且在衣服典章制度等方面也和世俗禮法不同。遯世以求究極真理，則能拯救沉溺於世俗的眾生，廣開天人成佛之路，步上聲聞、緣覺、菩薩三乘行人的正道，其恩澤之於天下，實遠甚於「帝王之德」。 沙門雖不處王侯之位，但也在協助王化，庇宥生民，即使不跪拜君王，也不失其禮敬之意。慧遠不但認為沙門之德遠大於「帝王之德」，而且更從佛教的價值觀點出發，論證「反本求宗者」的究極價值，不是君王所能比擬的。《沙門不敬王者論·求宗不順化第三》云：

> 反本求宗者，不以生累其神。超落塵封者，不以情累其生。不以情累其生，則生可滅。不以生累其神，則神可冥。冥神絕境，故謂之泥洹。泥洹之名，豈虛構也哉？請推而實之，天地雖以生生為大，而未能令生者不化，王侯雖以存存為功，而未能令存者無患。是故前論云：達患累於有身，不存身以息患。知生生由於稟化，不順化以求宗。義存於此！義存於此！斯沙門之所以抗禮萬乘高尚其事，不爵王侯而沾其惠者。❷

慧遠以佛教的「泥洹」觀念，批駁桓玄的論點。他說：

---

❷ 同前注，頁30中。
❷ 同前注，頁30下。

天地雖以生長萬物為其大德，但是不能讓生存者不遷化。王
侯雖有生存長養人民的大功勞，但不能讓人們免於各種災患。
反本求宗者，可以冥神絕境，達到泥洹。「經稱，泥洹不變
以化盡為宅，三界流動以罪苦為場，化盡則因緣永息（不再
受苦），流動則受苦無窮❷。「泥洹」是梵語Nirvāna的舊譯，
後譯為「涅槃」。就字意解，Nirvāna意指「吹散」、「消滅」
（Nir：否定辭；vāna「吹」），引申的意義有二：一是欲望之
火不再燃燒的清淨世界；二是指根本脫離有欲的存在狀態而
入於不可思議的絕滅境中，亦指聖者死後的存在狀態❸。慧
遠指出沙門的理想是通過修行，逐漸去除感官欲望形成的煩
惱（「累」），由去除情累而入於「泥洹」。沙門能教導眾生修
行得「泥洹」，使「化盡」而免於各種災患，這是可以抗禮
萬乘的皇帝，超越天地、王侯之上的事業，也是僧侶獨立、
自主、至高的價值。慧遠不但廣泛的比較「帝王之德」與沙
門的價值，而且在第四篇更進一步提昇了論證的層次，綜合
中國、印度的「聖王」觀念，認為「釋迦與堯孔，歸致不殊」。
《沙門不敬王者論・體極不兼應第四》云：

> 求聖人之意，則內外之道可合而明矣。常以為道法之與
> 名教，如來之與堯孔，發致雖殊，潛相影響。出處誠異，
> 終期則同。詳而辯之，指歸可見。理或有先合而後乖，
> 有先乖而後合。先合而後乖者，諸佛如來則其人也。先

❷ 同前注。

❸ 張曼濤《涅槃思想研究》，收在《現代佛學大系》第三十四冊，
臺北，彌勒出版社，民國七十二年，頁10–12。

乘而後合者，歷代君王未體極之主，斯其流也。何以明
之？經云：佛有自然神妙之法，化物以權，廣隨所入，
或為靈仙，轉輪聖帝，或為卿相、國師、道士。若此之
倫在所變現，諸王君子莫知為誰。此所謂合而後乘者。
或有始創大業而功化未就，迹有參差故所受不同。或期
功於身後，或顯應於當年，聖王則之而成教者，亦不可
稱算。雖抑引無方必歸塗有會，此所謂乘而後合者也。
若今乘而後合，則擬步通塗者，必不自崖於一揆。若今
合而後乘，則釋迦與堯孔，歸致不殊，斷可知矣。是故
自乘而求其合，則知理會之必同。自合而求其乘，則悟
體極之多方。但見形者之所不兼，故惑眾塗而駭其異耳。
因茲而觀，天地之道功盡於運化，帝王之德理極於順通。
若以對夫獨絕之教，不變之宗，故不得同年而語其優劣，
亦已明矣。❷

　　慧遠指出，在最高、最究竟層次的「聖人」意義上，說
內的佛教，談外的儒家等，是可相互發明的。釋迦如來的道
法與堯舜、周孔的名教，出發點雖不同，但卻互相影響，終
點是一樣的。道理可以分成兩方向來說：

　　⑴「先合而後乘者」，諸佛如來屬於這一類。佛經說：
同樣是佛，但可以相應於不同眾生的需要，而變現為轉輪聖
帝、國師等人。

　　⑵「先乘而後合者」，歷代君王未達成佛或聖人之境者，
他們也將殊途同歸於聖境。因此，釋迦與堯孔，其究極之處

❷　同❶，頁31上─中。

是一樣的。不論從那一方向來看，不是「理會之必同」就是「體極之多方」，終究是一樣的。因此，中國與印度，外與內的「聖人」，其「聖王」觀在究極的層次上是一致的。總而言之，天地之道，其功勞也僅止於運化而已；帝王之德，其理也僅止於順通而已。他們是無法與最高層次的「獨絕之教」、「不變之宗」，即「聖人之意」相比擬的。慧遠又在《沙門不敬王者論·形盡神不滅第五》❷，提出「神不滅」的觀點作為整個論證的形而上之依據。桓玄在慧遠等人的辯解之後，承認佛法廣大，他無法了解，因此取消沙門禮拜王者的詔令❷。

總結桓玄、慧遠等有關王權與僧伽等各方面的爭執，可獲得如下的看法：

(1)慧遠在理論上將沙門確立在一獨立自主的地位。在人類精神的領導上，沙門高於帝王，甚至可以指導帝王，輔助帝王的教化。這種理論有助於沙門獨立自主的意識。

(2)慧遠在實際作為上贊許帝王協助沙門清理劣僧，並期望能像外國護法國王般保護、弘揚佛法。因此也肯定王者在佛教中的地位。

(3)在一般層次上，君主與沙門在佛教中居於同等重要的地位，是對立的也是互補的。理論上，君主應受佛法指導，所以佛法高於王法；但實際上，佛教需要強大的君主來做為它的保護者與弘揚者，這給予君主一個機會來控制僧伽❷。

---

❷ 同⑲，頁31–32上。

❷ 桓玄〈許道人不致禮詔〉，《弘明集》卷一二，頁84中。

❷ 參見周伯戡，前引文，頁87。

(4)在最高的「聖人」、「聖王」層次上，釋迦與堯孔是同樣的，標幟中、印終極理想的合一，一方面使成佛的理想見容於中國文化，一方面也將中國儒家為主的「聖王觀」與印度的「轉輪聖王觀」相互結合。這種中、印聖王觀合為一體的理念與梁武帝的「皇帝菩薩」理念有密切關係。

(5)慧遠《沙門不敬王者論》的論證方式，同時從中國的儒道與印度佛教出發，涵蓋俗人、沙門、帝王、聖王等多重層次，為「政教論爭」立下一個新而堅固的里程碑。同時也規範了南朝政教關係的進一步發展，必須通過義理的多元、多層次之論辯，方能獲得更佳的政教結合理念。

四、「沙門不敬王者」的影響

慧遠以後，沙門自主或凌駕於帝王之上的意識甚為高漲。例如，劉宋時代，袁粲 (420–477) 勸釋曇斌 (–410–474–) 朝覲天子。曇斌曰：「貧道方外之人，豈宜與天子同趣。」❷宋孝武帝大明六年 (462) 有司奏請沙門致敬王者。釋僧遠 (414–484)曰：「我剃頭沙門本出家求道，何關於帝王。」因此謝病隱跡上定林山。沙門致敬王者的詔令頒佈不到三年就被取消了。齊太祖蕭道成對僧遠禮遇甚隆，僧遠則不屑一顧。《高僧傳》卷八〈僧遠傳〉：

> 齊太祖將升位，入山尋遠。遠固辭老疾，足不垂床。太祖躬自降禮，諮訪委悉。及登禪復鑾駕臨幸，將詢遠房，房閤狹小不容輿蓋。太祖欲見遠，遠持操不動。太祖遣

❷ 《高僧傳》卷七〈釋曇斌傳〉，頁373中。

問臥起，然後轉蹕而去，遠曾不屑焉。❷❾

到了梁武帝時代，沙門的地位在理論和社會聲勢等方面都凌駕於帝王之上。理論方面，佛法遠甚於儒家名教治術之上。梁・釋僧祐(445-518)《弘明集・序論》云：

> 夫二諦差別，道俗斯分。道法空寂，包三界以等觀。俗教封滯，執一國以限心。心限一國，則耳目之外咸疑。等觀三界，則神化之理常照。……詳檢俗教，並憲章五經，所尊唯天，所法唯聖。……佛尊於天，法妙於聖。❸❶

僧祐認為儒家憲章五經所尊的是天，所效法的是聖；但是佛法的佛尊於天、法妙於聖，遠比儒術僅限於「世俗國家」更凸顯其廣博精深。更有甚者，釋智藏以實際行動故意坐上皇帝的御座，而直接對梁武帝的權威當面予以抗議。《續高僧傳》卷五〈智藏傳〉：

> 時梁武崇信佛門，宮闕忞其遊踐。主者以負扆南面，域中一人。議以御座之法，唯天子所升，沙門一不霑遇。智藏聞之，勃然屬色，即入金門，上正殿、踞法座，抗聲曰：「貧道昔為吳中顧郎，尚不慚御榻，況復迺祖定光，金輪釋子也。檀越若殺貧道即殺，不慮無受生之處，

---

❷❾ 《高僧傳》卷八〈釋僧遠傳〉，頁378上。

❸❶ 《弘明集》卷一四〈後序〉，頁95上。

若付在尚方，獄中不妨行道。」即拂衣而起。帝遂罷敕，
任從前令。斯跨略天子，高岸釋門也。❸

佛經明言，佛的法輪(Dharmacakra)高於帝王的統治之輪
(ānācakra)❸。釋智藏認為，師父是金輪轉輪聖王釋迦牟尼佛，
師祖是定光佛（燃燈佛）。沙門既然是師承自擁有法輪的大法
王為真佛子，自然其身分凌駕於統治之輪的俗界帝王。梁武
帝在佛教教團的體制中，是一名在家居士，對於出家的法師
尚須執弟子之禮，自稱為「弟子蕭衍」。梁武帝以俗界王者的
身分，在佛法義理體系中，佛的法輪仍然高於帝王的統治之
輪。因此，釋智藏敢以未出家前的吳姓顧氏的社會地位，抗
衡於出身僑姓素族的蕭衍；也敢以轉輪聖王的弟子身分，凌
駕於奉佛王者的梁武帝之上。而梁武帝面對著東晉以來，君
權一直無法凌駕於貴族與沙門兩大社會勢力的傳統束縛，他
不得不在釋智藏挾貴族與沙門兩大威勢之下，收回「御座之
法」獨尊君權的詔令。

梁武帝承受東晉以來，貴族與寺院僧侶兩大勢力對於君
權的抗衡。尤其《沙門不敬王者論》帶來的沙門凌駕於王者
的理論優勢，他不得不有所因應。武帝面對《沙門不敬王者
論》在理論上多元、多重且高層次的壓力，他必須創造一項
超越《沙門不敬王者論》更高層次的理念，以作為他所創建
的「佛教國家」之理論基礎。

---

❸ 《續高僧傳》卷五〈釋智藏傳〉，頁466上。

❸ 參見周伯戡，前引文，頁85。

第二節 北朝「皇帝即如來觀」的影響

　　魏晉南北朝是一個亂世，西晉懷帝永嘉(307-312)之禍以後，東晉元帝南徙立國於江南，北方遂長期淪入胡人爭雄的時代，也出現了著名的「五胡十六國」等二十幾個國家。胡人統治者為強化其國家政權，大量援引士族與沙門協助政教等事務。北方歷經五胡十六國到北魏的統一，在佛教與國家關係的發展上，形成「皇帝即如來觀」的中心理念。「皇帝即如來觀」，象徵著國家主導的「皇帝」與宗教神聖的「如來佛」融合為一體。「皇帝即如來觀」有助於佛教與國家、佛法與王法、皇帝與沙門的結合，俾一致於政教事務的推行。北朝「皇帝即如來觀」顯然與南朝的《沙門不敬王者論》，在佛教與國家、皇帝與沙門等關係上有其相異之處。魏晉南北朝儘管在政治上、軍事上是勢不兩立的長期分裂國家；但是在文化、宗教方面，卻透過南北士人、僧侶甚至投降人士的往返而互動❸。梁武帝創建的「佛教國家」，也無法避開來自北朝「皇帝即如來觀」的影響。

一、五胡十六國時代的「國家」與「佛教」

　　佛教在西晉以前的傳佈，進展頗為緩慢。直到五胡十六

---

❸　參見陳寅恪《隋唐制度淵源略論稿》，收在氏著《陳寅恪先生論文集》，臺北，九思出版社，民國六十六年，頁1-149。蔡幸娟《南北朝降人研究》，臺灣大學歷史研究所碩士論文，民國七十四年，頁1-279。

國的後趙時期，佛圖澄(-332-348)得到石勒父子的信奉，才獲得快速的發展。《晉書・佛圖澄傳》：

> 石季龍僭位，遷都於鄴，傾心事佛圖澄，有重於石勒。下書衣澄以綾錦，乘以雕輦，朝會之日，引之升殿，常侍以下悉助舉輿，太子諸公扶翼而上，主者唱大和尚，眾坐皆起，以彰其尊。……百姓因澄故多奉佛，皆營造寺廟，相競出家。❸

《高僧傳》記載佛圖澄「受業追隨者，常有數百。前後門徒，幾且一萬。所歷州郡興立佛寺八百九十三所，弘法之盛莫與先矣」❸。由於佛圖澄等人盛宏佛教，人民「相競出家」，不免有「真偽混淆」的現象，不但使僧團蕪亂，也影響國家的政治與經濟。後趙國王石虎，不得不下令料簡沙門，匡正僧團。著作郎王度乘沙汰沙門之際，以華夏本位立場認為佛為外國之神，奏請不聽國人出家。但是石虎卻以胡人王權的立場，以佛為戎神，應為胡人國家所信奉。《晉書・佛圖澄傳》：

> 著作郎王度奏曰：「佛，外國之神，非諸華所應祠奉。漢代初傳其道，惟聽西域人得立寺都邑，以奉其神，漢人皆不聽出家。魏承漢制，亦循前軌。今可斷趙人悉不聽詣寺燒香禮拜，以遵典禮，其百辟卿士下逮眾隸，例

---

❸ 唐・房玄齡等撰《晉書》卷九五〈佛圖澄傳〉，頁2487。

❸ 《高僧傳》卷九〈竺佛圖澄傳〉，頁387上。

皆禁之，其有犯者，與淫祠同罪。其趙人為沙門者，還
服百姓。」朝士多同度所奏。季龍以澄故，下書曰：「朕
出自邊戎，忝君諸夏，至於饗祀，應從本俗。佛是戎神，
所應兼奉，其夷趙百姓有樂事佛者，特聽之。」**❸❻**

　　胡人政權與外來佛教相互結合，有助於政教事務的合理
化與權威化，也因此形成了北方國家所遵循的政教結合政策。
當時北方的佛教領袖釋道安(312-385)在兵荒馬亂、困頓流離
之際，被迫分散徒眾以自謀生路之時，其臨別贈言不得不感
嘆必須依靠各國君王之力，法事才能確立。《高僧傳‧釋道
安傳》：

> 石氏之末，國運衰微。（道安）乃西適牽口山，迄冉閔
> 之亂，人情蕭索。安乃謂其眾曰：「今天災旱蝗，寇賊
> 縱橫，聚則不立，散則不可。」遂復率眾入王屋女林山。
> 頃之，復渡河依陸渾山棲，木食修學。俄而，慕容俊逼
> 陸渾，遂南投襄陽，行至新野，謂徒眾曰：「今遭凶年，
> 不依國主，則法事難立。又教化之體，宜令廣佈。」咸
> 曰：「隨法師教。」乃令法汰詣揚州，……。**❸❼**

　　釋道安後來在襄陽城破之後，不得不接受氐人苻堅的邀
請，西入長安襄贊前秦政權。梁‧釋僧祐在讚美廬山慧遠能
堅持《沙門不敬王者論》而超越王權之餘，亦為釋道安「依

---

❸❻ 同**❸❺**，頁2487-2488。

❸❼ 《高僧傳》卷五〈釋道安傳〉，頁352上。

國主，立法事」不得已的時代環境限制而辯護。《高僧傳・義解篇》論曰：

> 釋道安者，資學於聖師竺佛圖澄。安又授業於弟子慧遠，惟此三葉，世不乏賢。……遠公既限以虎溪，安師乃更同輦輿（於符堅）， 夫高尚之道，如有惑焉。然而，語默動靜，所適唯時。……經云：「若欲建立正法，則聽親近國王及持仗者。」 安雖一時同輦，迺為百民致諫，故能終感應真，開雲顯報。❸

竺佛圖澄、釋道安、釋慧遠三代師徒相傳，是四、五世紀間中國佛教的三大領袖。竺佛圖澄受羯人石勒父子政權的信奉，使佛教廣為傳佈。釋道安勤於整理經典、建立戒規，主張「依國主，立法事」，使佛教確立於北方諸國❸。釋慧遠撰《沙門不敬王者論》，塑造僧侶在南朝超然尊貴的地位。他們師徒三人皆能因應佛教與時代國家環境的關係，開出南北不同形態的「政教關係」典範，使後世的佛法與王法等關係，不離上述的原則。

二、北朝「皇帝即如來觀」的理念

釋道安逝世的翌年(386)，鮮卑人拓跋珪稱王建立北魏王國。林久稚認為北魏在統一過程中，逐次從它的征服地區，

---

❸　《高僧傳》卷九〈義解篇〉，頁383上。

❸　詳見湯用彤《漢魏兩晉南北朝佛教史》第八章〈釋道安〉，頁187–228。

吸收且融合了河北地區佛圖澄釋道安教派，長安地區道安與
鳩摩羅什教派，涼州地區的曇無讖教派，而創造出特殊的國
家佛教性格與體制❹。北魏「國家佛教」的主要政教結合理
念，是「皇帝即如來觀」。這種理念起源於太祖道武帝拓跋珪
平定河北，禮聘釋法果(-343-416-)為道人統，助其推展政教
事務之時。《魏書‧釋老志》云：

> 太祖平中山，經略燕、趙、所逕郡國佛寺，見諸沙門、
> 道士，皆致精敬，禁軍旅無有所犯。……沙門僧朗，與
> 其徒隱于泰山之琨瑞谷。帝遣使致書，以繒、素、旃罽、
> 銀缽為禮。……天興元年(398)，下詔曰：「夫佛法之興，
> 其來遠矣。濟益之功，冥及存沒，神蹤遺軌，信可依憑。
> 其敕有司，於京城建飾容範，修整宮舍，令信向之徒，
> 有所居止。」是歲，始作五級佛圖，耆闍崛山及須彌山
> 殿，加以繢飾。別構講堂、禪堂及沙門座，莫不嚴具焉。
> ……初，皇始中(396-397)，趙郡有沙門法果，誡行精至，
> 開演法籍。太祖聞其名，詔以禮徵赴京師。後以為道人
> 統，綰攝僧徒。每與帝言，多所愜允，供施甚厚。❹

太祖拓跋珪在攻打河北地區時，就受到該地區佛圖澄、
道安教派的影響，軍隊所經佛寺，皆能致敬而無所侵犯。太
祖還修書、送厚禮，致敬於佛圖澄的弟子泰山僧朗，非常希

---

❹　林久稚〈北魏雲岡石佛藝術的基礎與形成〉，《歷史月刊》第九期，
　　民國七十七年，頁38-45。

❹　北齊‧魏收《魏書》卷一一四〈釋老志〉，頁3030。

望能獲得僧朗相助，以助其達成統一中原的目的。雖然太祖未能獲得聲望高，且門徒眾多的僧朗相助，但是卻很快的得到趙郡法果之助。法果是佛圖澄、道安、僧朗的門下，他擔任道人統的職位，統合了北魏佛教教團，並擬定佛教政策，在平城建寺院、立禪堂，從此展開了以帝都平城為中心的「法果時代」。法果最重要的貢獻是奠定了北魏立國的宗教性格，確定了教權隸屬於君權之下的政教結合政策❷。《魏書·釋老志》云：

> 初，法果每言，太祖明叡好道，即是當今如來，沙門宜應盡禮，遂常致拜。謂人曰：「能弘道者人主也，我非拜天子，乃是禮佛耳。」❸

法果強調沙門應該致拜皇帝，理由是皇帝明叡好道，即是現在的如來，而且能弘揚佛道祇有皇帝，所以拜的不祇是天子，而是禮敬於能宏揚大法的現在活佛。這種皇帝即是現世的佛如來觀念的形成，顯然與時代的環境有密切關係。五胡十六國近兩百年的兵荒馬亂、顛沛困頓之世，祇有強而有力的君主，才能拯救、安定人民於水深火熱之中。道安在石虎死後流浪之際，曾沉痛地說：「今遭凶年，不依國主，則法事難立。」佛教在亂世裡，更迫切的需要奉佛的帝王大力的保護與幫助宏法。法果這種禮拜皇帝的做法，雖然破壞佛典

---

❷ 參見塚本善隆〈北魏建國時代の仏教政策と河北の仏教〉，氏著《塚本善隆著作集》第二卷，頁1–36。

❸ 《魏書》卷一一四〈釋老志〉，頁3031。

規矩，即顯然違背了「沙門不敬王者」，但是他卻認為「能弘道者人主，我非拜天子，乃是禮佛也」。沙門把奉佛天子視為「當今如來」而禮拜，透露著時代不得不然的苦衷。

太祖崩，太宗立，更加擴展佛事。除了在中央及地方建圖像、設官立佛寺之外，更令沙門擔任教化民俗的工作[44]。此一致策不僅把中央官寺與地方佛寺結合為一，也使地方僧官統合在中央道人統之下。同時造像風氣也開始盛行，為佛、菩薩造像在當時多由地方社區邑義團體所推行，後來又蔓延到整個南北朝時代[45]。中央與地方佛寺的建立，沙門在全國各地「敷導民俗」，地方邑義佛像的建造，使北魏迅速的佛教化。北魏迅速的佛教化，吾人可以推測其最重要的因素，是獲得「當今如來」的帝王贊助之結果。換句話說，佛教領袖道人統法果，提倡「皇帝即如來觀」理念所主導的政教結合政策，對於北魏的佛教化，有其正面的貢獻。

三、滅佛、復佛與「皇帝如來」佛像的建造

北魏太祖、太宗時代，除了河北地區佛教盛行之外，長安地區在後秦姚興保護之下的鳩摩羅什(344–413)教團，承繼道安的宏法成果，達到空前盛況。《晉書》卷一一七〈姚興傳〉：

> 今之新經，皆羅什所譯。興既託意於佛道，公卿已下莫

---

[44] 《魏書・釋老志》：「太宗踐位，遵太祖之業，亦好黃老，又崇佛法，京邑四方，建立圖像，仍令沙門敷導民俗。」頁3030。

[45] 同[42]。

> 不欽附，沙門自遠而至者五千餘人。起浮圖於永貴里，
> 立波若臺于中宮，沙門坐禪者恆有千數。州郡化之，事
> 佛者十室而九矣。 ㊻

　　涼州地區的佛教，也由北涼的沮渠蒙遜承繼前代以來的
佛教成果，在尊信曇無讖(385–433)教團的譯經等工作之下，
佛教大為盛行㊼。北魏太宗崩，世祖太武帝繼位初期，也遵
循前代慣例，禮遇沙門，崇敬佛法㊽。太武帝於神廳三年(430)
平定長安，太延五年(439)滅北涼，盡得長安、涼州等地區的
佛教遺產與佛法人才，促使全國佛教化的質與量加速成
長㊾。但是，太武帝在統一北方的翌年，接受崔浩與道士寇
謙之的建議，接受道教符籙，成為道教君主「太平真君」，並
改元為太平真君元年(440)。太武帝在崔浩的輔助之下，採行
壓迫佛教的政策。太平真君七年(446)因長安佛寺穢亂，而爆
發了中國歷史上第一次全面的毀佛殺僧之法難。《魏書・釋
老志》：

　　有司案誅佛寺，閱其財產，大得釀酒具及州郡牧守富人

㊻　《晉書》卷一一七〈姚興傳〉，頁2985。

㊼　詳見《高僧傳》卷二〈曇無讖傳〉，頁335下–337上。

㊽　《魏書・釋老志》：「世祖初即位，亦遵太祖、太宗之業，每引高
　　德沙門，與共談論，於四月八日，輿諸佛像，行於廣衢，帝親御
　　門樓，臨觀散花，以致禮敬。」頁3032。

㊾　《魏書・釋老志》：「太延中，涼州平，徙其國人於京邑，沙門佛
　　事皆俱東，象教彌增矣。」頁3032。

所寄藏物，蓋以萬計。又為屈室，與貴室女私行淫亂。
……詔曰：「彼沙門者，假西戎虛誕，妄生妖孽，非所
以一齊政化，布淳德於天下也。自王公以下，有私養沙
門者，皆送官曹，不得隱匿。限今年二月十五日，過期
不出，沙門身死，容止者誅一門。……自今以後，敢有
事胡神及造形像泥人、銅人者，門誅。」是歲，真君七
年三月也。……土木宮塔，聲教所及，莫不畢毀矣。❺⓪

　　毀佛詔書中強烈的排斥外來的佛教，認為是西戎妖孽鬼
道，破壞中華的禮義淳德，致使王法的政教不行，是大姦之
罪魁禍首。現在出現了非常之人的「太平真君」，所以要去
此歷代虛偽的佛法。滅佛法難的肇因，或許不止於佛法與王
法的衝突❺❶，但是，由皇帝所下令的滅佛舉動之結果，使原
本極為盛行的佛教，迅速的面臨絕滅之困境。《高僧傳・曇
始傳》描述嚴峻的廢佛狀況：

　　以偽太平七年，遂毀滅佛法。分遣軍兵，燒掠寺舍。統

❺⓪　《魏書・釋老志》，頁3033-3035。
❺❶　塚本善隆認為是北方的一次儒、釋、道的文化戰。參見塚本善隆
　　〈北魏建國時代の仏教政策と河北の仏教〉、〈北魏太武帝の廢仏
　　毀釋〉，氏著《塚本善隆著作集》第二卷，頁1-66。何茲全認為
　　是帝王與寺院勢力的衝突。詳見氏著〈中古時代之中國佛教寺
　　院〉，氏編《五十年來漢唐佛教寺院經濟研究》，頁38。湯用彤認
　　為不是簡單佛道鬥爭，而具有張揚中華王道正統之義。氏著《漢
　　魏兩晉南北朝佛教史》，頁496。

內僧尼，悉令罷道。其有竄逸者，皆遣人追捕，得必梟斬。一境之內，無復沙門。❺❷

太武帝追殺僧侶，不僅遍及北朝，對於虜獲的南朝沙門，更處以殘酷的刑罰。《南齊書·魏虜傳》：

初，佛狸（太武帝）討羯胡於長安，殺道人且盡。及元嘉(450)南寇，獲道人，以鐵籠盛之。❺❸

太平真君九年(448)天師寇謙之卒，太平真君十一年(450)崔浩全族被誅滅，正平二年(452)太武帝在宦官宗愛策謀之下暴崩。高宗文成帝拓跋濬繼位（452–465在位）兩個月後，立即頒佈復佛的詔令：

夫為帝王者，必祗奉明靈，顯彰仁道、其能惠著生民，濟益群品者，雖在古昔，猶序其風烈。是以春秋嘉崇明之禮，祭典載功施之族。況釋迦如來功濟大千，惠流塵境，等生死者歎其達觀，覽文義者，貴其妙明，助王政之禁律，益仁智之善性，排斥群邪，開演正覺。故前代已來，莫不崇尚，亦我國家常所尊事也。……朕承洪緒，君臨萬邦，思述先志，以隆斯道。今制諸州郡縣，於眾居之所，各聽建佛圖一區，任其財用，不制會限。其好樂道法，欲為沙門，不問長幼，出於良家，性行素篤，

---

❺❷ 《高僧傳》卷一〇〈曇始傳〉，頁392中。

❺❸ 梁·蕭子顯《南齊書》卷五七〈魏虜傳〉，頁990。

無諸嫌穢，鄉里所明者，聽其出家。率大州五十，小州
四十人，其郡遙遠臺者十人。各當局分，皆足以化惡就
善，播揚道教也。❺❹

復佛的詔令，從中華聖王本位出發，引《春秋》、《祭典》
等中國帝王的禮教為證，延伸到釋迦如來的佛法有助王化。
因此，上承開國以來的奉佛傳統，可以在各州郡的政治中心
「眾居之所」興建佛寺；也可以在「出於良家，性行素篤，
無諸嫌穢」的條件下，重新准許人民出家；並期待僧尼擔任
地方教化「化惡就善」的責任。塚本善隆認為這種復興的佛
教，是朝廷統御下的佛教，翼贊政治的佛教。這種特色明顯
的表現在中央佛教教團總監——道人統的任命上。〈釋老志〉
云：「（師賢）於脩復日，即反沙門，其同輩五人，帝乃親為
下髮。師賢仍為道人統。」❺❺皇帝親自主持道人統出家的剃髮
儀式，明確的表示這是翼贊國家君權的僧侶❺❻。北魏復興後
的佛教，回復到君權主導教權的國家佛教體制。

總結北魏開國的政教政策，及滅佛，再復佛之過程：北
魏第一代、二代帝王接受「皇帝即如來觀」的結果，使佛教
普遍盛行。第三代帝王不接受「皇帝即如來觀」，而改為「太
平真君」道教化之結果，佛教被摧殘殆盡，且禍及南朝主張
「沙門不敬王者」的自主性僧侶。佛教徒面臨空前的大變局，

---

❺❹ 《魏書‧釋老志》，頁3035–3036。

❺❺ 《魏書‧釋老志》，頁3036。

❺❻ 塚本善隆〈沙門統曇曜とその時代〉，氏著《塚本善隆著作集》
第二卷，頁75。

其危機意識必然普遍的提高。佛教徒不得不對佛教與國家、佛法與王法、僧侶與皇帝的關係做更深刻的思考。滅佛法難反省的結果，更加強政教結合的意圖，也更為強化「皇帝即如來觀」的應用。「皇帝即如來觀」在復佛之後，被更具體地表現在各種「皇帝如來」佛像的雕鑄上。〈釋老志〉：

> （復佛）是年，詔有司為石像，令如帝身。既成，顏上足下，各有黑石，冥同帝體上下黑子。論者以為純誠所感。興光元年(454)秋，敕有司於五級大寺內，為太祖以下五帝，鑄釋迦立像五，各長一丈六尺，都用赤金二十五萬斤。❺❼

按照皇帝的體型，建造石佛像，而且佛像身上的黑石冥同於皇帝身體上的黑痣，明確的昭告世人：「皇帝即佛如來。」復佛後的第三年，在五級大寺內，為太祖道武帝、太宗明元帝、世祖太武帝、恭宗景穆帝、今上高宗文成帝，鑄造五尊釋迦立像。這五尊用銅二十五萬斤的丈六金身釋迦像，無非在證明北魏開國以來的五位皇帝，都是「皇帝如來」。 塚本善隆指出，復佛運動的僧侶領導者，直接體驗到君權滅佛的嚴重性，特別深刻反省如何防止帝王再度廢佛。中央的興佛政策指導僧侶，強調前代道人統法果的「皇帝即現在佛」之思想，並且把這「皇帝即如來觀」予以具體化為「帝王佛」的雕鑄上。雕刻「如帝身」的石佛，鑄造表現五帝的五釋迦佛且安置在中央的五級大寺中，一方面強化「皇帝即如來」

---

❺❼　《魏書・釋老志》，頁3036。

思想，一方面避免北魏後代帝王、臣僚的侮辱、破壞「帝王佛」乃至於毀佛❸。這種「皇帝即如來觀」在曇曜（–477–499卒）沙門統（道人統改為沙門統）時期，更轉化為具體的雲岡石窟五尊「帝王如來身」的巨大石佛。〈釋老志〉：

> 和平初(460)，師賢卒。曇曜代之，更名沙門統。……曇曜白帝，於京城武州塞，鑿山石壁，開窟五所，鐫建佛像各一。高者七十尺，次六十尺，雕飾奇偉，冠於一世。❸

四、「皇帝即如來觀」的影響

曇曜就任沙門統之後，除了開鑿「五大帝王如來身」的雲岡石窟之外，又建立強勢的中央集權僧官制度，更組織了能在經濟上，勞動力上支持佛教事業擴展的龐大機構──「僧祇戶」與「佛圖戶」❻。曇曜於太和年間（–477–499卒），他的佛教政策大力推行於文成帝(452–465在位)、獻文帝(466–470在位)與孝文帝（471–499在位）時期，使佛教獲得快速的成長❻。曇曜大力推行佛化政策，且將「皇帝即如來觀」

---

❸ 塚本善隆〈シナにおける仏法と王法〉，收在宮本正尊編《仏教の根本真理》，頁697–698。

❸ 《魏書・釋老志》，頁3037。

❻ 參見塚本善隆〈北魏の僧祇戶・仏圖戶〉，氏著《塚本善隆著作集》第二卷，頁97–140。

❻ 《魏書・釋老志》：「自興光(454)至此（太和三年，479），京城內

具體表現在雲岡石窟的建造時期，恰好是梁武帝青少年乃至創業的時期(464-502)。以開國前梁武帝，精通於玄、儒、文、史、佛、道的素養，又兩次率兵抵抗北魏入侵的經歷❷，他不可能不瞭解曇曜「皇帝即如來觀」的政教結合政策。更值得注意的是，梁武帝即位初期的天監年間(502-519)距離建康不遠的洛陽龍門，正進行著費時二十四年，用功八十萬二千三百六十六的「帝王佛」石窟之開鑿的大工程。〈釋老志〉：

> 景明初 (500-503)，世宗詔大長卿白整準代京靈巖寺石窟，於洛南伊闕山，為高祖、文昭皇太后營石窟二所。初建之始，窟頂去頂三百一十尺。至正始二年中(505)，始出斬山二十三丈。至大長秋王質，謂斬山太高，費功難就，奏求下移就平，去地一百尺，南北一百四十尺。永平中(508-511)，中尹劉騰奏為世宗復造石窟一，凡為三所。從景明元年(500)，至正光四年(523)六月已前，用功八十二萬二千三百六十六。❸

梁武帝即位初年，為南朝《沙門不敬王者論》的沙門凌駕王權之上的傳統所苦，沙門且有故意冒犯御座的舉動。這種佛法主導王法，沙門超然於君權之上，不是大有為的開國君主梁武帝所樂見的。反觀北方敵國的北魏，君權主導教權，

寺新舊且百所，僧尼二千餘人，四方諸寺六千四百七十八，僧尼七萬七千二百五十八人。」頁3039。

❷ 詳見本書第三章。

❸ 《魏書・釋老志》，頁3043。

王法高於佛法,而且北朝帝王在「皇帝即如來觀」的傳統之上,享受著同於佛如來的尊崇,接受萬民及一切僧侶乃至沙門統的禮拜。雲岡五個「帝王佛」石窟,乃至龍門正在進行開鑿的三個「帝王佛」石窟,必然對這位有「宰制天下」霸氣的帝王,欲一統僧俗的君主,產生頗為深厚的誘惑力。如何規避南朝《沙門不敬王者論》不利於王者的因素,順著《沙門不敬王者論》的聖王高層次的理論發展,更進一步達到北朝「皇帝如來」的地位,乃至榮登「皇帝如來」法王的神聖寶座,接受僧俗臣民的敬拜,這些都是開國君主梁武帝所企盼的。但是,梁武帝為何不直接模倣乃至應用北朝的「皇帝如來」觀念,而另創「皇帝菩薩」的新理念乃至創建新的「佛教國家」, 其時代背景以及「菩薩思想」等因素,仍應進一步探討。

第三節　佛教徒的自覺與菩薩思想的影響

一、佛教徒的自覺與無佛感

　　北朝佛教徒的自覺與無佛感,來自北朝特殊的政教環境與佛陀觀[64]。北朝佛陀觀的背景,見於魏收(506–572)的《魏書‧釋老志》:

---

[64] 參見藤堂恭俊〈江南と江北の仏教〉,《仏教思想史》第四號,頁13。

所謂佛者，本號釋迦文者，譯言能仁，謂德充道備，堪
濟萬物也。釋迦前有六佛，釋迦繼六佛而成道，處今賢
劫。文言將來有彌勒佛，方繼釋迦（從兜率天）而降世。
釋迦即天竺迦維衛國王之子。……釋迦年三十成佛，導
化群生，四十九載，乃於拘尸那城娑羅雙樹間，以二月
十五日而入般涅槃。涅槃譯云滅度，或言常樂我淨，明
無遷謝及諸苦累也。諸佛法身有二種義，一者真實，二
者權應。真實身，謂至極之體，妙絕拘累，不得以方處
期，不可以形量限，有感斯應，體常湛然。權應身者，
謂和光六道，同塵萬類，生滅隨時，修短應物，形由感
生，體非實有。權形雖謝，真體不遷，但時無妙感，故
莫得常見也。**❻❺**

釋迦是天竺迦維衛國王之子，在距離東魏武定八年(550)
凡一千二百三十七年之前的四月八日誕生**❻❻**。三十歲修道成
佛，教導度化眾生四十九年之後，入般涅槃而滅度，進入常
樂我淨，無諸遷謝苦累的境界。成佛之後的真實身「不得以
方處期，不可以形量限」， 是「有感斯應，體常湛然」的法
身。諸佛也可以「權應身」出現，那是「同塵萬類，生滅隨
時，修短應物，形由感生」因應眾生的祈求、需要而感應出
現於世的。

北魏太祖在取得黃河以北之地與東晉隔河對峙的天興元
年(398)下詔曰：

---

❻❺　《魏書・釋老志》，頁3027。

❻❻　同前注。

夫佛法之興，其來遠矣。濟益之功，冥及存沒，神蹤遺
軌，信可依憑。其敕有司，於京城建飾容範，修整宮舍，
令信向之徒，有所居止。❻❼

北魏立國之後，認為佛陀的能力能濟益天下人民，冥感
兼及生者與死者；佛教的神蹟、軌範是可信仰、皈依的，因
此下令京城建造寺院，安置僧侶，便於佛教的宏揚。北魏對
於佛如來的信仰，經過道人統法果的「皇帝即當今如來」之
主張，以及曇曜等人具體地表現在「皇帝如來」佛像的雕鑄
上，普遍地流傳到社會的每個階層。吾人可以從留傳至今不
下千萬件的「造像銘記」中，清楚地看到這種佛陀信仰。例
如：龍門石窟古陽洞的〈楊大眼為孝文帝造釋迦像記〉：「邑
子像」（題額）：

邑主仇池楊大眼，為孝文皇帝造像記。夫靈光弗曜，大
千懷永之□。□蹤不邇，葉生唅靡道之懺。是以如來應
緣以顯跡，妥暨□□□像遂著。降及後主，茲功厥作。
輔國將軍□□□□梁州大中正安戎縣開國子仇池楊大
眼，誕承龍曜之資，遠踵應符之胤。……清王衢於三紛，
掃雲鯨於天路。南穢既澄，震旅歸闕。軍次□行。路逕
石窟。覽先皇之明蹤，睹盛聖之麗跡。嚼目徹宵，泫然
流感。遂為孝文皇帝，造石像一區。凡及眾形，罔不備
列。刊石記功、示之云爾。武。❻❽

❻❼ 《魏書・釋老志》，頁3030。

　　根據塚本善隆的考證，本造像記的年代推定為景明初年
(500–503)，楊大眼為孝文帝造的佛像是釋迦像⑲。又龍門古
陽洞的〈道人惠感造釋迦文佛記〉：

　　　為皇帝造，復為七世父母，敬造世加文弗一區，願四大
　　　布福，永平三年(510)五月十日，道人惠感。⑳

　　從以上列舉的兩件造像銘記，可以看出釋迦佛、佛陀觀
與皇帝，以及祈福、要求感應等思想緊密的連結著。此外，
彌勒佛的造像也頗為盛行。因為彌勒佛將從兜率天降生人間，
接繼釋迦佛，而在龍華會上成佛度眾生，因此彌勒佛也成為
人們祈求感應的諸佛之一。例如：〈北海王元詳為母子平安造
彌勒像記〉：

　　　維太和之十八年(494)十二月十一日，皇帝親御六旌，南
　　　伐蕭逆。軍國二容，別於洛汭。行留兩音，分於關外。
　　　太妃以聖善之規，戒途戎旅。弟子以資孝之心，戈言奉
　　　淚。其日太妃還家，伊尹立願母子平安，造彌勒像一區。
　　　……維大魏太和廿二年(498)九月持節侍中護軍北海王

⑱　清・王昶《金石萃編》卷二八〈北魏二〉，收在《石刻史料新編》
　　㈠第一冊，新文豐公司，頁500。

⑲　塚本善隆著《塚本善隆著作集》卷二，頁329–332。

⑳　清・陸增祥《八瓊室金石補正》卷一三，收在《石刻史料新編》
　　㈠第六冊，頁4195。

元詳造。❼

　　王室、朝臣、僧尼、庶民大量的建造石窟、佛像，一方
面有鎮護國家之意，或彰顯政教結合政策之意義的「皇帝如
來」佛像；另一方面則為造功德，祈求佛陀的感應、福佑。
藉著造佛像而祈求感應、福佑的佛陀觀，隨著北朝政治社會
的發展而有一種無佛感危機意識出現。北魏孝文帝太和二十
三年(499)卒後，政治漸壞，王公大臣類皆貪污奢侈、紀律廢
弛。北魏政治的衰亂與社會的腐化，終於在孝明帝正光五年
(524)引起六鎮之亂，而各地盜賊蠭起，民生凋敝。永安元年
(528)爾朱榮舉兵入洛陽，殺王公朝士二千餘人，釀成河陰慘
案。到了孝武帝永熙三年(534)北魏分裂成東西魏，政治依然
紛擾不安。另一方面，南朝的劉宋(420–479)、蕭齊(479–502)
也是宗室子弟相殘，內亂外患不已的局面。中國的佛教徒處
於南北朝政治動亂，民生疾苦的時代環境裡，逐漸醞釀出佛
教徒深沉的自覺，興起一股前不值釋迦，後不遇彌勒佛的無
佛感。釋道安的自述，最能代表這種佛教徒處於「無佛之世」
的危機意識。釋道安〈陰持入經序〉：

　　道安來近積罪，生逢百罹，戎狄孔棘，世乏聖導。潛避
　　晉山，孤居離眾。幽處窮壑，竊覽篇目。淺識獨見，滯
　　而不達。凤宵抱疑，諮諏靡質。……世不值佛，又處邊
　　國。音殊俗異，規矩不同。又以愚量聖，難以逮也。❼

---

❼　《八瓊室金石補正》卷一二，同前注引書，頁4188。

❼　釋道安〈陰持入經序〉，收在《大正藏》五十五冊《出三藏記集》

〈十二門經序〉：

> （道）安宿不敏，生值佛後，又處異國。楷範多闕，仰
> 希古烈。滯而未究，寤寐憂悸，有若疾首。❼❸

〈道地經序〉：

> 子（道安）生不辰，值皇紐絕，玁狁猾夏，山左蕩沒。
> 避難濩澤，師殞友折。周爰諮謀，顧靡所詢。……然天
> 竺聖邦，道岨遼遠，幽見硯儒，少來周化。先哲既逝，
> 來聖未至。進退狼跋，咨嗟涕洟。故作章句，申己丹赤。
> 冀諸神通，照我顓顓。必枉靈趾，燭謬正闕也。❼❹

　　釋道安(312-385)生於永嘉之亂(307-312)後的華北地區，
一生飽受五胡亂華、兵荒饑饉、流離失所之苦。釋道安博物
多才、通經明理、精研佛藏，對於中國初傳期佛教之建樹，
居於重要之地位❼❺。道安雖然是漢民族的出身，「家世英
儒」❼❻，但是，出家之後中國本位意識消失。道安不但不認
為佛教是「夷狄之俗」、「西戎之法」，視佛為「戎神」；反而

　　卷六，頁44中。

❼❸　釋道安〈十二門經序〉，同前注所引文，頁46上。

❼❹　釋道安〈道地經序〉，《出三藏記集》卷一〇，頁69下。

❼❺　湯用彤《漢魏兩晉南北朝佛教史》第八章〈釋道安〉，頁228。

❼❻　《高僧傳》卷五〈道安傳〉，頁351下。

把己身所生長的母國視為「邊國」、「異國」；將佛教的母國
——天竺，視為「聖邦」。道安遭逢亂世，又苦於對佛法無法
真確的理解之時，不免感嘆身世的束縛。在時間方面感嘆「世
不值佛」、「生值佛後」、「先哲（釋迦）既逝，來聖（彌勒）
未至」，生在前無釋迦，後無彌勒的無佛時代。在空間方面
也哀嘆身處距離「天竺聖邦」極為遙遠的「邊國」、「異國」
之地。中華、天竺的語言、風俗不同，「以愚量聖」難以窮
究；而且「天竺聖邦」道路遼遠阻絕，天竺的「幽見硯儒」
也少來教化，使本地幾乎成為無佛之國。道安這種無佛感也
可以從他的弟子釋僧叡的〈毘摩羅詰提經義疏序〉中看出：

> 邊情險詖，難可以參契真言，厠懷玄悟矣。自慧風東漸，
> 法言流詠已來。雖日講肆，格義迂而乖本，六家偏而不
> 即。性空之宗，以今驗之，最得其實，然鑪冶之功，微
> 恨不盡。當是無法可尋，非尋之不得也。何以知之，此
> 土先出諸經，於識神性空，明言處少；存神之文，其處
> 甚多。中、百二論，文未及此；又無通鑒，誰與正之。
> 先匠（道安）所以輟章遐慨，思決言於彌勒者，良在此
> 也。⓱

中國乃遠離天竺的邊遠之地，難以了解「真言」。實在
是「無法可尋」，又無「通鑒」之士，無人可以導正佛法之路。
這是釋道安所以感嘆無佛，而想經由禪定修習上升兜率天，

⓱ 釋僧叡〈毘摩羅詰提經義疏序〉，《出三藏記集》卷八，頁58下–59
上。

求教於彌勒佛的不得已之苦衷。釋道安所代表的中國高僧自覺之後的無佛感，也出現在梁武帝時代北方的造像銘記中。茲引用藤堂恭俊所搜集到的證據為例:〈劉根等四十一人造三級璭浮圖記〉，正光五年(524)，開封博物館藏:

> 生於千載之下，進不值鷲巖（釋迦）初軒，退未遇龍華（彌勒）寶駕，……仰為皇帝陛下，皇太后中宮眷屬，士官僚庶。[78]

〈興化寺高嶺諸村造像記〉， 武定七年(549)，山西孟縣城北，興道村:

> 生遭季運，前不值釋迦初興，後未遭彌勒三會，二聖中間日有□歎，……上為皇帝陛下，勃海大王，延祿無窮。[79]

當代人處於釋迦佛滅千年之後，前不值釋迦佛，也來不及等到彌勒佛出世，不得不發出無緣親自接受兩佛直接指導的哀嘆。這種不能生逢兩佛之世的時代隔絕感，相應的有「無佛感」的悲痛意識在內。與梁武帝同時代的高僧曇鸞 (476–542)不但發出「五濁之世，無佛之時」的感嘆，且遠赴江南謁見梁武帝，並請求學習陶宏景的「仙術」， 冀能延壽而窮究佛法。《續高僧傳》卷六〈曇鸞傳〉:

---

[78] 藤堂恭俊〈江南と江北の仏教〉，頁11。

[79] 同前注，頁11–12。

釋曇鸞，雁門人，家近五台山。……於四論，佛性，彌
所窮研。讀大集經，恨其詞義深密，難以開悟。因而注
解，文言過半，便感氣疾。權停筆功，周行醫療。……
既達梁朝，時大通中也(527–529)。……（梁武）帝降階
禮接，問所由來。鸞曰：「欲學佛法，恨年命促減，故
來遠造陶隱居（宏景）求諸仙術。……（得仙經後）即
辭還魏境。欲往名山，依方修行。行至洛下，逢中國三
藏菩提留支，……（菩提留支）即以觀經授之曰：「此
大仙方，依之修行，當得解脫生死也。」鸞尋頂受，所
齎仙方並火焚之。自行化他，流靡弘廣。魏主重之，號
為神鸞焉。❽⓪

　　藤堂恭俊認為，曇鸞的無佛感是一種與釋迦、彌勒二佛
隔絕之後，在信仰上所產生的危機感。因此，曇鸞捨棄釋迦、
彌勒世襲的佛陀觀。曇鸞得到《觀無量壽經》之後，轉向西
方淨土世界的無量壽佛信仰。他相信無量壽佛（阿彌陀佛）
現在西方世界，而且以本願力故，不斷的救度一切眾生。無
佛感的留傳，成為曇鸞在北方建立宗教性較為豐富的「淨土
信仰」之基盤❽①。「淨土信仰」的留傳，後來形成廣為中國人
所接受的「淨土宗」。

---

❽⓪　《續高僧傳》卷六〈曇鸞傳〉，頁470上–中。

❽①　同❼⑧，頁18。

二、菩薩思想與受菩薩戒風氣的影響

　　筆者認為中國佛教徒的自覺與無佛思想的留傳，固然在北方形成了「淨土信仰」，但是在南方卻有另一種不同型態的展現。筆者初步的假設是：中國佛教徒的自覺與無佛思想，促使南朝大乘菩薩思想的傳佈，以及菩薩戒行的實踐風氣之展開。菩薩，梵語菩提薩埵(bodhi-sattva)的簡稱，意譯為覺眾生、道心眾生，即發願追求無上菩提、利益眾生、修諸波羅蜜行，且相信一定成為「當來佛」的大心眾生❷。印度·龍樹菩薩造，姚秦·鳩摩羅什譯《大智度論》卷四〈大智度初品中菩薩釋論〉：

> 問曰：何等名菩提，何等名薩埵。答曰：菩提名諸佛道，薩埵名成眾生或大心。是人諸佛道功德盡欲得，其心不可斷不可破，如金剛山，是名大心。如偈說：一切諸佛法，智慧及戒定，能利益一切，是名為菩提。其心不可動，能忍成道事，不斷亦不破，是心名薩埵。復次稱讚好法名為薩，好法體相名為埵。菩薩心自利利他故，度一切眾生故，知一切法實性故，行阿耨多羅三藐三菩提道故，為一切賢聖之所稱讚故，是名菩提薩埵。所以者何？一切諸法中，佛法第一。是人欲取是法故，為賢聖所讚嘆。復次，如是人為一切眾生，脫生死者，故索佛道。是名菩提薩埵。……問曰：齊何名為菩提薩埵。答曰：有大誓願，心不可動，精進不退，以是三事，名為

---

❷　《望月佛教大辭典》第五冊〈菩薩條〉，頁4658。

> 菩提薩埵。復次有人言，初發心度一切眾生，作願言我
> 當作佛度一切眾生。從是以來，名菩提薩埵。❽

菩薩是指有大誓願心、大覺悟心的眾生。換句話說，能
發大誓願廣求佛道，而且不斷的修持佛法，廣度一切眾生的
人，都可以稱為菩薩。釋迦牟尼成佛以前，生生世世之間修
行六度萬行，積集功德努力精進於人格的陶冶。修行期間的
釋尊，稱為釋迦菩薩，佛教的菩薩即起因於此。菩薩在小乘
佛教中，主要是指因位修行中的釋尊，即釋迦菩薩。菩薩在
大乘佛教中，是大乘佛教的實踐者、具現者；沒有菩薩，大
乘佛教將成為沒有精神生命的形骸。大乘佛法所記載的是釋
迦為菩薩，即為達到如佛陀的覺位，而努力精進修行的人所
開示的教法。換言之，大乘經典所指示的是菩薩的修行與教
綱❽。《般若經》、《維摩經》、《法華經》、《涅槃經》等大乘
經典皆含有豐富的菩薩思想與菩薩行❽。菩薩思想是涉及全
體大乘佛教的問題，其內容極為複雜細密，不是本書就可以

---

❽ 龍樹菩薩造、鳩摩羅什譯《大智度論》卷四，《大正藏》二十五
　冊，頁86上-中。

❽ 參見神林隆淨著，許洋主譯《菩薩思想的研究》，收在藍吉富編
　《世界佛學名著譯叢》第六十五冊，頁1-2。

❽ 參見西義雄〈般若經における菩薩の理念と實踐〉，兒山敬一〈維
　摩經における入不二と菩薩行〉，田村芳朗〈法華經における菩
　薩精神〉，河村孝照〈大乘涅槃經における菩薩道〉，收在西義雄
　編《大乘菩薩道の研究》，京都，平樂寺書店，1968年，頁1-159、
　195-229、231-261、355-398。

說明的。就大乘菩薩的種類而言，則有出家菩薩、在家菩薩、假名菩薩、真性菩薩、初發心菩薩、補處菩薩（將補佛位）、自他方世界而來現於娑婆世界的菩薩，也有由聲聞、緣覺轉向而成為菩薩的，以及如來為濟度眾生而化現成為菩薩的，以及歷史上的大德被世人稱為菩薩的，種類繁多。除了菩薩的種類外，有關菩薩的德目、戒行、階位、修行期限、境界深淺等則更為錯綜複雜，廣博精深。但是，菩薩的種類、內涵雖多，他們之間仍可以找出共通一致的地方。菩薩都以佛為依歸，十分敬仰如來，愛護眾生的悲願熾盛，努力追求真實知見，為實現誓願而精進；這些都是菩薩一貫的特質。凡具有這些特質，不論在什麼境遇下，佛教徒都稱之為菩薩❻。菩薩思想為大乘佛教的原動力，也是大乘佛學的核心。最高層次的大菩薩僅次於佛，甚至這種菩薩可以化身為佛；最低層次的小菩薩，係指每一個發心上求佛道、下化眾生的人皆可以稱謂的菩薩。大菩薩可以變現為各個不同型態的眾生，有極靈活的彈性與親切性。例如，六朝時代廣為流行的觀世音菩薩信仰。姚秦・鳩摩羅什譯《妙法蓮華經・觀世音菩薩普門品》：

> 若有國土眾生，應以佛身得度者，觀世音菩薩，即現佛身而為說法。……應以小王身得度者，即現小王身而為說法。……應以比丘、比丘尼、優婆塞、優婆夷身得度者，即現比丘、比丘尼、優婆塞、優婆夷身而為說法。應以長者、居士、宰官、婆羅門婦女身得度者，即現婦

---

❻ 同❹，頁6–7。

女身而為說法。應以童男、童女身得度者，即現童男、
童女身而為說法。應以天、龍、夜叉、乾闥婆、阿修羅、
迦樓羅、緊那羅、摩睺羅伽、人非人等身得度者，即皆
現之而為說法。……觀世音菩薩成就如是功德，以種種
形，遊諸國土，度脫眾生。**⑧⑦**

　　由於大乘佛教的菩薩思想：認為每一個人衹要肯發菩提
心，就是一位初發心菩薩；衹要肯努力依佛教修行就可以由
菩薩而直接成佛，甚至化身無數的型態來救度、教化眾生。
因此，菩薩思想的親切性、寬廣性，使得六朝的菩薩信仰漸
漸流傳開來。佛的出世，衹能救度一時的眾生。但是佛滅後，
卻有無數的大心菩薩出現，救度世間苦難的眾生。菩薩信仰
給予無佛時代、邊國地帶的中國佛教徒帶來無窮的希望。《大
智度論》卷四〈大智度初品中菩薩釋論〉：

　　一佛不能得度一切眾生，若一佛能度一切眾生者，可不
　　須餘佛。但一佛出，如諸佛法，度可度眾生已而滅。如
　　燭盡火滅，有為法、無常、性空故。……眾生無量、苦
　　亦無量，是故應有大心菩薩出。……若佛不出世，諸菩
　　薩以十善因緣，四無量意，後世罪福報，種種因緣教
　　導。**⑧⑧**

　　梁武帝在天監六年至十一年(507-512)間，曾與「建康教

⑧⑦　鳩摩羅什譯《妙法蓮華經》卷七，《大正藏》九冊，頁57上-中。
⑧⑧　同**⑧③**，頁93中-下。

團」的義學僧侶釋慧令等二十人，引《大智度論》注解《摩訶般若波羅蜜經》，而編撰成《摩訶般若波羅蜜子注經》五十卷或一百卷。梁武帝撰〈注解大品經序〉曰：「摩訶般若波羅蜜者，洞達無底，……此乃菩薩之正行，道場之直路。」❽因此，吾人可以推測梁武帝瞭解無佛時代，菩薩思想可以做為其推行的「佛教國家」之核心思想。因為菩薩思想早已流傳中國，為人民所接受。而且菩薩思想比起「佛陀觀」、「皇帝如來觀」更富有親切性、可實踐性。菩薩一詞在一般人的印象中，既是崇高偉大的，也是平易近人的，既是神聖莫測的，也是簡易普通的。菩薩與佛有著極為密切的關係。菩薩，是由於實踐了成佛之道而得名；成佛，是由於實踐了菩薩之行而得果；菩薩道是成佛的正因，成佛是菩薩道的結果。要成佛，必先行菩薩道；行了菩薩道，必定會成佛❾。菩薩道、菩薩行的實踐是成佛的充分必要條件，而且是最重要的基礎。梁武帝即位之後，大力宏揚菩薩道、菩薩行，想必他對於菩薩思想在大乘佛教中的核心地位，有深切認識。

姚秦‧鳩摩羅什於弘始四年(402)譯《大智度論》，弘始五年譯《大品般若經》，弘始七年譯《菩薩藏經》三卷，弘始八年譯《法華經》八卷、《維摩經》、《華手經》十卷，弘始十年譯《小品般若經》十卷、《金剛般若經》，弘始十二年譯《十住經》四卷等經論，皆含有豐富的菩薩思想。尤其，相傳為羅什所譯的《梵網經菩薩心地戒品》，成為後世受菩

❽ 梁武帝〈注解大品經序〉，《出三藏記集》卷八，頁53下。
❾ 參見釋聖嚴《戒律學綱要》第七篇〈三世諸佛的搖籃（菩薩戒綱要）〉，臺北，東初出版社，民國七十六年，頁230。

薩戒所依的主要經典。梁武帝時代的慧皎,也為《梵網經》作疏❶。北涼‧曇無讖(385-433)於玄始十年(421)以前,譯有《大般涅槃經》三十六卷,《方等大集經》二十九卷,《金光明經》四卷,《菩薩地持經》八卷,《菩薩戒本》一卷,《優婆塞戒經》七卷,《菩薩優婆塞戒壇文》一卷等有關菩薩思想與菩薩戒行經典。此外,東晉‧佛陀跋陀羅(-418-420-)譯的《華嚴經》六十卷,劉宋‧求那跋摩(431-?)譯《菩薩善戒經》九卷,釋智嚴(-427-)譯《菩薩瓔珞本業經》二卷。這些經論都含有菩薩的德目、斷惑、階位、戒行、修行期限,內證境界等重要思想與行持等內容。以上這些有關菩薩思想的經典,大都留傳在南方,而且也被梁武帝等人所引用。吾人從梁武帝敕編的《經律異相》五十卷中,以及《出家人受菩薩戒法》等著作,可以看出武帝引用上述佛典的菩薩思想❷。

菩薩之所以稱為菩薩,是由於受了菩薩戒而來;要行菩薩道,須受菩薩戒,所以菩薩戒是一切諸佛之能成佛的根本原因,也是菩薩之所以成菩薩的根本所在。《梵網經》說菩薩戒「是一切諸佛本源,一切菩薩本源,佛性種子」❸。菩

---

❶ 《續高僧傳》卷六〈慧皎傳〉,頁471中。

❷ 參見〈伯希和第二一九六號〉: 梁武帝《出家人受菩薩戒法》所引用的佛經。又根據諏訪義純〈梁天監十八年敕寫「出家人受菩薩戒法卷第一」討論〉一文的考證,《敦煌古寫經》續,1972年,頁89。《經律異相》有多卷有關菩薩思想的內容,詳見下頁說明。《大正藏》五十三冊,頁39-62。

❸ 鳩摩羅什譯《梵網經盧舍那佛說菩薩心地戒品》,《大正藏》二十四冊,頁1003下。

薩戒既然是大乘菩薩道的根本，所以南朝盛行菩薩思想之後，受菩薩戒的風氣也跟著展開。梁·僧祐的《法苑雜緣原始集目錄》序，記載本書的第十一卷，收有宋齊時代受菩薩戒集六首。這六首分別為：菩薩戒初至次第受法記第一，宋明帝受菩薩戒自誓文帝第二，竟陵文宣王受菩薩戒記第三，……宋齊勝士受菩薩戒名錄六❹。可惜本書已佚，後人無從了解南朝受菩薩戒的情形。梁武帝在即位初年的天監年間(502–519)從事大規模的佛教經典編纂、譯注工作，其中包含多種菩薩思想。例如：《經律異相》卷八的〈自行菩薩部〉，卷九〈外化菩薩部〉，卷一〇、一一〈隨機現身菩薩部〉，卷一二〈出家菩薩僧部〉，卷二五、二六〈行菩薩道諸國王部〉，卷三一、三二〈行菩薩道諸國太子部〉等❺。《出家人受菩薩戒法》引用《大智度論》等十四種經論的菩薩思想，又引用羅什本、高昌本，玄暢本、優婆塞戒本、瓔珞本業經戒本、觀普賢行經戒本等六家菩薩戒本❻。由此可見梁武帝受南朝菩薩思想與菩薩戒影響之一斑。更值得注意的是，梁武帝於天監元年四月八日釋迦菩薩誕日即位開國；於天監十八年四月八日親受菩薩戒，自稱「菩薩戒弟子皇帝」，並接受群臣尊稱其為「皇帝菩薩」❼。

❹ 釋僧祐〈法苑雜緣原始集錄序〉，《出三藏記集》，頁92下–93上。

❺ 梁·寶唱等集《經律異相》，《大正藏》五十三冊，頁39–63、136–145、161–177。

❻ 同❻，並參見本書第五章、第六章之探討。

❼ 詳見《南史》卷七〈梁本紀〉，頁207。《魏書》卷九八〈蕭衍傳〉，頁2187。《廣弘明集》卷四〈捨事李老道法詔〉的〈邵陵五綸啟〉，

第四節　小　結

　　總結上述三節的探討，可以得到下面的看法：

　　⑴魏晉南北朝長期分裂，政局動盪、民生不安的時代環境下，佛教獲得迅速的發展，並擁有深厚的社會基礎。王室、貴族、寺院沙門成為南北朝國家的三大勢力。這三大勢力之間，無法避免各種衝突或結合等關係。南北朝的國家與佛教之間，需要適當的政策來配合應用，否則不免於政教的衝突或教團的蕪亂等問題。由於南北政治、社會的不同，而有不同的政教關係傳統。北朝盛行「皇帝即如來觀」，造成較為嚴密有力的政教結合政策。這種「皇帝即如來觀」政教結合政策的主導者，是由道人統法果、沙門統曇曜等國師擔任，對北魏的國家佛教體制、北魏的佛教化有很大的貢獻。南朝則受到「沙門不敬王者」傳統的影響，沙門的聲勢幾乎獨立自主，甚至凌駕於君權之上。尤其慧遠《沙門不敬王者論》的多元、多重論辯，為此一傳統奠定甚為雄厚有力的基礎。南朝的政教結合政策之開展，頗受到「沙門不敬王者」之傳統的制約。梁武帝是南朝梁代的創業帝王，一位雄才大略之君主。他的「佛教國家」，似乎應該直接模倣北朝的「皇帝即如來觀」。因為，將政權主導者的皇帝視為神聖的「佛如來」，此種政教結合理念是最直接而神聖不可侵犯的。但是，南朝受制於《沙門不敬王者論》，而迂迴的提出「皇帝菩薩」理念為主的「佛教國家」。「皇帝菩薩」理念的形成，與南北

頁112中。並詳見本書第六章之探討。

朝的國家、佛教等時代背景有密切關係。

(2)梁武帝為了結合貴族與沙門兩大勢力，強化君權以改革南朝政治、社會、文化等方面的積弊；他似乎不能全盤接受脫離此政策方向的《沙門不敬王者論》；另一方面他也不能完全違背這種將近二百年的「方外沙門自主性」之傳統。梁武帝個人方面有足夠的學術包容能力，開創新的理念（詳見第二章）；客觀環境方面，南朝的政教衝突一向以義理辯難方式來解決。而梁武帝主導的「建康教團」結合了至少三十人以上的學僧與佛學學者，假以十餘年的充分時間，良好的學術環境，他們創造出合適的政教結合政策，並為此一政策尋求更理性，涵蓋性深廣的核心理念以創建理想的「佛教國家」。慧遠《沙門不敬王者論》的論證方式與內涵，同時從中、印兩大文化出發，而有多元、多層次的理論體系。梁武帝以及「建康教團」順著《沙門不敬王者論》的理論體系之發展，避開沙門與王者分立的較低層次，而創造一符合「內外聖王，歸致不殊」的最高層次之新理念。「皇帝菩薩」理念的形成，可說是東晉南朝「沙門不敬王者」傳統的進一步發展。

(3)北方五胡十六國不斷的政權爭奪，循環砍殺，人民顛沛流離困頓窮苦。即使佛教領袖的釋道安也不得不發出「不依國主，則法事難立」的哀嘆，而主張為了佛教的傳佈，有必要聯結擁有政權的皇帝。北魏道人統法果秉承著道安的主張，而推行「皇帝即如來觀」的政教結合政策，使北魏迅速地佛教化。北魏經過滅佛法難之後，復佛的曇曜國師更強化了「皇帝即如來觀」，而具像化於雲岡石窟「皇帝如來」等

佛像的建造。北魏「皇帝如來」的政教結合政策，奠定了龐大而嚴密的國家佛教體系，應該影響了同時代的梁武帝。梁武帝也以皇帝為主推行「佛教國家」的政教結合政策，而且為此一政策創造類似於「皇帝如來」的理念「皇帝菩薩」。梁武帝實質上應用「皇帝如來」的精神，但形式上不取此一名號乃有其主觀的因素。梁武帝具備開創性的個人主觀條件(第二章詳細論述)， 不必也不願套用敵國的政策名號。客觀環境方面，單純的「皇帝即如來」信仰式的藉口，無法得到強於義理的南朝僧團之接納。創造一個實質上是「皇帝如來」，內涵方面有廣博精深的佛法體系為基礎的新理念，乃是必然之舉。「皇帝菩薩」即淵源於此。

⑷中國佛教徒在空間方面，遠離佛教發源地的「天竺聖邦」；時間方面又處於前不值釋迦佛，後不遇彌勒佛的時代。中國佛教徒這種時間、空間的隔絕感，又遭逢兵荒馬亂、流離困頓的魏晉南北朝亂世，不免有信仰的危機，或宗教的自覺等情形出現。中國佛教徒的自覺或無佛感等情形，一方面形成宗教性較豐富的淨土信仰，另一方面大乘菩薩思想與受菩薩戒的風氣也漸流傳於南朝。菩薩是大乘佛教的實踐者、具現者，大乘經典大都指示著菩薩的修行內容與義理思想。大乘菩薩的種類、德目、戒行、階位、修行期限、境界內容、典範作用等內涵廣博精深。菩薩上求佛道，下化眾生，悲智雙運的共通特質，廣為人們所接受與敬愛，也是每一個肯發心的人都可以做得到的。菩薩千處祈求千處應，可以按照不同種類眾生的需要，而變化出現以救度苦難。菩薩一詞對於一般人印象，既是崇高偉大的，也是平易近人的。菩薩可以

等同於佛，以佛身救世，也等於凡人，祇要發大心且努力實踐就是一位凡人活菩薩。梁武帝以及「建康教團」的學者、高僧，似乎了悟菩薩思想賦有親切包容、靈活變化等特質。因此，天監年間十八年中積極的整理、闡揚、注解各種菩薩思想。然後，天監十八年四月八日梁武帝親受菩薩戒，誓願生生世世行菩薩道，建立「菩薩戒弟子皇帝」的典範。同時，在這一天提出「皇帝菩薩」的理念，也建立「佛教國家」的佛法基礎。

第二章　早年經歷、創業稱帝與佛教的關係

第一節　家世、早年生活與士大夫的教養

一、家　世

《梁書》卷一〈武帝紀〉：

> 高祖武皇帝諱衍，南蘭陵中都里人，漢相國（蕭）何之
> 後也。何生酇定侯延，延生侍中彪，……喜生淮陰令整，
> 整生濟陰太守鎋，鎋生州治中副子，副子生南臺治書道
> 賜，道賜生皇考順之，齊高帝族弟也。❶

《南齊書》卷一〈高帝紀〉：

> 太祖高皇帝諱道成，漢相國蕭何二十四世孫也。何子酇
> 定侯延，延生侍中彪，……喜生淮陰令整，整生即丘令
> 儁，儁生輔國參軍樂子，宋昇明二年九月贈太常，生皇

---

❶ 《梁書》卷一〈武帝紀〉，頁1。

考（承之）。蕭何居沛，侍中彪免官居東海蘭陵縣中都
鄉中都里。寓居江左者，皆僑置本土，加以南名，於是
為南蘭陵人也。❷

梁武帝蕭衍為漢相國蕭何二十五世孫，與齊高帝蕭道成
同承於蕭何二十世孫蕭整。齊、梁宗室為西漢蕭何的子孫，
也許有附會假託之處，但是同承於南渡始祖蕭整，則為事實。
蕭整生儁，儁生樂子，樂子生承之，承之生道成，則齊高帝
為蕭整五世也。蕭整生鎋，鎋生副子，副子生道賜，道賜
生順之，順之生衍，則梁武帝為蕭整六世孫。

《南史》卷六〈梁本紀〉：

（梁武帝）皇考諱順之，字文緯，於齊高帝為始族弟。
……與齊高少而款狎。……齊高每外討，皇考常為軍
副。……頻為齊高鎮軍司馬，長史。……以參豫佐命，
封臨湘縣侯。歷位侍中，衛尉，太子詹事，領軍將軍，
丹陽尹。❸

梁武帝父蕭順之，與南齊開國皇帝蕭道成，同為蕭整五
世孫，有同族的從兄弟關係。蕭順之為南齊開國皇帝的佐命
功臣，歷任軍、政要職，為齊高帝、武帝父子所敬重。齊、
梁同宗，隸屬於南渡僑姓的蘭陵蕭氏，具有休戚相關、榮辱
與共的宗族關係。

---

❷ 《南齊書》卷一〈高帝紀〉，頁1。

❸ 《南史》卷六〈梁本紀〉，頁167。

《南齊書》卷二〈高帝紀〉：

> 建元四年(482)三月庚申，（齊高帝）召司徒褚淵、左僕
> 射王儉（遺）詔曰：「吾本布衣素族，念不到此，因藉
> 時來，遂隆大業。」壬戌，上崩于臨光殿。❹

《二十二史箚記》卷一二〈江左世族無功臣條〉：

> 江左諸帝，乃皆出自素族。宋武本丹徒京口里人。少時，
> 伐荻新州，又嘗負刁逵社錢被執，其寒賤可知也。齊高
> 自稱素族，則非高門可知也。梁武與齊高同族，亦非高
> 門也。❺

　　齊、梁宗室皆屬於僑遷南來的「寒門素族」，擁有部曲、
家兵的「將家」❻，有別於王、謝等僑姓高門望族。南朝國
家的社會階層構造是門閥士族、地方豪族、一般民眾。中央
官界為特定的門閥士族所獨占，地方社會則為豪族、土豪所
支配。南朝的貴族社會，可以分成上層的門閥士族與下層的

---

❹　《南齊書》卷二〈高帝紀〉，頁38。

❺　清・趙翼《二十二史箚記》卷一二〈江左世族無功臣條〉，臺北，
　　華世出版社，民國六十六年，頁254。

❻　《南史》卷六〈梁本紀〉：「皇考（蕭順之）聞難作，率家兵據朱
　　雀橋。」頁167。又，梁武帝〈孝思賦〉：「故舊部曲，猶有數千。」
　　《大正藏》五十二冊《廣弘明集》卷二九，頁337上。由此可見
　　蕭順之、蕭衍父子屬於擁有家兵、部曲等軍隊的「將家」。

豪族、土豪、素族、庶族、寒門等兩個階層。士族透過九品
中正制度，壓抑寒庶，嚴守門第界限及經濟與教育等特權的
掌握，來保持其政治、社會、經濟與文化的優越地位❼。六
朝時代，一切的身分、地位都由家族來決定，人們皆被閉鎖
於所屬的階層之中，幾乎沒有變動的可能性。祇有出身於擁
有武力的「素族」、「將家」之軍人與僧侶這兩類人物是例外
的，有機會參與、爬昇到社會的上層階級❽。南北朝的戰亂
不斷，士族不習武事，給予將家藉軍功獲取政權的機會。宋、
齊、梁、陳四代，皆由素族憑軍事力量而創業開國的。僧侶
則以其宗教的義理、儀式等，獲得人們普遍的信奉，而進入
社會各個階層之中。梁武帝出身於「素族」，與蕭齊宗室同
族，有一定的軍事力量，具有邁向「開國皇帝」的必要條件。
他面對六朝傳統的士族門閥，為增強其「軍人王權」而大力
結合僧侶，推行崇佛政策，這可能與其出身於「僑姓素族」
的家庭背景有密切關係。

二、經歷、竟陵八友與佛教薰陶

梁武帝第七子梁元帝蕭繹(508–554)所撰的《金樓子》卷
一〈興王篇〉，對梁武帝創業之前的經歷，有較為確實的記
載。

沛國劉瓛，當時馬（融）鄭（玄），上（梁武帝）每析

---

❼　參見毛漢光《兩晉南北朝士族政治之研究》上冊，臺北，中國學
　　術著作獎助委員會，民國五十五年，頁67–312。

❽　參見森三樹三郎《梁の武帝》，頁29。

疑義，雅相推摧。……弱冠升朝，令問籍甚。太尉王儉，
齊國阿衡，欽上風雅，請為戶曹屬。司徒竟陵王，齊室
驃騎，招納士林，待上賓友之禮。范雲時為司徒記事，
深慕上德，自結神遊。……（上）歷司徒法曹祭酒掾，
會輔友仁之職。永明九年，出為鎮西諮議。❾

　　梁武帝弱冠之前，應是遊學劉瓛等當代學者之所，接受
儒學教育。二十歲前後，出仕何種職務，已經無從查考。永
明七年(489)，蕭衍二十六歲時，擔任齊武帝第十三子巴陵王
子倫(479-494)的法曹行參軍，係屬軍事職務❿。同年遷任王
儉(452-489)的東閣祭酒，並為其所賞識，請為戶曹屬。
　　《南史》卷六〈梁紀〉：

　　　　（蕭衍）初為衛軍王儉東閣祭酒，儉一見深相器異，請
　　　　為戶曹屬。謂廬江何憲曰：「此蕭郎三十內當作侍中，
　　　　出此則貴不可言。」⓫

---

❾　梁‧蕭繹《金樓子》卷一〈興王篇〉，收在《知不足齋叢書》第
　　九集，頁15-16。

❿　《梁書》卷一〈武帝紀〉：「（蕭衍）起家巴陵王南中郎法曹行參
　　軍」，頁1。《南齊書》卷四〇〈武十七王傳〉：「巴陵王子倫字雲
　　宗，世祖第十三子也。永明七年，為持節，都督南豫、司二州軍
　　事，南中郎將、南豫州刺史。」頁712。由此可知，蕭衍任職巴陵
　　王南中郎法曹行參軍，時在永明七年。

⓫　《南史》卷六〈梁本紀〉，頁168。

　　王儉是六朝第一高門王導的六世孫，是瑯琊王氏在宋齊之際，活躍於政治、社會等各方面的首要代表人物⑫。王儉是宋齊兩朝的重臣，掌管選舉任官之職，「常總端右，亟管銓衡，事涉兩朝，歲綿一紀」⑬。王儉深為齊高、武帝所信任，「士流選用，奏無不可」⑭。因此，蕭衍被這位「齊國阿衡」公開讚賞，許以「貴不可言」的預言。由此可知，蕭衍在青年時期就流露出「帝王」的氣度，以至於王儉一見面就大為器重與欽佩。永明年間(484–492)齊武帝次子竟陵王子良(460–494)開西邸，招文學，蕭衍亦遊於其門下，有「竟陵八友」之稱⑮。《梁書》卷一〈武帝紀〉：

　　　　竟陵王子良開西邸，招文學，高祖（蕭衍）與沈約、謝朓、王融、蕭琛、范雲、任昉、陸倕等並遊焉，號曰八友。⑯

---

⑫　王導輔佐東晉元帝立國於江南，居功甚偉。時人為之語曰：「王與馬，共天下。」（《晉書》卷九八〈王敦傳〉，頁2554。）可見南方政權的建立，瑯琊王氏的貢獻之巨。瑯琊王氏，在此後東晉南朝政治、社會中，一直居於首要地位。王儉則為宋、齊之際的代表人物。參見毛漢光《中國中古社會史論》第十篇〈中古大士族之個案研究──瑯琊王氏〉，頁365–404。

⑬　《南齊書》卷二三〈王儉傳〉，頁437。

⑭　同前注，頁436。

⑮　綱祐次認為，竟陵王子良招致賓客的時期，起於永明二年至十年，而最盛期為永明七、八年(489–490)。參見綱祐次〈南齊竟陵王の八友に就いて〉，《お茶の水女子大學人文科學紀要》第四，頁1。

竟陵王西邸是當時的文壇重鎮，名士交遊中心。蕭衍被司徒竟陵王聘請為司徒法曹祭酒掾，待以「賓友之禮」，任以「會輔友仁之職」。蕭衍遊於竟陵王門下，不但結交天下才學之士，也受到蕭子良崇奉佛法的影響。《南齊書》卷四〇〈竟陵文宣王子良傳〉：

> 子良少時清尚，禮才好士，居不疑之地，傾意賓客，天下才學皆遊集焉。……招致名僧，講語佛法，造經唄新聲，道俗之盛，江左未有也。❶

竟陵八友中的王融(467-493)「識鑒過人，尤敬異高祖(蕭衍)，每謂所親曰：『宰制天下，必在此人。』」❶，沈約(441-513)、范雲(451-503)襄贊梁武帝創業。《梁書》卷一三〈沈約傳〉：

> 高祖(蕭衍)曰：「我起兵於今三年矣，功臣諸將，實有其勞；然成帝業者，乃卿二人(沈約、范雲)也。」❶

竟陵八友，除了王融、謝朓(464-499)卒於梁代之前外，

❶　《梁書》卷一〈武帝紀〉，頁2。
❶　《南齊書》卷四〇〈竟陵文宣王傳〉，頁694-698。竟陵王著《淨住子》對梁武帝的佛教作為，頗有影響。
❶　《梁書》卷一〈武帝紀〉，頁2。
❶　《梁書》卷一三〈沈約傳〉，頁234。

其餘的沈約、范雲、任昉 (460-508)、陸倕 (470-526)、蕭琛 (478-529)皆仕於梁,輔佐王業。由此可見,蕭衍在二十一歲至二十八歲遊於竟陵王門下,所結交的「天下才學之士」,對日後的帝業影響之大了。此外,竟陵王子良敬禮高僧、抄撰佛典、講經、營齋戒法會、重視戒律、訂定僧制等,對於日後的梁武帝崇佛政策、佛教王國之理想,有極為密切的關係❷。可以說,梁武帝繼承了竟陵王的佛教事業,並且受到禮聘的高僧之影響❷。

永明九年(491),蕭衍年二十八歲離開都城任職荊州,擔任隨郡王子隆(474-494)的鎮西諮議❷。永明十年(492),父親蕭順之在齊武帝忌恨之下,憂懼發病而卒。蕭衍雖於其父病重之際,日夜兼程由荊州趕回建康,但卻來不及見最後一面。這件慘事使蕭衍非常痛心,種下日後復仇奪權的心願,此點擬在本章第二節再予詳細說明。蕭衍二十九歲、三十歲時以丁父憂去職。並與長兄蕭懿卜居東郊之外,過著隱居生活。蕭衍此時期縱情於山水丘壑之間,熱衷於脫俗隱逸的生

---

❷ 參見小笠原宣秀〈南齊佛教と蕭子良〉,《支那佛教史學》三之二,頁63-76。

❷ 參見湯用彤《漢魏兩晉南北朝佛教史》,頁703-712。

❷ 《金樓子》卷一〈興王篇〉:「永明九年,出為鎮西諮議,西上述職,……齊隨郡王苦留一宿不許。」頁16。《南齊書》卷四〇〈隨郡王子隆傳〉:「永明八年,都督荊、雍、梁、寧、南、北秦六州,鎮西將軍,荊州刺史,……九年,親府州事。」頁710。

活❷。可能因此而與道教的陶宏景有更密切的交往，對道學也有更進一步的認識。《南史》卷七六〈陶宏景傳〉：

> 武帝即早與之（陶宏景）遊，及即位後，恩禮愈篤，書問不絕，冠蓋相望。❷

　　蕭衍雖出身於「僑姓素族」，但因為與蕭齊宗室同族，能自由出入貴族社會的上層階級。因此三十歲以前的蕭衍不但受到良好的教育，也能仕宦於親王、重臣門下，一則接近政治核心，一則有良好的政治歷練機會。尤其，遊於竟陵王門下結交天下才學之士，奠定日後開國創業的深厚基礎。蕭衍的王室族人身分不但能結交士族高門，且能與僧侶、道士相往來，這些都是日後的梁武帝推行「佛教國家」的重要條件。

三、儒學與士大夫教養的影響

　　青少年時代的蕭衍，為了學習上層貴族的士大夫教養，於玄、儒、文、史、佛、道等各方面皆有接觸。少年時代篤志於儒學，窮究經籍，曾受業於當時大儒劉瓛。《南史》卷

---

❷　梁武帝〈淨業賦〉序：「少愛山水，有懷丘壑。」收在《大正藏》五十二冊〈廣弘明集〉卷二九，頁335下。又，〈手詔何點〉：「昔因多暇，得訪逸軌，坐脩竹，臨清池。忘今語古，何其樂也。」收在《漢魏六朝百三名家集》第五冊《梁武帝集》（以下簡稱《梁武帝集》），頁15。

❷　《南史》卷七六〈陶宏景傳〉，頁1898–1900。

五〇〈劉瓛傳〉：

> 劉瓛篤志好學，博通經義。……聚徒教授，常有數十。
> ……儒業冠於當時，都下士子貴游，莫不下席受業，當
> 世推其大儒，以比古之馬、鄭。……梁武帝少時嘗經伏
> 膺，及天監元年下詔為瓛立碑，諡曰貞簡先生。㉕

《金樓子‧興王篇》：「沛國劉瓛，當時馬、鄭，上（梁武
帝）每析疑義，雅相推挹。」蕭衍受業，問難於這位「博通
五經」，「尤精禮義」㉖的儒宗劉瓛，對武帝的儒學修養有很
大的助益。〈述三教詩〉：

> 少時學周孔，弱冠窮六經。孝義連方冊，仁恕滿丹青。
> 踐言貴去伐，為善存好生。㉗

〈撰孔子正言竟述懷詩〉：

> 志學恥傳習，弱冠闕師友。愛悅夫子道，正言思善
> 誘。㉘

㉕ 《南史》卷五〇〈劉瓛傳〉，頁1235–1238。

㉖ 《南齊書》卷三九〈劉瓛傳〉，頁677–680。

㉗ 梁武帝〈述三教詩〉，收在《梁武帝集》，頁3254。

㉘ 梁武帝〈撰孔子正言竟述懷詩〉，收在《梁武帝集》，頁3253。按
《隋書‧經籍志》，《孔子正言》二十卷，梁武帝撰。

〈淨業賦序〉：

　朕布衣之時，唯知禮義，不知信向。❷❾

　梁武帝自言其青少年時期，學「周孔」、「窮六經」、「愛悅夫子道」，因而深受儒家「孝義」、「忠恕」、「禮義」等觀念的影響，而有著儒者「經世濟民」的理想。

　沈約〈梁武帝集序〉：

　我皇（梁武帝）誕縱自天，生知在御，清明內發，疏通外典。爰始貴遊，篤志經術。究淹中之雅旨，盡曲臺之奧義。莫不因流極源，披條振藻。若前疑往滯，舊學罕通，而超然直詣，妙援終古。❸⓿

　任昉〈府僚重請牋〉：

　明公（梁武帝）本自諸生，取樂名教。道風素論，坐振雅俗。❸❶

　竟陵八友的沈約、任昉皆稱許蕭衍「本自諸生，取樂名

---

❷❾　梁武帝〈淨業賦序〉，收在《梁武帝集》，頁3148。

❸⓿　沈約〈梁武帝集序〉，收在《漢魏六朝百三名家集》第五冊《沈隱侯集》，頁3796。

❸❶　任昉〈府僚重請牋〉，收在《漢魏六朝百三名家集》第五冊《任中丞集》，頁3996。

教」，「疏通外典」、「篤志經術」。可見青少年時期的蕭衍，
鑽研儒學之深了。日本學者安藤圓秀〈梁武帝の著書〉一文
中，考證有關梁武帝在儒學方面的著書，有下列二十四種。
《周易講疏》三十五卷，《周易繫辭義疏》一卷，《周易本義》
二十卷，《周易本義疑問》二十卷，《周易文句義疏》二十卷，
《六十四卦二繫文言序卦》，《尚書大義》二十卷，《毛詩發
題序義》一卷，《毛詩大義》十一卷，《毛詩答問》，《禮記義
疏》三十八卷，《禮記疏》十一卷，《禮記大義》二卷，《中庸
講疏》一卷，《樂社大義》十卷，《樂論》三卷，《鐘律緯》
六卷，《義學社義》，《春秋答問》，《孝經義疏》十八卷，《孝
經義》，《孝經講疏》，《孔子正言》二十卷，《論語注》等❷。
從蕭衍青少年時代學習儒術之熱誠，以及日後對經典研究注
疏撰著之廣博完整，吾人可以說梁武帝是一位儒家學者。吾
人也可以設想梁武帝當政時期推行「儒佛融合」的政策，皆
得自於青少年時代「愛悅夫子道」、「篤志經術」儒家教育的
影響。

　　蕭衍除了篤志經術之外，也習得當時士大夫教養的玄談、
文藝等各種學術、才能。因為從漢代進入魏晉時期，士大夫
的教養內容，已經不祇窮究儒家經典就夠了，而要求必須「玄、
儒、文、史」兼備。宋文帝元嘉十五、六年(438-439)立儒學
館、玄學館、文學館、史學館，各聚門徒授業❸。宋明帝泰

──────────

❷　安藤圓秀〈梁武帝の著書〉，《東亞研究》第三卷第十一期，頁53-61。
　　本文考證《梁書》，《南史‧武帝紀》，《隋書‧經籍志》，《舊唐書‧
　　藝文志》，《新唐書‧藝文志》，《全上古三代秦漢三國六朝文》，《玉
　　函山房輯佚書》等有關梁武帝的著作目錄。

始六年(470)廢國學，置總明觀，下設玄、儒、文、史四科，每科置學士十人等。這種制度延續到永明三年(485)，省總明觀為國學❸。梁武帝在這種時代風氣影響下，也兼備了士大夫的玄、儒、文、史等多才多藝素養的性格。

玄學方面：《梁書》卷三〈武帝紀〉曰：「(武帝)少而篤學，洞達儒玄。」❸《顏氏家訓‧勉學篇》曰：「莊老周易，總謂三玄。武皇、簡文，躬自講論。」❸沈約記載梁武帝精於玄談，曰：「善發談端，精於談論。置壘難踰，推鋒莫擬。」❸除了上述《周易講疏》等六種有關《易經》的著作外，武帝還撰作《老子講疏》六卷，《老子義疏理綱》一卷❸，由於玄理與佛理相近，六朝名士往往與僧侶清談佛法玄理，不但佛法得清談之助而興起，且玄理得佛理之助而提昇。梁武帝精於玄理，當有助於其佛理方面之造詣。梁武帝即位初年（約四十餘歲時）造〈神明成佛義記〉就融合了玄理的性用與佛法的佛性等觀念❸。史學方面：《梁書‧武帝記》記載：「造通史，躬自贊序，凡六百卷。」❹可惜本書已佚，吾人難以了

---

❸　《南史》卷二〈宋文帝紀〉，頁45–46。

❸　《南齊書》卷一六〈百官志〉，頁315。

❸　《梁書》卷三〈武帝紀〉，頁96。

❸　北齊‧顏之推《顏氏家訓》卷三〈勉學篇〉。

❸　沈約〈梁武帝集序〉，頁3796。

❸　安藤圓秀〈梁武帝の著書〉，頁53–61。

❸　參見伊藤隆壽〈梁武帝「神明成仏義」の考察——神不滅論から起信論への視察——〉，梁武帝〈神明成佛義〉約作於天監元年(502)至天監七年(508)之間。

解其造詣之深淺。但是，《通史》一書為梁武帝最早編撰，此點不得不為後世歷史學者所敬佩。

文學方面，梁武帝的成就更高，留傳至今的佳作也不少。《梁書》卷三〈武帝本紀下〉：

> 天情睿敏，下筆成章，千賦百詩，直疏便就，皆文質彬彬，超邁今古。詔銘贊誄，箴頌牒奏，爰初在田，洎登寶曆，凡諸文集，又百二十卷。㊶

沈約〈梁武帝集序〉：

> 有同成誦，無假含毫。興絕節於高唱，振清辭於蘭畹。至於春風秋月，送別望歸。皇王高宴，心期促賞。莫不超挺睿興，濬發神衷。及登庸歷試，辭翰繁蔚，牋記風動，表議雲飛，雕蟲小藝，無累大道。㊷

梁武帝的文學作品，留傳至今尚有《全梁文》的〈武帝〉七卷，《漢魏六朝百三名家集・梁武帝集》一卷，收錄有賦、詔、敕、制、冊、令、檄、表、書、序、記、連珠、箴、銘、文、樂府、詩、聯句等二百餘篇。現代學者認為梁武帝是蕭梁初期文壇的盟主㊸，並評其文章特色為「辭新不黷，調高

㊵　同㉟。

㊶　同㉟。

㊷　沈約〈梁武帝集序〉，頁3797。

㊸　參見王次澄《南朝詩研究》第二章第三節〈南朝詩人與文學集

不卑。旨雅不俗，義深不浮。妙援古典，制事無謬。善發談論，持論有力」❹。梁武帝最有名的詩句「洛陽女兒名莫愁」❹至今仍為文人傳誦不絕。梁武帝為文學家，可當之無愧。

　　六朝的社會價值標準，除了重視文才之外，還重視藝術方面的造詣❹。《顏氏家訓·雜藝篇》記載分藝術為九類：一書法；二繪畫；三弓矢射藝；四卜筮；五算術；六醫方；七音樂琴瑟；八博戲與圍棋；九投壺與彈棋❹。《梁書》卷三〈武帝本紀下〉：

　　　（梁武帝）六藝備閑，棋登逸品，陰陽緯候，卜筮占決，
　　　並悉稱善。又撰金策三十卷。草隸尺牘，騎射弓馬，莫
　　　不奇妙。❹

　　任昉〈天監三年策秀才文三首〉：

　　　團〉，東吳大學中文研究所博士論文，民國七十一年，頁75-78。

❹　陳松雄《齊梁麗詞衡論》第四章〈梁武父子之麗詞衡論〉，文化
　　大學中文研究所博士論文，民國七十二年，頁257-270。

❹　《梁武帝集·樂府·河中之水歌》，頁3247。

❹　毛漢光認為魏晉南北朝的社會價值觀念有六種：①品德重於一切，
　　②文才的重視，③重視禮法，④重視外貌與儀態，⑤清談及應對，
　　⑥重視藝術。氏著《中國中古社會史論》第十篇〈中古大士族之
　　個案研究——瑯琊王氏〉，頁394-400。

❹　《顏氏家訓》卷七〈雜藝篇〉第十九，頁507-532。

❹　同❸。

朕本自諸生，弱齡有志，閉戶自精，開卷獨得。九流七
略，頗嘗覽觀，六藝百家，庶非牆面。❹

梁武帝的著作尚有《孝子傳》三十卷，《雜孝子傳》二
卷，《兵書要鈔》一卷，《兵書鈔》，《武帝兵法》一卷，《圍棋
品》一卷，《棋法》一卷，《棋品》一卷，《棋勢》六卷，《圍
棋後九品序錄》一卷，《金策》三十卷，《武帝集》三十二卷，
《詩賦集》二十卷，《雜文集》九卷，《別集目錄》二卷，《淨
業賦》三卷，《歷代賦》，《獻賦》十八卷，《圍棋賦》一卷，
《連珠》一卷，《制旨連珠》十卷，《評書》，《纂要》等二十
三種❺。

由以上的史實記載，梁武帝除了兼備玄、儒、文、史等
士大夫的基本學養之外，還兼長於書法、兵學、圍棋、騎射
弓馬、卜筮占決、陰陽緯候、九流七略、六藝百家、音樂、
醫方等❺。可以說是一位「多才多藝，文武全能的人物」❺。
森三樹三郎認為梁武帝豐富的學術教養，在其時代精神的方
向上，標示著六朝知識人──士大夫的典型，可以稱為「時
代之子」。其後又貴為天子，長期擔任梁代文化人的領導者，
因而留下文化保護者的偉大業績。使梁朝五十年的治世，被

---

❹ 任昉《任中丞集·天監三年策秀才文三首》，頁3998。

❺ 安藤圓秀〈梁武帝の著書〉，頁60-61。

❺ 梁武帝通於醫方，常自己開藥方。〈淨業賦〉：「因爾有疾，常自
為方。」《梁武帝集》，頁3149。

❺ 方立天〈梁武帝蕭衍與佛教〉，頁188。

譽為南朝文化的黃金時代。因此，武帝也兼具「時代之父」
的性格，所以又被尊稱為「南朝文化的象徵」❸。

　　梁武帝成為南朝士大夫的典型、南朝文化的象徵，兼備
六朝的時代之子與時代之父的性格，這些決不是偶然的。除
了齊梁宗室擅長於才學的家庭背景之外❹，早年遊學於當世
大儒劉瓛門下，受知於第一高門王儉，又遊於宰相竟陵王門
下，這些機運有助於青少年時期的蕭衍擁有玄、儒、文、史、
佛、道等方面的教養。梁武帝的環境、機運，加上個人資質
聰穎，能兼備各種才藝，不但能精究義蘊，且能培育出廣大
的包容力與調和創造力。這些對於日後「皇帝菩薩」理念的
形成與「佛教國家」的創建，或許是一種深厚的學識基礎。

第二節　創業稱帝的背景、經過與佛教的關係

一、政局動亂與父親冤死

　　蕭衍的父親蕭順之，為蕭道成副將，在齊高帝創業奪權
過程中立下汗馬功勞，是蕭齊王朝建立的開國功臣。《南史》
卷六〈梁本紀〉：

---

❸　森三樹三郎《梁の武帝‧序說》，頁4–5。

❹　參見趙翼《二十二史劄記》卷一二〈齊梁之君多才學〉考證齊梁
　　宗室四十餘人擅於才學，曰：「創業之君，兼擅才學。曹魏父子，
　　固已曠絕百代。其次則齊梁二朝，亦不可及也。」頁244–247。

皇考（蕭順之）與齊高帝少而款狎。嘗共登金牛山，路側有枯骨縱橫，齊高謂皇考曰：「周文王以來幾年，當復有掩此枯骨者乎？」言之憷然動色。皇考由此知齊高有大志，常相隨逐。齊高每外討，皇考常為軍副。及北討，薛索兒夜遣人入營，提刀徑至齊高眠床，皇考手刃之。頻為齊高鎮軍司馬、長史。時宋帝昏虐，齊高謀出外皇考以為一旦奔亡，則危幾不測，不如因人之欲，行伊、霍之事，齊高深然之。……及齊高創造皇業，推鋒決勝，莫不重拱仰成焉。齊建元末，齊高從容謂皇考曰：「當令阿玉解揚州相授。」玉，豫章王嶷（齊高帝次子）小名也。齊武帝在東宮，皇考曾問訊，及退，齊武指皇考謂嶷曰：「非此翁，吾徒無以至今日。」及即位，深相忌憚，故不居台輔。以參豫佐命，封臨湘縣侯。歷位侍中，衛尉，太子詹事，領軍將軍，丹陽尹。**㊹**

蕭順之為齊高帝最親密的隨從者之一**㊺**，曾救過齊高帝之性命。齊高帝曾經當面說過，應該讓次子蕭嶷所統領的揚州刺史職位轉授給他。揚州是「神州都會」的首都所在地，是南朝最重要的區域。欲讓蕭順之領揚州刺史，可見其功勞與所受的信任。齊高帝在位四年就死了，由長子齊武帝繼位。蕭順之因功高而被齊武帝「深相忌憚」，以致終身不使其居「台輔」職位。齊武帝永明八年(490)，其第四子荊州刺史巴

㊹ 《南史》卷六〈梁本紀〉，頁167–168。

㊺ 安田二郎〈蕭道成の革命軍團〉，《愛知縣立大學文學部論集》第二十一號，1970年，頁33。

東王子響，被屬下誣告謀反。《南史》卷四四〈魚復侯子響傳〉：

> 上（齊武帝）又遣丹陽尹蕭順之領兵繼之（討伐子響），
> ……初，順之將發，文惠太子（齊武帝長子）素忌子響，
> 密遣不許還，令便為之所。子響及見順之，欲自申明，
> 順之不許，於射堂縊之。……子響（臨終）密作啟數紙，
> 藏妃王氏裙腰中（詣齊武帝申冤），……及順之還，上
> 心甚怪恨。……順之慚懼，感病，遂以憂卒。**[57]**

　　蕭順之被牽涉到齊武帝、文惠太子、巴東王子響的政治
鬥爭中，因此憂懼而卒。蕭順之病重時，蕭衍從荊州日以繼
夜兼程趕回，可惜來不及見最後一面。這件慘事使蕭衍非常
痛心 **[58]**，亟謀復仇，而導致日後輔佐齊明帝篡位，傾殺齊武
帝子嗣之心願。《南史》卷六〈梁本紀〉：

> 皇考（蕭順之）之薨，不得志。……齊明帝作輔，將為
> 廢立計，帝（蕭衍）欲助齊明，傾齊武之嗣，以雪心恥。
> 齊明亦知之，每與帝謀。**[59]**

---

[57]　《南史》卷四四〈魚復侯子響傳〉，頁1109。

[58]　梁武帝〈孝思賦〉：「先君體有不安，晝則輟食，夜則廢寢。方寸
煩亂，容身無所。使投刺解職，以遵歸路。……奔波兼行，屢經
危險，僅而獲濟。及至戾止，已無逮及。五內屠裂，肝心破碎。」
《大正藏》第五十二冊〈廣弘明集〉卷二九，頁337上。

[59]　《南史》卷六〈梁本紀〉，頁169。

　　青少年時期的蕭衍生長在宗室骨肉相殘殺的政局紛亂環境裡，宋武帝九子，四十餘孫、六七十曾孫，死於政治鬥爭者，十之七八，且無一有後於世，蕭齊宗室亦不免走上自相屠戮的命運❻。蕭衍父親亦因宗室鬥爭而死，促使壯年之後的蕭衍，圖謀增強其武力以求自保與雪恥復仇，而漸漸走上革命奪權之路。

二、創業經過

　　齊永明十一年(493)春，文惠太子卒，引發了皇位繼承之爭。是年七月，齊武帝病重之時，宮廷鬥爭進入白熱化。竟陵王子良以蕭衍及其長兄蕭懿、王融等為帳內軍主。王融圖謀在齊武帝彌留之際，擁子良為帝。蕭衍洞燭機先，避開這次失敗的政變❻。

　　《資治通鑑·齊紀五》：

> 西昌侯鸞，將謀廢立，引前鎮西諮議參軍蕭衍與同謀。……（蕭衍由是以籌略見用）。❻

　　齊鬱林王隆昌元年(494)，三十一歲的蕭衍輔佐齊明帝成

---

❻　趙翼《二十二史箚記》卷一二〈宋子孫屠戮之慘條〉，〈齊明帝殺高武子孫條〉，頁241–248。

❻　《資治通鑑》卷一三八〈齊紀四〉，頁4332。竟陵王子良敗於齊明帝蕭鸞，王融被殺，子良憂死。

❻　《資治通鑑》卷一三九〈齊紀五〉，頁4344。

功的繼位，也因此受到重用，重登政治舞臺。《梁書》卷一
〈武帝紀〉：

> 隆昌初，明帝輔政，起高祖為寧朔將軍，鎮壽春。服闋，
> 除太子庶子、給事黃門侍郎，入直殿省。預蕭諶等定策
> 勳，封建陽縣男，邑三百戶。❻❸

　　蕭衍於父親冤死後，以軍人身分率領自己家族的部曲（軍
隊）為基幹，展開將近九年的戎馬生涯，為自己培植雄厚的
軍事基礎。〈孝思賦〉：

> 續有北問、狡虜寇邊，朝廷以先君（蕭順之）遺愛結民，
> 咸思在昔。故舊部曲，猶有數千。……時便有旨，使扞
> 壽春。……因爾馳驅，不獲停息。❻❹

　　齊明帝建武二年(495)，蕭衍率兵擊敗北魏南伐的將領王
肅，並得其巾箱中北魏孝文帝敕曰：「聞蕭衍善用兵，勿與
爭鋒，待吾至，若能擒此人，則江東吾有也。」❻❺足見北朝人
對蕭衍將才的評價。戰事結束，明帝以蕭衍為「淮陵太守，
還為太子中庶子，領羽林監。頃之，出鎮石頭」❻❻。建武四
年(497)，北魏孝文帝親率大軍進攻雍州（湖北省襄陽縣），明

---

❻❸　《梁書》卷一〈武帝紀〉，頁2。

❻❹　梁武帝〈孝思賦〉，頁337上。

❻❺　《南史》卷六〈梁本紀〉，頁170。

❻❻　同❻❸。

帝令蕭衍赴援。至明年(498)三月，南朝諸軍大敗之際，惟蕭
衍全軍而歸❻。周一良認為在軍事才能方面，蕭衍若與南朝
其他三朝的開國君主：劉裕、蕭道成、陳霸先相比，當不在
三人下❻。

　齊明帝於永泰元年(498)崩，十七歲的太子蕭寶卷即位，
是史上有名的「惡童天子」東昏侯。東昏侯敗德壞行、任用
群小，誅殺貴族官僚、元老重臣，例如：尚書左僕射蕭坦之、
尚書令徐孝嗣、右僕射沈文季等。東昏侯又奢侈浪費遊逸無
度，嚴重的破壞財政經濟與社會秩序❻。在位的二年之內，
就引起四次反叛等亂事❼。東昏侯恣意任行，排斥壓抑貴族，
犧牲民眾的日常生活，致使整個社會瀕於瓦解崩潰的邊緣。
也就在東昏侯的暴政下，為蕭衍創造一個革命的機會。

　齊明帝於永泰元年(498)七月，蕭衍以軍功正式被任命為
持節都督雍、梁、南北秦四州、郢州之竟陵、司州之隨郡諸

---

❻　同❻，頁2–3。

❻　周一良〈論梁武帝及其時代〉，頁137。

❻　《南史》卷五〈齊本紀下〉：「(東昏侯)一月二十餘出，……犯
　　禁者應手格殺。百姓無復作業，終日路隅。……工商莫不廢業，
　　樵蘇由之路斷。……都下酒租，皆折輸金，以供雜用。……親倖
　　小人，因緣為姦，科一輸十。……百姓困盡，號泣道路。……吏
　　司奔馳，遇使虜奪，市廛離散，商旅靡依。」頁152–154。

❼　齊東昏侯永元元年(499)，揚州刺史始安王遙光據東府反，平之。
　　十一月，太尉江州刺史陳顯達舉兵於尋陽，平之。永元二年
　　(500)，詔伐豫州刺史裴叔業。又，都督平西將軍崔慧景舉兵襲京
　　師。《南齊書》卷七〈東昏侯〉，頁98–100。

軍事、輔國將軍、寧蠻校尉、雍州刺史。蕭衍成為雍州地區的民政長官，掌握附近四州及其他兩州的部分地區之兵權。蕭衍應用軍政長官可以自由聘任屬官的人事特權，辟召雍州地區韋、杜、柳、吉、王氏等地方豪族，建立實力頗為雄厚的革命軍團，且獲得地方商人階層的經濟資源❼。早在齊東昏侯即位亂政之初，蕭衍就有逐鹿問鼎之志。蕭衍使從舅張弘策，遊說任職郢州刺史的長兄蕭懿曰：「郢州控帶荊、湘，西注漢、沔；雍州士馬，呼吸數萬，虎睨其間，以觀天下。世治則竭誠本朝，時亂則為國翦暴，可得與時進退，此蓋萬全之策。如不早圖，悔無及也。」蕭懿聞之變色，不從其言。蕭衍「於是潛造器械，多伐竹木，沉於檀溪，密為舟裝之備」❼。

齊東昏侯永元二年(500)十月，蕭懿以平定崔慧景亂事功高受忌，被東昏侯所殺。蕭衍接到長兄蕭懿被害消息之後，立即召集長史王茂、中兵呂僧珍、別駕柳慶遠、功曹史吉士瞻等共謀起事。十一月乙巳，建牙集眾，雍州地區的豪族、民眾等紛紛投效，於是收集得甲士三萬人、鐵馬五千匹、船三千艘❼。十二月，蕭衍與南朝最大的州鎮荊州聯合成功，得到荊州地區的豪族劉、宗、樂、庾等望族的支持❼。永元三年(501)正月戊申，蕭衍起兵於襄陽。三月，蕭衍與蕭穎胄

---

❼ 參見安田二郎〈南朝の皇帝と貴族と豪族·土豪層〉，頁207–214。

❼ 《梁書》卷一〈武帝紀〉，頁3–4。

❼ 《南史》卷六〈梁本紀〉，頁171–172。《資治通鑑》卷一四三〈齊紀九〉，頁4474。

❼ 同❼，頁215–218。

共立南康王蕭寶融為和帝，即位於江陵，改元中興。蕭衍為
左將軍都督前鋒諸軍事，蕭穎胄為右將軍，留守江陵，穎胄
不久病死。蕭衍以弟偉守襄陽，自己率軍東下，大敗東昏侯
所派援軍吳子揚等於加湖（湖北黃陂東南），攻下郢州（湖
北武昌），隨即順流而進，進取江州。十月，進抵建康要地
石頭城，東昏侯拒戰失敗，蕭衍築長圍圍臺城。這年十二月，
衛尉張稷、徐州刺史王珍國，殺齊東昏侯投降於蕭衍，結束
了這場革命戰爭，控制了中央政權。

　　蕭衍三十一歲起至三十八歲，憑藉自己家族軍隊為基礎，
經歷內戰與北魏的外寇戰爭，培養他卓越的軍事能力。三十
五歲獲得雍州地區的基盤，聯結地方豪族結成實力雄厚的革
命軍團。在齊東昏侯暴政之下，乘勢發展自己的力量。以東
昏侯殺其長兄蕭懿而藉口報仇，起義於襄陽。蕭衍工於謀略，
在獲得荊州地區豪族支持之後，才正式率軍東下。一方面擁
立蕭寶融為齊和帝，方便於挾天子以令諸侯，一方面則親自
率兵與齊東昏侯軍隊決戰。由於實力堅強與戰略、戰術的正
確❼，終於消滅東昏侯的政權，獲得輝煌的戰果。由此可見
壯年時期的蕭衍軍事才華的一斑，其獲得天下完全得自於自
己長期的經營策劃，與自己真實的本領，可以說是一位名副
其實的「開國皇帝」。

---

❼　《梁書》卷一〈武帝紀〉，頁4-13。《南史》卷六〈梁本紀〉，頁
　　172-176。梁武帝著有《兵書要抄》一卷、《兵書鈔》、《武帝兵法》
　　一卷，可見其擅長兵法。又謂「用兵之道，攻心為上，攻城次之，
　　心戰為上，兵戰次之」。此外，六月間與東昏侯軍隊堅持不下時，
　　不求救於北魏，這些都是戰術、戰略運用的成功之處。

三、受禪稱帝與佛教的關係

　　君主政體下的政治文化，認為帝王是獲得「天命」的「真命天子」，能行「德治」於民的「聖君」。帝王的政權必須是「受命於天」才是合法的政權，才能得到臣民的信賴與擁戴。如果，帝王政權失去「天命」，將很快的失去臣民的支持而滅亡。遠在西漢儒家的政治思想，對於新舊王朝的交替，主張如下一套之進程：①舊王朝德衰，天降災異；②禪國讓賢；③新聖人受天命；④天降符瑞；⑤封禪告成功❼。王莽篡西漢政權，假借「禪代」之名；曹魏以下，經六朝至隋唐，權臣皆假禪讓之名而攘奪舊政權❼。帝王為了證明自己是獲得「天命」的「真命天子」，因此有「誕聖」、「異相」、「徵應」、「神助」等政治謎思(Political Myth)作為正名的依據。新帝王為了使自己的政權獲得合理、正統的基礎，也有「符瑞」、「運曆」、「封禪」、「徵應」等政治謎思為其正名的依據❼。蕭衍為了覆滅南齊政權塑造自己王業的基礎，也在此種傳統的政治信念之下，運用各種「政治符號」，從而確立自己的「真命天子」、「聖王」的身分，以及新政權的權威合理化之基礎。

　　《南史》卷六〈梁本紀上〉的「誕聖」記載：

> 皇妣張氏嘗夢抱日，已而有娠，遂產帝。❼

---

❼　參見錢穆《國史大綱》，頁105–106。

❼　趙翼《二十二史劄記》卷七〈禪代〉，頁140–144。

❼　參見吳彰裕《歷代興業帝王政治謎思之研究》，頁174–179。

《梁書》卷一〈武帝紀〉的「異相」記載：

> 生而有奇異，兩骻駢骨，頂上隆起，有文在右手曰
> 「武」。

《金樓子》卷一〈興王篇〉：

> 永明九年，出為鎮西諮議，……一長老披儒服至，揖上
> 曰：「君龍顏虎步，相不可言，天下方亂，四海未一，
> 安蒼生者，其在君乎。」⑧⓪

《南史》卷六〈梁本紀上〉的「徵應」記載：

> 先是，雍州相傳樊城有王氣，……帝所住齋常有氣，五
> 色回轉，狀若蟠龍。季秋出九日臺，忽暴風起，煙塵四
> 合，帝所居獨白日清朗，其上紫雲騰起，形似繖蓋，望
> 者莫不異焉。⑧①

　　蕭衍在一年半的起義、征伐、受禪、稱帝之過程中，更
應用大量的「神助」、「符瑞」、「運曆」等政治謎思，以號召
人心，鞏固權力。《梁書》卷一〈武帝紀〉：

---

⑦⑨　《南史》卷六〈梁本紀〉，頁168。

⑧⓪　《金樓子》卷一〈興王篇〉，頁15。

⑧①　《南史》卷六〈梁本紀〉，頁171。

齊和帝中興元年(501)七月，高祖（蕭衍）潛師襲加湖，將逼吳子陽。水涸不通艦，其夜暴漲，眾軍乘流齊進，鼓噪攻之，賊俄而大潰，子陽等竄走，眾盡溺於江。於是郢、魯二城相視奪氣。[82]

齊和帝中興二年(502)二月的「符瑞」：

桓城內鑿井，得玉鏤騏驎、金鏤玉璧、水精環各二枚。又建康令羊瞻解稱鳳凰見縣之桐下里。宣德皇后稱美符瑞，歸於相國府。……丙寅平旦山上雲霧四合，須臾有玄黃之色，狀如龍形，長十餘丈，乍隱乍顯，久乃從西北升天。[83]

蕭衍於是年四月臨受禪之際，屢次謙讓不受，等到太史令陳天文符讖六十四條，才接受至尊之位。由此可見蕭衍對「符瑞」之重視。《梁書》卷一〈武帝紀〉：

齊百官豫章王元琳等八百一十九人，及梁臺侍中臣雲等一百一十七人，並上表勸進，高祖謙讓不受。是日，太史令蔣道秀陳天文符讖六十四條，事並明著；群臣重表固請乃從之。[84]

---

[82] 《梁書》卷一〈武帝紀〉，頁11。

[83] 《梁書》卷一〈武帝紀〉，頁22–25。

[84] 《梁書》卷一〈武帝紀〉，頁29。

擁有「符瑞」才能證明新政權的領導者是「聖人」，有「受命之符，天人之應」的「真命天子」。齊武帝永明五年(487)沈約奉詔修撰的《宋書·符瑞志》曰：

> 夫體睿窮幾，含靈獨秀，謂之聖人，所以能君四海而役萬物，使動植之類，莫不各得其所。……夫龍飛九五，配天光宅，有受命之符，天人之應。易曰：「河出圖、洛出書，而聖人則之。」符瑞之義大矣。 ⑧⑤

此外，改朝換代必定要推運曆，改正朔，其目的一方面在劃清與前朝的政治責任，一方面在明天命之所在，為既建立之政權尋求理論根據以鞏固之。沈約《宋書·禮志》引《春秋·元命苞》曰：「王者受命，昭然明於天地之理，故必移居處，更稱號，改正朔，易服色，以明天命聖人之寶，質文再而改，窮則相承，周則復始，正朔改則天命顯。」⑧⑥蕭梁一代承南齊的木德，而以火德承運以彰顯新的天命。齊帝禪位於梁王璽書曰：

> 三正迭改，五運相遷，是故建君之長，用相司牧。……書云：「天鑒厥德，用集大命。」詩云：「文王在上，於昭于天。」所以二儀乃眷，幽明允叶，豈惟宅是萬邦，緝茲謳訟而已哉！朕是用攎琁沉首，屬懷聖哲。昔水行

---

⑧⑤　沈約《宋書》卷二七〈符瑞志〉，頁759。

⑧⑥　沈約《宋書》卷一四〈禮志〉，頁330。

告厭，我太祖既受命代終；在日天祿云謝，亦以木德而傳于梁。❽

　　春秋戰國以來「天命思想」成為我國君主政治的重要憑據。天命、五德終始、災異、符瑞等與帝王政治的興衰、轉移有密不可分的關係。與梁武帝同時的沈約，在其撰著的《宋書》裡，顯現當代的濃厚「天命思想」❽。根據吳彰裕的研究，歷代六十位興業帝王中，梁武帝與「真命天子」等「政治謎思」有關的「徵應」、「誕聖」、「神助」、「異相」、「符瑞」、「運曆」等個案資料相當多。梁武帝與漢武帝、武則天等，可以說是歷代帝王中最喜歡「符瑞」等裝飾的帝王❽。

　　梁武帝在政權鞏固的天監十五年(516)，敕請「家僧」釋僧旻、寶唱等編撰《經律異相》，以強調《佛典》之「異相」。天監十八年(519)四月八日，親受菩薩戒成為菩薩戒弟子皇帝，其後以「皇帝菩薩」的尊稱捨身同泰寺或接受臣下的詔表奏書❾。梁武帝除了「皇帝」的尊稱外，又加上「菩薩」

────────────

❽　《梁書》卷一〈武帝紀〉，頁28-29。又《陳書》卷一〈高祖紀〉，
　　梁敬帝禪位於陳璽書曰：「今歷去炎精，神歸樞紐，敬以火德，
　　傳于爾陳。」頁25。

❽　參見拙作〈沈約的宋書與史學〉，《師大歷史學報》第十期，頁70-72。

❽　參見吳彰裕《歷代興業帝王政治謎思之研究》，頁206-283、152-
　　175。

❾　《南史》卷七〈梁本紀〉：「中大通元年，群臣以錢一億萬奉贖『皇
　　帝菩薩』大捨。」頁206。《魏書》卷九八〈蕭衍傳〉：「臣下奏表
　　上書，亦稱衍為『皇帝菩薩』。」頁2187。

的尊稱，似乎在中國的「天人合一」、「政教結合」等政治謎思的傳統上，再加上印度政治思想神聖的「菩薩」象徵。梁武帝即位以後的政治與佛教進一步結合後，大約在天監十八年(519)提出「皇帝菩薩」的政教結合理念，並進一步奠定「佛教國家」的佛學基礎。

第三章 「天監之治」與「佛教國家」的奠定

第一節 「天監之治」與政教結合政策的奠定

梁武帝於天監元年(502)四月八日即皇帝之位,開創梁朝而開始面對東晉以來特殊的政教環境。東晉王朝的建立,得力於貴族的鼎力相助,君權與貴族政治相互結納,而共同維持偏安江南的半壁江山。貴族社會崇信佛教,也使僧侶的社會地位提高,並使沙門能堅持與王者分庭抗禮的「沙門不敬王者」之佛教傳統。梁武帝起自諸生,青年時代遊於齊竟陵王門下,為「竟陵八友」文壇的領袖之一。梁武帝不但兼備玄、儒、文、史的士大夫教養,也受到竟陵王優遇沙門、崇敬佛法的影響,對佛教以及佛學思想有一定的接觸與理解,且在創業之前,也熟悉南北朝特殊的政教關係。梁武帝在齊永泰元年(498)就任雍州刺史雄據一方之時,就開始聯結雍州地區的豪族;永元二年(500)建牙集眾起義時,更擴大聯結荊州地區的豪族;中興元年(501)十月,義師登陸建康城南之後,更聯結在首都地區的中央士族,終於推翻蕭齊,建立梁朝。梁武帝在創業革命的過程中除了聯結貴族之外,也應用僧侶預

言等宗教方面的神秘奇蹟，而同時結合社會上另一勢力──寺院僧侶的支持。梁武帝政權的建立，仍然必須結合貴族與沙門的勢力，仍然必須承受傳統的貴族、沙門與君權抗衡的態勢。這種皇帝、貴族、沙門三方鼎立抗衡的態勢，不是雄才大略、兼備文武才幹的梁武帝所樂見的。如果梁武帝想在南朝的政治、社會、文化等方面有一番大改革與大貢獻，他首先必須集中鞏固強化他的君權，才能有效的運用權力，實踐較大的作為與理想。反觀北朝胡人政權，其以塞外游牧民族強大的武力為後盾，征服壓制整個北方社會。北方貴族除了築塢堡自保以外，不得不服事胡人政權；北方的僧侶在兵荒馬亂、流離困頓之際，不得不發出「今遭凶年，不依國主、則法事難立」❶的哀嘆而輔佐胡人君主，推行「皇帝即如來」的政教結合政策。梁武帝如果想要效法北方胡人政權，較為全面性的、強而有力的主導社會上的貴族與沙門兩大勢力，他除了有效的節制貴族勢力之外，似乎在宗教方面應該推行類似於北朝「皇帝如來」的政教結合政策。換句話說，梁武帝的政權必須超越「沙門不敬王者」的政教分立自主之傳統形勢，而力求王者與沙門之間更緊密的結合政策之制定與推行。

梁武帝在位四十八年(502–549)之久，即位的第一個年號為「天監」，其意取自《尚書》：「天鑒其德，用集大命」❷，隱含著上天鈞鑒其君德，而將集聚運用天命於地上臣民之意。

---

❶ 梁·慧皎《高僧傳》卷五〈道安傳〉，《大正藏》五十冊，頁352上。

❷ 唐·姚思廉撰《梁書》卷一〈武帝紀〉，鼎文本，頁29。

天監元年至十八年(502–519),共計十八年。天監年間,先後
施行土斷,頒新律,置五經博士、定百官九品為十八班,詔
試通經之士不限門第授官,修五禮等政治、社會、文化方面
的改革工作。天監六年(507)之後,對北魏的戰爭獲得勝利,
梁朝大抵在安定的社會中,得以不斷的進行各種政策的推行,
因而造成歷史上的「天監之治」,為史官所稱譽❸。梁武帝似
乎在即位的第一天,就開始推行「政教結合」政策,他選擇
四月八日的「佛誕日」、「浴佛節」為舉行登位大典的日子,
似乎暗示著他的「政教結合」政策也同時開始進行。梁武帝
即位初年的「政教結合」政策之推行,比起北朝顯得極端的
艱鉅。因為北朝的僧侶在「皇帝即如來」的政教結合政策下,
視皇帝為「當今如來」、「現世活佛」,對於這樣的當今「皇
帝如來」之領導,沙門會聽從而盡力襄助政教結合政策之推
行。而南朝的「沙門不敬王者」與北朝的「皇帝即如來」相
比,呈現著兩極化的態勢。梁武帝如何在「沙門不敬王者」
的極端不利情況下扭轉頹勢,如何結納僧侶並獲得他們的尊

---

❸ 《梁書》卷三〈武帝紀〉,史臣曰:「興文學,修郊祀,治五禮,
定六律,四聰既達,萬機斯理,治定功成,遠安邇肅。……征賦
所及之鄉,文軌傍通之地,南超萬里,西拓五千。……三、四十
年,斯為盛矣。自魏晉以降,未或有焉。」頁97。《梁書》卷七〈敬
帝紀〉,魏徵曰:「(高祖)開蕩蕩之王道,大修文教,盛飾禮容,
鼓扇玄風,闡揚儒業,……凡數十年。濟濟焉,洋洋焉,魏晉以
來未有若斯之盛也。」頁150。唐・李延壽《南史》卷七,史臣論
曰:「及據圖籙,多歷歲年,制造禮樂,敦崇儒雅,自江左以來,
年踰二百,文物之盛獨美于茲。」鼎文本,頁225。

重與敬服，進而取得領導僧團的地位，是他企謀解決的首要課題。所以梁武帝除了本身致力於瞭解、研究佛法義理之外，並且信仰佛教，按佛法來修行、實踐，以期獲得僧侶等佛教徒的敬重。此外，梁武帝以「奉佛天子」的身分，致力於寺院建築，襄助教團宏法等崇佛工作。最重要的，他禮遇、聘任佛教界的高僧大德，獲得他們的信服與支持。梁武帝建立以君王為中心的一個核心教團，集合首都建康地區的義解、明律、習禪、神異等各科高僧，以及佛法方面的專家學者，共同襄助他的國家與佛教間更緊密的結合。

梁武帝在天監年間，不斷的建造寺院與重用僧侶，舉辦各種崇佛活動，因而在南北朝特殊的政教環境中，建立一個以帝王為中心的「建康教團」。梁武帝對「政教結合」政策的推行與運作，終於在天監十八年四月八日親受菩薩戒的典禮後，提出了「皇帝菩薩」之名號。因此，梁武帝天監年間政教結合政策的實行，與「皇帝菩薩」理念的形成，「佛教國家」的奠定，有牢不可分的密切關係。

第二節　「佛誕日」即位禮的意義

一、「佛誕日」即位禮

《梁書》卷二〈武帝紀〉：

> 天監元年夏四月丙寅（八日），高祖（武帝）即帝位于南郊。設壇柴燎，告類于天曰：「皇帝臣衍，敢用玄牡，

昭告于皇天后帝：齊氏以曆運斯既，否終則亨，欽若天應，以命于衍。夫任是司牧，惟能是授；天命不于常，帝王非一族。唐謝虞受，漢替魏升，爰及晉、宋，憲章在昔。咸以君德馭四海，元功子萬姓，故能大庇氓黎，光宅區宇。」❹

梁武帝即皇帝位於南郊，並祭告於天。《禮》曰：「南郊之祭，即是圓丘。日南至，於其上以祭天。天稱皇天，亦稱上帝，亦直稱帝。」❺即帝位須祭告於皇天上帝，這是傳統「政教結合」政策的儀式之一。《通典・郊天》曰：「夫聖人之道，莫大乎承天，天行健其道變化。故庖犧氏仰而觀之，以類萬物之情焉。黃帝封禪天地。少昊載時以象天。堯命羲和敬順昊天，故郊以明天道也。」❻三代以來至梁武帝時，歷代帝王即位都會祭告皇天上帝，證明自己獲得「天命」，且將以「天道」來治理天下。梁武帝即位祭告於天的典禮，其日期選擇在四月八日釋迦牟尼佛誕日，即俗稱的「浴佛節」，似乎包含著另一種宗教上的意義。中國最早傳譯有關佛誕日，由天帝釋洗浴釋迦菩薩（未悟道成佛之前釋迦牟尼的尊稱）最早的經典是西晉・竺法護（-313-316卒）所翻譯的《普曜經》：

爾時（釋迦）菩薩從右脇生，忽然見身住七寶蓮華。墮

---

❹ 《梁書》卷二〈武帝紀〉，頁33。

❺ 《隋書》卷六〈禮儀志〉引自《禮》，頁107。

❻ 唐・杜佑《通典》卷四二〈郊天〉，臺北，商務印書館，民國七十六年，頁241。

地行七步，顯揚梵音，無常訓教。我當救度天上天下，
為天人尊，斷生死苦，三界無上，使一切眾，無為常安。
天帝釋忽然來下，雜名香水，洗浴菩薩。九龍在上而下
香水，洗浴聖尊。洗浴淨已，身心清淨。所在遊居，道
超具足。生於大姓，如正真實。奇相眾好，應轉法輪。
若轉輪王，處在三界，以一道蓋，覆於十方。❼

　　西晉以來，四月八日佛誕日舉行「浴佛」、「灌佛」、「行
像」等儀式，已經成為南北朝社會流行的一項節日慶典❽。
梁武帝選擇四月八日即位稱帝，似乎意味著他將像釋迦菩薩
一樣，在這一天誕生，當救度天上天下的眾生，像轉輪聖王
一般在三界行正道，而覆庇十方人民。大約在梁武帝即位前
九年，有一神異僧侶就看見他「頂有伏龍」，並請他在「封
泰山」登位之日能加尋覓。《金樓子·興王篇》曰：

　　有桑門釋僧輝，不知從何來也。自云有許負之法，通名

---

❼ 西晉·竺法護譯《普曜經》卷一，收在《大正藏》三冊，頁494
　　上。

❽ 梁·慧皎《高僧傳》卷九〈佛圖澄傳〉，後趙建平年間(330–333)
　　「每至四月八日，（石）勒躬自詣寺灌佛，為兒發願」，收在《大
　　正藏》五十冊，頁384中。《魏書·釋老志》：「世祖初即位(424)，
　　於四月八日，輿諸佛像，行於廣衢，帝親御門樓，臨觀散花，以
　　致禮敬。」頁3032。《宋書》卷四七〈劉敬宣傳〉：「四月八日，敬
　　宣 (371–415) 見眾人灌佛，乃下頭上金鏡以為母灌，因悲泣不自
　　勝。」頁1409。

詣上，見而驚曰：「檀越頂有伏龍，此非人臣之相，貧道所未見也，君若封泰山，願能見覓。」上笑而不答，此後莫知所之。❾

二、「中國聖主」的「佛教國家」

《梁書・諸夷傳》記載梁武帝即位當天的「神異」等事蹟：

干陁利國，在南海洲上。天監元年，其王瞿曇脩跋陁羅以四月八日夢見一僧，謂之曰：「中國今有聖主，十年之後，佛法大興。汝若遣使貢奉敬禮，則土地豐樂，商旅百倍；若不信我，則境土不得自安。」脩跋陁羅初未能信，既而又夢此僧曰：「汝若不信我，當與汝往觀之。」乃於夢中來至中國，拜覲天子。既覺，心異之。陁羅本工畫，乃寫夢中所見高祖容質，飾以丹青，仍遣使並畫工奉表獻玉盤等物。使人既至，模寫高祖形以還其國，比本畫則符同焉。因盛以寶函，日加禮敬。後跋陁死，子毗邪跋摩立。十七年(518)，遣長史毗員跋摩奉表曰：「常勝天子陛下；諸佛世尊，常樂安樂，六通三達，為世間尊，是名如來。應供正覺，遺形舍利，造諸塔像，莊嚴國土，如須彌山。邑居聚落，次第羅滿，城郭館宇，如忉利天宮。具足四兵，能伏怨敵。國土安樂，無諸患難，人民和善，受化正法，慶無不通。猶處雪山，流注

---

❾　《金樓子・興王篇》，頁16。

雪水，八味清淨，百川洋溢，周回屈曲，順趨大海，一
切眾生，咸得受用。於諸國土，殊勝第一，是名震旦。
大梁揚都天子，仁廕四海，德合天心，雖人是天，降生
護世，功德寶藏，救世大悲，為我尊生，威儀具足。是
故至誠敬禮天子足下，稽首問詢。……」❿

　　南海干陁利國王在天監元年四月八日夢見神僧，告以中
國聖主即位，當遣使貢奉敬禮，將致國家豐樂，商旅百倍。
這則記載或許是附會假託的神話，但是也呈現梁武帝於「佛
誕日」即位的特殊意義以及描述他所創建「佛教國家」的理
想世界。根據《梁書》的記載，干陁利國有三次朝貢中國，
一在宋孝武帝時 (454–464)，二在天監初年陁羅國王感夢之
後，三在天監十七年(518)。最後一次朝貢的「奉表文」稱讚
梁武帝是「世間尊」，莊嚴國土如須彌山，城郭聚落如忉利
天宮，具足轉輪聖王的四兵而能伏怨敵，人民受化正法而和
善，因此一切眾生咸得受用。大梁揚都常勝天子，仁廕四海，
德合天心，雖人是天，降生護世，救世大悲。天監十七年的
「奉表文」，幾乎把梁武帝形容為一位「降生救世」的「佛
菩薩」，是一超人的「天」。天監十八年(519)梁武帝受菩薩戒
成為「皇帝菩薩」，以佛法治國的政策達到顛峰，並奠定了正
法治世的「佛教國家」。從以上的史實中，吾人似乎可以推
測後世史官根據干陁利國「奉表文」的讚詞，而追述其國王
早在梁武帝即位時就夢見神僧告以「聖主出世，十年之後佛
法大興」的預言。梁武帝最遲在天監六年(507)就正式提出菩

❿　《梁書》卷五四〈諸夷傳〉，頁794–795。

薩思想，為佛化理想王國的理論基礎❶。「十年之後，佛法大興」也許是指「菩薩思想」出現的重大轉變事實。因此，天監元年四月八日即位的感夢，天監六年「菩薩思想」的出現，天監十八年「皇帝菩薩」理念的建立，似乎有其重要的意義。梁武帝於「佛誕日」即位，祭告皇天上帝，一方面申明接掌新「天命」以「君德四海」，另一方面彰顯將如同「釋迦菩薩」誕生般以「普渡眾生」。這似乎在傳統的「政教合一」、「天降聖主」的中國政治文化上，再結合印度佛教「救世菩薩」、「轉輪聖王」的政治思想，為梁武帝邁向「皇帝菩薩」主導「佛教國家」之路，奠定神聖的基礎。

第三節　建造寺院與政教結合政策

一、法王寺

唐・許嵩《建康實錄》卷一七曰：

> 天監二年(503)置法王寺，北去縣二十里。案塔寺記：武帝造。其地本號新林，前代苑也。梁武義軍至，首祚王業，故以「法王」為名。大同九年(543)於寺側起王遊苑。尚書令沈約為寺碑文，美武功也。❷

---

❶ 梁武帝天監六年〈注解大品經序〉曰：「(般若)乃菩薩之正行，道場之直路。」，《出三藏記集》卷八，《大正藏》五十五冊，頁53下。

❷ 唐・許嵩《建康實錄》卷一七〈高祖武皇帝〉，北京，中華書局，

沈約(441–513)〈法王寺碑〉：

> 昔周師集於孟津，漢兵至於垓下，翦商肇乎茲地，殲楚
> 由乎斯域。慧雲匪由觸石，法雨起乎悲心，驅之仁壽，
> 度之彼岸。濟方割於有頃，樸既燎於無邊。……乃按兵
> 江岸，誓眾商郊。因斯而運斗樞，自茲而廓天步。業隆
> 於夏，功高代殷。濟樸流而臣九服，握乾綱而子萬姓。
> 眷言四海，莫不來王。……銘曰：往劫將謝，災難孔多。
> 炎炎烈火，森森洪波。聚為丘岳，散成江河。俗緣浮詭，
> 真諦遐長。匪因希尚，曷寄舟梁。標功顯德，事歸道場。
> 祁祁法眾，同茲無我。振錫經行、祇林宴坐。或期寂滅，
> 或念薪火。惆悵三明，徘徊四果。⓭

　　梁武帝於齊永元二年(500)十一月在雍州起兵，翌年九月
在建康西南的新亭附近上陸，與結集在新林的齊軍決戰，且
獲得決定性的大勝⓮。梁武帝在建國的第二年，為了紀念這

張忱石點校本，1986年，頁674。

⓭　沈約《沈隱侯集》，收在《漢魏六朝百三名家集》第五冊，文津
　　出版社，頁3827。

⓮　《梁書》卷一〈武帝紀〉曰：「(永元二年九月)新亭城主江道林
　　率兵出戰，眾軍擒之於陣。大軍次新林，……請東昏燒南岸邑屋
　　以開戰場。自大航以西，新亭以北，蕩然矣。」頁12。又參見諏
　　訪義純〈梁代仏教と武帝(一)——武帝の仏寺建立〉，收在《三藏》
　　一九一號，1979年，頁2。

個「首祚王業」的戰勝之地，於此建造「法王寺」。

「法王」梵語dharma-rāja的譯語，有三種含義。

⑴佛尊稱為法王：鳩摩羅什(344–413)譯《妙法蓮華經・安樂行品》：「如來亦復如是，以禪定智慧力，得法國土，王於三界。而諸魔王不肯順伏，如來賢聖諸將與之共戰。……如來亦復如是，於三界中為大法王，以法教化一切眾生。」❶❺鳩摩羅什譯《維摩詰所說經・佛國品》：「法王法力超群生，常以法財施一切，能善分別諸法相，於第一義而不動，已於諸法得自在，是故稽首此法王。」❶❻僧肇(384–414)注解為「俗王以俗力勝民，故能澤及一國。法王以法力超眾，故能道濟無疆」❶❼。曹魏・康僧鎧譯《佛說無量壽經》：「佛為法王，尊超眾聖，普為一切天人之師。隨心所願，皆令得道。」❶❽

⑵菩薩亦稱為法王：東晉・佛陀跋陀羅(359–429)譯《大方廣佛華嚴經》：「譬如轉輪聖王太子成就王相，轉輪聖王令子在白象寶閻浮檀金座，取四大海水，上張羅幔，種種莊嚴幢幡妓樂，執金鐘香水，灌子頂上，即名為灌頂大王，具足轉十善道故，名轉輪聖王。菩薩摩訶薩亦復如是。受職時，諸佛以智水灌是菩薩頂，名灌頂法王，具足佛十力故，墮在

❶❺　姚秦・鳩摩羅什譯《妙法蓮華經》卷第五〈安樂行品〉第十四，《大正藏》九冊，頁39上。

❶❻　姚秦・鳩摩羅什譯《維摩詰所說經》上〈佛國品〉第一，《大正藏》十四冊，頁537下。

❶❼　李翊灼校輯《維摩詰經集注》，臺北，老古文化公司，民國七十五年，頁49。

❶❽　曹魏・康僧鎧譯《無量壽經》卷下，《大正藏》十二冊，頁275中。

佛數，是名諸菩薩摩訶薩。」❶

　(3)聖人之極位名曰法王：唐・道宣(596-667)《釋迦方志》：「人者，不出凡聖。凡人極位名曰輪王，聖人極位名曰法王。蓋此二王不生則已，生必居中。又山川國邑，人之依報，人勝則依勝，故此二王生焉。」❷「法王」是佛，是三界中的大法王，為一切天人之師。「法王」是菩薩，將如同轉輪聖王般，具足轉十善道教化人民。「法王」是聖人之極位者的尊稱，此點與中國的聖王思想相合。梁武帝在「肇基王業」之地建「法王寺」，以富有象徵意義的宗教建築，彰顯政治上「首靖王業」的重大成就，似乎含有特殊的「政教結合」之意義。沈約的〈法王寺碑〉讚美梁武帝，將以悲心起「慧雲法雨」濟度蒼生於「仁壽之彼岸」，又「握乾綱而子萬姓」，都說明這種「政教結合」的理想。印度的阿育王被稱為「阿育法王」，日本的聖德太子被稱為「聖德法王」，而中國的梁武帝似乎也可以被稱為「梁武法王」❸。印度、中國、日本三位最著名的以佛法治國之君王，皆同稱為「法王」，似乎意味著佛教與國家有更深一層、更崇高的「法王治世」之理想。

❶ 東晉・佛陀跋陀羅譯《大方廣佛華嚴經》卷二七〈十地品〉，《大正藏》九冊，頁572中。

❷ 唐・道宣《釋迦方志》卷上，《大正藏》五十一冊，頁950上。

❸ 梁・僧伽婆羅譯《阿育王經》卷第一：「阿育王起八萬四千塔已，守護佛法。時諸人民謂為阿育法王。」《大正藏》五十冊，頁135上。《望月佛教大辭典・法王條》：「日本奉聖德太子為聖德法王，又稱為太法王皇太子。」頁4550上。

二、光宅寺

沈約〈光宅寺剎下銘並序〉：

> 光宅寺，蓋上帝（梁武帝）之故居，行宮之兆地。揚州
> 丹陽郡胊陵縣某鄉某里之地。自去茲邠毫，來儀京輔。
> ……義等去鄵，事均徙鎬。及剋濟橫流、膺斯寶運。命
> 帝閽以廣闢，即太微而為宇。既等漢高，流運於豐沛。
> 亦同光武眷戀南陳。思所以永流聖跡，垂之不朽。今事
> 與須彌等同，理與天地無窮，莫若光建寶塔式傳于後。
> 乃以大梁之天監六年（507）歲次星紀月旅黃鐘閏十月二
> 十三日戊寅仲冬之節也。乃樹剎玄壤，表峻蒼雲。……
> 乃作銘曰：自天攸縱，於惟我皇。即基昔兆，為世舟航。
> 重檐累構，迴剎高驤。土為淨國，地即金床。因斯太極，
> 溥被翱翔。豈徒三界，寧止十方。濡足萬古，援手百王。
> 一念斯答，萬壽無疆。㉒

《建康實錄》卷一七引〈東都記〉：

> 初，梁武帝登極，乃立私宅為寺。㉓

　　光宅寺是梁武帝即位前所居住的「龍興故宅」，於天監

㉒　沈約〈光宅寺剎下銘並序〉，《大正藏》五二冊《廣弘明集》卷一
　　六，頁212下。

㉓　《建康實錄》卷一七，頁675。

元年至六年改造為寺院❷。「光宅」之名，出於《尚書·堯典》：「昔在帝堯，聰明文思，光宅天下。」❷ 又梁武帝於天監元年四月八日即位時，告類於天曰：「……咸以君德馭四海，元功子萬姓，故能大庇氓黎，光宅區宇。」❷ 由以上的史料可以看出，梁武帝為了使「創業故宅」永垂不朽，乃改建為「光宅寺」，一方面彰顯政治上將「光宅區宇」，另一方面則可以「廣集四部（佛弟子）」，「弘此廣因，被之無外」發揚無盡的宗教作用。「光宅寺」建立後，即禮聘釋法雲(457–529)為寺主。《續高僧傳》卷五〈法雲傳〉：

> 梁氏（武帝）高臨，甚相欽禮（法雲）。天監二年，敕使長召，出入諸殿，影響弘通之端，噴揚利益之漸。皇高亟延義集，未曾不敕令雲先入後下詔令。……尋又下詔，禮為家僧，資給優厚。敕為光宅寺主，創立僧制，雅為後則。❷

光宅寺創立後的二十餘年間，都由梁武帝的家僧，佛教政策的主要制定者，其後擔任佛教教團最高指導者「大僧正」

❷ 參見諏訪義純，前引文，頁3–6。又，諏訪義純〈梁武帝仏教關係事蹟年譜考〉㈠「天監元年條」、「天監六年條」，《佛教史學研究》第二十六卷第一號，頁48–59。

❷ 《尚書·堯典》第一，收在《重刊宋本十三經注疏》第一冊，臺北，藝文印書館，頁18。

❷ 《梁書》卷二〈武帝紀〉，頁33。

❷ 《續高僧傳》卷五〈法雲傳〉，《大正藏》五十冊，頁464上。

的釋法雲擔任寺主。釋法雲在光宅寺「創立僧制,雅為後則」,
盡力於佛教教團制度化的工作。釋法雲是梁武帝推行「斷酒
肉」、「菩薩戒」等政教改革運動的主要襄助人,堪稱為武帝
的「第一國師」❷。梁武帝以第一國師的釋法雲,擔任光宅
寺主,不但襄助了「政教結合」政策的制定,且推行各種「佛
教國家」改革工作。

三、開善寺

《六朝事跡編類》卷下:

> 梁武帝天監十三年,以錢二十萬易定林寺前岡獨龍阜以
> 葬(保)誌公。永定公主以湯沐之資造浮圖五級於其上。
> 十四年,即塔前建開善寺。❷

《高僧傳》卷一〇〈保誌傳〉:

> 今上(梁武帝)龍興,甚見崇禮。……保誌嘗為其現真
> 形,光相如菩薩像焉。至天監十三年冬於臺後堂謂人曰:
> 菩薩將去。未及旬日無疾而終。屍骸香軟形貌熙悅。臨
> 亡燃一燭以付後閣舍人吳慶。慶即啟聞。上歎曰:大師

---

❷ 詳見拙作〈梁武帝的君權思想與菩薩性格初探——以「斷酒肉文」
形成的背景為例〉,《師大歷史學報》第十六期,民國七十七年,
頁1-36。

❷ 宋・張敦頤編《六朝事跡編類》卷下〈蔣山太平興國禪寺〉,臺北,
廣文書局,民國五十九年,頁176。

不復留矣，囑者將以後事屬我乎。因厚加殯送，葬于鍾
山獨龍之阜。仍於墓所立開善精舍，敕陸倕製銘辭於塚
內，王筠敕碑文寺門，傳其遺像，處處存焉。❸

梁·陸倕(470–526)〈誌法師墓誌銘〉：

天監十三年，即化於華林門之佛堂。爰詔有司，式刊景
行，辭曰：欲化毗城，金粟降靈。猗歟大士，權跡帝京。
……將導舟梁，假我方便。形煩心寂，外荒內辯。觀往
測來，睹微知顯。動足墟立，發言風偃。❹

　　釋保誌(425–514)是一位聞名於宋齊梁三代的神異僧，能
分身多處，預言吉凶，且現出「菩薩」相。梁武帝寵禮這位
「保誌菩薩」，於其卒後以錢二十萬購買鍾山獨龍阜為墓地，
並厚加殯葬。天監十四年(515)，梁武帝為紀念「保誌菩薩」
而建造「開善寺」。從梁武帝敕令陸倕製的〈誌法師墓誌銘〉，
可以看出皇上對這位「菩薩大士」，「將導舟梁」、「觀往測
來」、「發言風偃」的景仰。王筠〈開善寺碑〉❺顯示：梁武
帝想開展黃帝、堯、湯武以來的美善之風，不局限於黃老神

---

❸　梁·慧皎《高僧傳》卷一〇〈保誌傳〉，《大正藏》五十冊，頁394
　　下。

❹　梁·陸倕〈誌法師墓誌銘〉，《漢魏六朝百三名家集》第五冊《陸
　　太常集》，頁4073。

❺　梁·王筠〈開善寺碑〉，《漢魏六朝百三名家集》第五冊《王詹事
　　集》，頁4110。

仙獨善其身之術，而效法菩薩普渡眾生，使游於法海波瀾。
因此，「開善寺」似乎意味梁武帝將從傳統的儒、道治術，
開展出「菩薩」之善業。「開善寺」建立後，武帝禮聘梁代
三大師之一的釋智藏(458–522)為寺主，且在寺內展開多種活
動。《續高僧傳》：

> 有梁革命，大弘正法。……天子下禮承修，榮貴莫不竦
> 敬（智藏）。聖僧寶誌遷神，窆窆于鐘阜。於墓前建塔，
> 寺名開善，敕藏居之。……（智藏）居開善，因不履世。
> 時或敕會，乃上啟辭（以老病）……帝手敕喻曰：……
> 猶勸法師，行無礙心，大悲為首，方便利益。隨時用舍，
> 不宜頓杜，以隔礙心，行菩薩道，無有是處。敕往返頻
> 仍久之，藏持操不改。帝將受菩薩戒，敕僧正牒老宿德
> 望，時（慧）超（僧）正略牒法深、慧約、智藏三人。
> ……皇太子從遵戒範，永為師傅。又請於（開善）寺講
> 大涅槃。親臨幄坐，爰命諮質。朝賢時彥道俗盈堂，法
> 筵之盛未之前聞。智藏任吹嘘舟，真行平等。 ㉝

　　梁武帝喻勉釋智藏，以無礙心，大悲方便行菩薩道。智
藏是昭明太子的受戒師傅，且在開善寺受太子邀請講《大涅
槃經》，使該寺成為朝賢的講經處所㉞。智藏也被稱為能「真

㉝　《續高僧傳》卷五〈智藏傳〉，《大正藏》五十冊，頁466上–467
　　上。

㉞　除了前注〈智藏〉所引，昭明太子請講《涅槃經》之外。《廣弘
　　明集》卷二一〈晉安王與廣信侯書述開善寺聽講事〉，卷三〇〈梁

行平等」的菩薩。

梁武帝還敕請菩提達摩禪師的弟子僧副禪師住開善寺❸。開善寺後來成為梁陳時代名僧的敕葬之地,除了寶誌之外,還有智藏,智者國師慧約(452-535),都邑僧正法超(456-526)等高僧,均葬於開善寺前❸。梁武帝在建康郊外鍾山山麓優美寧靜之處建造開善寺,一方面紀念「保誌菩薩」,禮聘行「菩薩道」的智藏為寺主,款待達摩禪師的弟子僧副禪師;另一方面以該寺為王侯朝賢講經之所,名僧的葬地。這些,似乎意味著「開善寺」乃是開出菩薩善業之根據地。菩薩在諸佛未出世時,自修十善法❸。眾生想成為菩薩,必須修持三種戒:菩薩律儀戒,攝善法戒,攝眾生戒。攝善法戒主要有十種,細目則有八萬四千條。十善法戒是持攝善法戒、佈施、持戒、忍辱、精進、禪定、般若、親近善知識、自省、悔過等❸。開善寺的駐錫或殯葬的高僧,大都能體現實踐菩薩所修的十善法,菩薩戒行者所修的十善法戒。那麼,開善寺應該是梁武帝企圖開展菩薩善業的一座模範寺院。

昭明開善寺法會詩〉等條,也記載開善寺法會盛況。《大正藏》五二冊,頁252上、352下。

❸ 《續高僧傳》卷一六〈僧副傳〉,《大正藏》五十冊,頁550上。

❸ 《續高僧傳》卷六〈慧約傳〉,卷二一〈法超傳〉,頁470、607上。

❸ 北涼・曇無讖譯《優婆塞戒經》卷六曰:「諸佛如來未出時,菩薩摩訶薩以何為戒。(佛言):佛未出世,是時無有三歸戒,唯有智人求菩提道,修十善法。」《大正藏》二四冊,頁1066下。

❸ 伯希和第二一九六號〈出家人受菩薩戒法卷第一〉,收在土橋秀高〈ペリオ本「出家人受菩薩戒法」について〉,頁137-139。

第四節 「建康教團」與政教結合政策 的推行

一、「建康教團」的政教結合工作

梁武帝即位之後，立即禮遇神異、明律、義解等各科高僧，並且聘請其中的八位為其「家僧」。梁武帝召請的這些高僧，不但協助各種「政教結合」政策的制定與執行，且擔負起衛護佛教與審查、批判偽經等工作。這些僧侶也從事大規模的佛教經典重編與注解翻譯等工作。梁武帝各種佛教政策的推行，有助於其政權與佛教進一步的結合，達到政權領導佛教以及佛教指導、維護國家的目的。梁武帝所禮遇、重任的各個僧侶，正是政教結合政策得以推展的核心人物。本文稱呼以梁武帝為中心，而居於建康附近的這一群僧侶與居士為「建康教團」。詳見表一：「建康教團」政教結合工作摘要表。本節先以「建康教團」的幾位重要僧侶為例，論述僧侶襄助政教結合政策推行的情形。

表一：「建康教團」政教結合工作摘要表

編　號	人　名	年　代	工　作　摘　要	資料出處
1	梁武帝	464–549	政教結合政策最高決策與執行者。	梁三，續一等
2	釋寶誌	425–514	預言、祈雨、示菩薩相。	僧十
3	釋僧祐	445–518	編撰八大部佛典，審查偽經，審決僧事。	僧五

4	釋法雲	457–529	家僧，諮議佛事，光宅寺主，大僧正(525-529)，創立僧制，斷酒肉法會主講者，與公王朝貴六四人駁〈神滅論〉等。	續五,弘十,廣二六等
5	釋僧旻	467–527	家僧，諮議佛事，審查偽經，主編《眾經要抄》。僧旻與法雲為梁武帝政教事務諮詢、策劃者。	續五
6	釋智藏	458–522	開善寺主，主編《義林》，抗議御座法，辯駁「帝王兼僧王」決策，與法雲、僧旻同稱梁代三大師。	續五
7	釋慧約	452–535	受菩薩戒法會的「智者國師」。	續六
8	釋慧超	?–526	大僧正(502-525)，家僧，審查偽經，推薦「智者國師」人選。	續六
9	釋法寵	451–524	家僧，審查偽經，助編《注解大品經》,參與斷酒肉法會。	續五
10	釋明徹	?–522	家僧，整理、編纂《律藏》。	續六
11	僧伽婆羅	460–524	家僧，譯《阿育王經》、《菩薩藏經》、《解脫道》等論等佛典。	續一
12	釋僧遷	465–523	家僧，通達經論，梗正高僧。	續五
13	釋僧遷	495–573	家僧，敷述武帝所撰義疏。	續六
14	釋寶亮	444–509	撰《涅槃義疏》十餘萬言。	僧八
15	釋法超	456–526	都邑僧正，參與斷酒肉法會，助編《出要律儀》。	續二一

16	釋寶唱	−465−531−	主編《經律異相》,《眾經懺悔滅罪方法》等書計八種,協助編纂佛典計二種。	續一,內四
17	釋法朗	−463−408−	撰《大般涅槃子注經》七十二卷。	僧八
18	曼陀羅	−406−	譯《寶雲經》第三種佛經。	續一
19	釋曇准	−510−	審查偽經。	出五
20	釋慧令	−533−	大僧正,審查偽經,助編《注解大品經》。	出五,八
21	釋慧集	−510−	審查偽經。	出五
22	釋僧智	−508−	助編《眾經要抄》,助譯《阿育王經》。	續五
23	釋僧晃	−508−	助編《眾經要抄》。	續五
24	釋僧豪	−516−	助編《經律異相》。	經序
25	釋法生	−516−	助編《經律異相》。	經序
26	釋慧明	−519−	斷酒肉法會都講,《出家人受菩薩戒法》奉持者。	廣二六
27	沈　約	441−513	撰〈法王寺碑〉、〈光宅寺碑〉、〈佛記序〉。竟陵八友之一。	沈隱侯集,廣十五
28	陸　倕	470−526	撰〈寶誌法師墓誌銘〉。竟陵八友之一。	陸太常集
29	王　筠	481−549	撰〈開善寺碑〉、〈國師草堂寺約法師碑〉。受菩薩戒。	王詹事集
30	劉　勰	−464−519−	助編《眾經要抄》,協助僧祐律師用定林上寺經藏編書。	續五
31	虞　闡	−510−	助編《佛記》。	廣十五
32	到　溉	477−548	助編《佛記》。	廣十五
33	袁曇允	−511−	助譯《阿育王經》。	續一

34	蕭　統	501–531	主持慧義殿上「二諦義」、「法身義」的討論。	廣二一
35	蕭　綱	503–551	參與533、541年的講經法會，撰〈大法頌〉等文。歷次領銜奉贖「皇帝菩薩」捨身。	廣十九
36	蕭　繹	508–554	參與541年的講經法會，撰〈法寶聯璧序〉。	廣二十
37	蕭　綸	?–551	撰〈敕捨老子受菩薩戒文〉，參與541年的講經法會。	廣四，廣十九
38	陸　雲	–541–	參與541年的講經法會，並撰〈述講般若經序〉。	廣十九
39	蕭子顯	489–537	參與533年的講經法會，並撰〈敘御講般若義〉。	廣十九

資料出處代號：梁：《梁書》。僧：慧皎・《高僧傳》。續：道宣・《續高僧傳》。廣：道宣・《廣弘明集》。弘：僧祐・《弘明集》。內：道宣・《大唐內典記》。出：僧祐・《出三藏記集》。經序：寶唱・《經律異相序》。後面的數字為卷次。

二、「家僧」的政教結合工作

1.釋保誌(425–514)

《南史》卷七六〈寶誌傳〉：

沙門釋寶誌，齊、宋之交，稍顯靈迹，被髮徒跣，語默不倫。……或徵索酒肴，或累日不食，預言未兆，識他心智。一日中分身易所，遠近驚赴，所居噂遝。……梁武帝尤深敬事，嘗問年祚遠近。答曰：「元嘉元嘉。」帝

欣然，以為享祚倍宋文之年。……天監十三年卒。將死，忽移寺金剛像出置戶外，語人云：「菩薩當去。」旬日無疾而終。……命王筠為碑，蓋先覺也。❸

《高僧傳》卷一〇〈保誌傳〉：

今上（梁武帝）龍興，甚見崇禮。先是齊時多禁保誌出入，今上即位下詔曰：「誌公迹拘塵垢，神遊冥寂，水火不能燋濡，蛇虎不能侵懼。語其佛理，則聲聞以上；談其隱倫，則遁仙高者。豈得以俗士常情空相拘制？何其鄙狹一至於此？自今行道來往，隨意出入，忽得復禁。」誌自是多出入禁內。天監五年冬旱，雩祭備至而未降雨，誌忽上啟云：「誌病不差，就官啟治。若不啟百官，應得鞭杖。願於華光殿講勝鬘請雨。」上即使沙門法雲講勝鬘。講竟，夜便大雪。誌又云：「須一盆水，加刀其上。」俄而雨大降，高下皆足。上嘗問誌云：「弟子煩惑未除，何以治之？」答云：「十二識者，以為十二因緣治惑藥也。」❹

　　梁武帝崇禮保誌禪師，詔許其自由出入宮禁。武帝敬事保誌禪師，請益佛理，且諮詢國家年祚遠近，都得到滿意的答覆。保誌也協助久旱祈雨的法事，使獲得大雨疏解旱象。保誌被尊為「聲聞」以上的「菩薩」，其卒後，武帝為之立

❸　《南史》卷七六〈寶誌傳〉，頁1900–1901。

❹　《高僧傳》卷一〇〈保誌傳〉，頁394中–下。

碑、造銘，且興建「開善寺」。開善寺後來成為梁武帝為開展
菩薩善業的一座模範寺院，詳見上一節的探討。而且保誌禪
師的讖記也成為中大通五年(533)，梁武帝以「皇帝菩薩」之
尊於同泰寺講《金字摩訶般若波羅蜜經》法會盛況的佐證。
《廣弘明集》卷一九〈御講金字摩訶般若波羅蜜經序〉：

> 先是保誌法師者，神通不測，靈迹甚多，自有別傳。天
> 監元年，上始光有天下，方留心禮樂未遑汾陽之寄。法
> 師以其年九月，自持一麈尾扇及鐵錫杖奉上，而口無所
> 言，上亦未取其意。于今三十餘年矣。其扇柄繫以小繩，
> 常所縮楔，指跡之處宛然具存。至是御（武帝）乃鳴錫
> 昇堂，執扇講說。故知震大千而吼法者，抑有冥符。❹

2. 釋僧祐(445–518)

《高僧傳》卷一一〈僧祐傳〉：

> 釋僧祐……大精律部，有邁先哲。齊竟陵文宣王每請講
> 律，聽眾常七、八百人。永明中，敕入吳試簡五眾，並
> 宣講十誦，更申受戒之法。……及造立經藏，搜校卷軸，
> 使夫寺廟開廣，法言無墜，咸其力也。……光宅、攝山
> 大像，剡縣石佛等，並請祐經始准畫儀則。今上（武帝）
> 深相禮遇，凡僧事碩疑皆敕就審決。年衰腳疾，敕聽乘

---

❹ 唐・釋道宣《廣弘明集》卷一九，梁・蕭子顯撰〈御講金字摩訶
般若波羅蜜經序〉，《大正藏》五十二冊，頁236上–237上。

輿入內殿，為六宮受戒，其見重如此。梁・臨川王宏、南平王偉、儀同陳郡袁昂、永康定公主、貴嬪丁氏，並崇其戒範，盡師資之敬，凡白黑門徒一萬一千餘人。㊷

釋僧祐精通戒律，為齊梁之際王侯、僧俗等佛教徒受戒之師。僧祐擅長建寺、造佛像，使佛教得以廣為傳佈。梁武帝深相禮遇，凡僧事的重大疑難，皆敕就審決。例如：天監九年(510)的審查偽經，天監十六年(517)的「宗廟去犧牲」等重大政教事務，僧祐皆參預其事，詳見本節論述大僧正慧超項下。僧祐最大的貢獻在於整理佛典，著述各種論集。《出三藏記集》卷一二〈釋僧祐法集總目錄序〉：

> 仰稟群經傍採記傳，事以類合，義以例分。顯明覺應，故序釋迦之譜。區辯六趣，故述世界之記。訂正經譯，故編三藏之錄。尊崇律本，故銓師資之傳。彌綸福源，故撰法苑之篇。護持正化，故集弘明之論。……標括章條，為律記十卷。並雜碑記撰為一帙，總其所集凡有八部。……釋迦譜五卷、世界記五卷、出三藏記集十卷、薩婆多部相承傳五卷、法苑集十卷、弘明集十卷、十誦義記十卷、法集雜記傳銘十卷。㊸

僧祐律師這八大部著作，不但為梁武帝佛教經典的編纂

㊷ 《高僧傳》卷一一〈僧祐傳〉，頁402下。

㊸ 梁・僧祐《出三藏記集》卷一二〈釋僧祐法集總目錄序〉，《大正藏》五十五冊，頁87上。

與政教結合理論之形成奠定重要的基礎❹，而且為後代留下許多寶貴的史料❺。可惜專門記載梁武帝的〈大梁功德〉兩卷已佚，否則，當為吾人提供不少有關梁武帝的政教關係史料❻。

3. 釋法雲(467–529)

> 釋法雲，姓周氏，宜興陽羨人。晉平西將軍處之七世也。……為寶亮弟子，寶亮每曰：「我之神明殊不及也，方將必當棟梁大法矣。」……齊中書周顒、瑯瑯王融、彭城劉繪、東莞徐孝嗣等，一代名貴，並投莫逆之交。……及梁氏（武帝）高臨，甚相欽禮。天監二年，敕使長召，出入諸殿，影響弘通之端，讚揚利益之漸。皇高亟延義集，未曾不敕令雲先入後下詔令。……敕給傳詔，車牛吏力皆備足焉。……尋又下詔，禮為家僧，資給優厚。❼

---

❹ 《經律異相》編纂整理大量的菩薩思想，而《經律異相》引用的條目與佛經，有出自僧祐的《釋迦譜》、《世界記》等書，此點比照該書目錄即可獲得證明。

❺ 釋僧祐現存著作有《釋迦譜》五卷、《弘明集》十四卷、《出三藏記集》十五卷，尤其後兩部為治中國佛教史學者所必引用之史料。

❻ 保留在僧祐《出三藏記集》卷一二〈法苑雜緣原始集目錄序〉的「大梁功德」十六首目錄，可以約略知悉梁武帝天監年間所從事的佛教事業。《大正藏》五十五冊，頁93上。

❼ 《續高僧傳》卷五〈法雲傳〉，頁463上–464中。

光宅法雲出身於宜興周氏，是西晉名將周處（周處除三害故事的主角）的第七世子孫，出家為《涅槃經》名家寶亮法師的弟子。蕭齊時，法雲交遊一代名士王融（梁武帝等竟陵八友之一）等人。武帝在位的前二、三十年，一般政策的擬定以徐勉、周捨典掌機要，而佛教政策則事先都敕令法雲、僧旻等入宮研商擬定之後，始正式向外發佈詔令。《南史》卷七〈郭祖深傳〉：

> 論外則有（徐）勉、（周）捨，說內則有（法）雲、（僧）旻。雲、旻所議則傷俗盛（佛）法；勉、捨之志唯願安枕江東。❹

〈法雲傳〉記載梁武帝請其擔任光宅寺主，創立僧制，做為當時教團的典範。法雲又為昭明太子所選十僧的上首，他又廣為交遊王侯子弟，因此有「遊俠」之稱。法雲最大的貢獻是代梁武帝邀集六十四位王侯、大臣、學者，著論圍剿范縝的〈神滅論〉。〈法雲傳〉云：

> 敕為光宅寺主，創立僧制，雅為後則。皇太子留情內外，選請十僧入於玄圃，經於兩夏，不止講經，而亦懸談文外，雲居上首，遍加供施。自從王侯逮于榮貴，莫不欽敬。至於吉凶慶弔，不避寒暑。時人頗謂之遊俠，而動必弘法，不以此言間懷。中當郎順陽范縝，著神滅論。群僚未詳其理，先以奏聞，有敕令雲答之，以宣示臣下。

雲乃遍與朝士書論之，文采雖異而理義偷通。❹

根據侯外廬等的研究，范縝 (450–515) 約於齊永明七年
(489)對齊竟陵王發表「盛稱無佛」的神滅言論，到梁武帝天
監六年發表了著名的〈神滅論〉❺。《梁書》卷四八〈范縝傳〉：

> 范縝在齊世，嘗侍竟陵王子良。子良精信釋教，而縝盛
> 稱無佛。子良問曰：「君不信因果，世間何得有富貴，
> 何得有貧賤?」縝答曰：……。子良不能屈，深怪之。
> 縝退論其理，著神滅論曰：或問予云：「神滅，何以知
> 其滅也?」答曰：「神即形也，形即神也，是以形存則神
> 存，形謝則神滅也。」……問曰：「知此神滅，有何利用
> 邪?」答曰：「浮屠害政，桑門蠹俗，風驚霧起，馳蕩不
> 休，吾哀其弊，思拯其溺。……」❺

范縝「盛稱無佛」不信因果，顯然地反對佛教。尤其天
監六年著成的〈神滅論〉，在理論上是兩漢魏晉以來所有神滅
思想的進一步發展，結合中國傳統的自然哲學與名理論辯方
法❺，而且明顯的表明「神滅」就是為了「破佛」，對梁武帝

---

❹ 同❹，頁464中。

❺ 侯外廬等著《中國思想通史》第三卷，第九章〈范縝神滅論的唯
物主義體系與戰鬥業績及其影響〉，北京，人民出版社，1980年，
頁373–379。

❺ 《梁書》卷四八〈范縝傳〉，頁665–670。

❺ 同❺。

時代的崇佛政策構成嚴重的衝擊。范縝〈神滅論〉一出，朝野喧嘩，梁武帝撰〈大梁皇帝敕答臣下神滅論〉云：

> 位現致論要當有體，欲談佛理應設賓主，標其宗旨辯其短長，來就佛理以屈佛理，則有佛之義既躓，神滅之論自行。……❸

梁武帝認為要辯論「神滅」、「無佛」等問題，應根據佛理來破解佛理，才能真正擊敗「有佛之義」。武帝且敕令法雲領頭著論，並宣示臣下，主導王侯、朝貴六十四人分別撰論圍剿范縝〈神滅論〉。梁・僧祐《弘明集》收有〈法雲法師王公朝貴書〉及六十四人論難〈神滅論〉的著作等詳細資料❹。這六十四人是臨川王蕭宏 (473–526)、尚書令沈約 (441–513) 等人。光宅法雲以一位出家僧侶的身分，在梁武帝授意之下，能號召諸王、尚書令、中書令、衛尉、吏部尚書、常侍、侍中、太子詹事、太常卿、黃門侍郎、右衛將軍等王公、朝廷大臣、武將以及地方長官、長吏如丹陽尹、建康令、揚州別駕、建安王功曹等；還有五經博士、司徒祭酒等學官。由此可見光宅法雲在梁武帝政治與佛教結合政策的決策與執行過程中，居於首輔、樞紐的地位。范縝的〈神滅論〉固然集漢魏以來神滅理論與辯難方法之大成，對佛教造成理論上覆滅性的威脅，但是梁武帝與光宅法雲動員王公、朝官、武將、地方大吏、博士學官等六十四人著論討伐的策略運用，

---

❸　《弘明集》卷一〇〈大梁皇帝敕答臣下神滅論〉，頁60中。

❹　同上註，頁60中–68下。

也對范縝〈神滅論〉乃至漢魏以來的神滅思想，造成巨大的震撼與壓制的效果。由這場「神滅論爭」規模的龐大，可以看出梁武帝對於政治與佛教結合政策施行的態度之認真與執著，也可以看出至遲從天監六年(507)起，僧侶在武帝的政教結合政策決策中的重要性。這場「神滅論爭」更凸顯了集合王公、朝貴、學者等「以佛理衛護佛法」的特性，這是南朝政教之爭以義理爭議決勝負的傳統再度展現。這場論爭，也意味著梁武帝在政治與佛教關係中想要獲得佛教的領導權，必須透過佛理的解釋、應用，甚至是佛法的體會、實踐等途徑，方能取得穩固的地位。佛法的體會、解釋、實踐與應用，除了梁武帝個人本其才學基礎繼續努力之外，更需要大批的僧侶鼎力相助，方能奏效。

光宅法雲在天監十一年協助另一位「家僧」僧伽婆羅譯《阿育王經》十卷，為梁武帝政教結合政策確立印度阿育王的典範性根據。普通六年(525)法雲繼「家僧」慧超之後為「大僧正」，正式主管全國佛教教團。光宅法雲另一項重大的貢獻，是襄助梁武帝舉辦「斷酒肉」法會，嚴禁僧尼飲食一切酒肉。此外，襄助梁武帝的各種講經法會，以「菩薩戒」為中心的政教改革。至於光宅法雲精研《妙法蓮華經》，嘗講此經感「天華飛降」以及燈明佛時已講此經等神異事蹟，尤其撰寫的《妙法蓮華經義記》對梁武帝「皇帝菩薩」理念的理論基礎有相當重要的貢獻，詳見下文❺。

---

❺ 梁・法雲《妙法蓮華經義記》是現存最早的一部《法華經》注解的經典之作，對南北朝的佛教理論有重要的貢獻。現代學者有多種研究著作。詳見《大日本續藏經》第四十二套。

4. 釋慧超(?–526)

《續高僧傳》卷六〈慧超傳〉：

> 釋慧超，姓廉氏，趙郡陽平人。……偏以無量壽命家。
> 吏部謝篇每稱之曰：「君子哉若人也。」齊曆告終，梁祚
> 伊始。超現疾新林，情存拯溺，信次之間聲馳日下，尋
> 有別敕乃授僧正。戒德內修，威儀外潔。凡在緇侶、咸
> 稟成訓。天子給傳詔羊車局足健步衣服等供，自聲教所
> 被，五部憲章，咸稟風則。……天監年中，帝請為家僧。
> ……剖決眾情，一時高望，在位二十餘年。❺❻

　　南澗寺慧超善於草隸、占相方術，為齊世朝貴所重。梁
武帝於即位前一年，在建康城南新林決戰，大敗齊兵之際，
慧超的聲名即為蕭衍所知。天監元年，慧超即被任命為大僧
正，其後他一直擔任此職務掌管全國佛教徒，一直到普通六
年(525)自行解職讓與光宅法雲為止，凡二十四年之久。梁武
帝又聘請慧超僧正為其「家僧」，使政權與教權進一步結合，
慧超也享有「王侯」一般的禮遇。慧超僧正除了襄助梁武帝
統領佛教教團化導民俗之外，也幫助以「菩薩戒」為中心的
政教改革。慧超僧正又擔任審查偽經，擯治異端沙門等工作。
《出三藏記集》卷五：

> 薩婆若陀眷屬莊嚴經一卷。梁天監九年，郢州陀頭道人

---

❺❻ 《續高僧傳》卷六〈慧超傳〉，頁468上。

妙光，戒歲七臘，矯以勝相，諸尼嫗人僉稱聖道。彼州僧正議欲驅擯，遂潛下都住普弘寺，造作此經。又寫在屏風、紅紗映覆，香花供養。雲集四部，嚫供煙塞，事源顯發，敕付建康辯覈疑狀云：抄略諸經多有私意妄造借，書人路琰屬辭潤色。獄牒：妙光巧詐事應斬刑，路琰同謀，十歲謫戍。即以其年四月二十一日，敕僧正慧超，令喚京師能講大法師、宿德如僧祐、曇准等二十人，共至建康前，辯妙光事。超即奉旨，與曇准、僧祐、法寵、慧令、慧集、智藏、僧旻、法雲等二十人，於縣辯問。妙光伏罪，事事如牒。眾僧詳議，依律擯治。天恩免死，恐於偏地復為惑亂，長繫東冶。即收拾此經得二十餘本及屏風，於縣燒除。然猶有零散，恐亂後生，故復略記。薩婆若陀長者，是妙光父名。妙光弟名金剛德體，弟子名師子。❺❼

天監九年(510)，梁武帝敕僧正慧超召集能講大法師、宿德如法雲等二十人，共同審查妙光所著的偽經《薩婆若眷屬莊嚴經》。結果判為異端。從這件佛教異端的審判與處理的謹慎、嚴峻態度，吾人似乎可以得知梁武帝對佛教義理的重視程度。他敕命慧超僧正召集二十位義學、宿德高僧以佛理批判偽經妄造佛義，更顯示武帝以佛理取勝的作為。而慧超僧正等僧侶，可以說是梁武帝政教結合政策中，以佛理的解釋為主要導向的得力助手。這些僧侶可以說是武帝「建康教團」的主要成員。梁武帝聘請的「家僧」除了釋法雲與釋慧

---

❺❼　《出三藏記集》卷五，頁40中。

超之外，尚有莊嚴寺僧旻、正觀寺扶南沙門僧伽婆羅、建初寺明徹、宣武寺法寵、靈根寺僧遷、荊州大僧正僧遷。他們對梁武帝「佛教國家」的奠定，皆有重大貢獻，詳見下文。

第四章 「皇帝菩薩」理念與「佛教國家」的佛學基礎

　　梁武帝於天監六年敕命光宅法雲發動王公、朝貴六十四人著論，壓制范縝〈神滅論〉。　天監九年，敕命大僧正慧超召集法師、宿德二十位高僧，審查批判妙光所著的偽經《薩婆若陀眷屬莊嚴經》。　這兩件衛護佛法與批判異端的工作，都是以佛法義理的解釋、論辯為基礎的。由這兩件事情，可以看出梁武帝對於佛法義理的解釋之重視程度。南朝的政教衝突，例如：白黑論之爭、形神因果之辯論、夷夏之爭、本末之爭等，大都以理論的爭執來決定勝負❶。梁武帝不但承襲著此一歷史傳統，而且更進一步的展開大規模的佛教經典重編、譯注等工作。梁武帝有良好的士大夫教養，兼備玄、儒、文、史等學識基礎；創業稱帝前又與齊竟陵王、陶宏景等交遊密切，亦具備佛、道兩家的學術素養。因此，在即位初年政權逐漸穩固之後，能以本身的才學基礎結合一批高僧的襄助合作，而建立以他為主導的「建康教團」（詳見表一：「建康教團」政教結合工作摘要表）。梁武帝的「建康教團」企圖通過佛教經典的重新整理、編纂、注解翻譯等學術工作，使王法與佛法、國家與佛教、君權與教權得到進一步的結合，

---

❶ 詳見湯用彤《漢魏兩晉南北朝佛教史》第十三章〈佛教之南統〉，頁418–470。

並且為這樣的政教結合政策創造一個通俗的、含義深遠的「皇帝菩薩」之理念。

第一節　「佛教國家」建立佛學基礎的原因

南朝受到《沙門不敬王者論》的影響，沙門在佛法理論上，其地位不亞於王者，甚至凌駕於王者之上；沙門在實際社會中，也有不敬王者的傳統。因此，皇帝必須透過教義的重新解釋，方能獲得政教結合政策的最高領導權。所以，東晉南朝以來「沙門不敬王者」的理論與傳統，是梁武帝重新整理、解釋佛教經典的主要因素。梁武帝統治時期，這個原因仍然存在，以下舉出釋智藏與釋僧遷兩個個案，做為證明。

《續高僧傳》卷五〈智藏傳〉：

> 釋智藏，姓顧氏，吳郡吳人，吳少傅曜之八世也。高祖彭年司農卿，曾祖淳錢唐令，祖瑤之員外郎，父映奉朝請。……年十六，代宋明帝出家。以泰初六年敕住興皇寺，師事上定林寺僧遠、僧祐，……有梁革命，大弘正法，皇華繼至，方遊京輦。天子（梁武帝）下禮承修，榮貴莫不竦敬。……議以御座之法，唯天子所升，沙門一不需預。藏聞之勃然屬色，即入金門上正殿，踞法座抗聲曰：「貧道昔為吳中顧郎，尚不慚御榻，況復迺祖定光，金輪釋子也。檀越若殺貧道即殺，不慮無受生之處，若付在尚方，獄中不妨行道。」即拂衣而起。帝遂

罷敕任從前法。斯跨略天子，高岸釋門，皆此類也。❷

　　釋智藏 (458–522) 出身吳姓顧氏，屬於上級士族門第中
人，其社會地位並不遜於出身僑姓素族的蕭姓帝室。智藏承
襲士族的地位與「沙門不敬王者」抗禮王侯的傳統，故意侵
犯帝王權威，武帝不但無可奈何，且承認沙門可以坐上皇帝
的寶座。更有甚者，智藏在梁武帝政教結合政策推行下，不
但未成為積極的贊助者，反而始終站在消極的反對者角色，
不斷的提出各種修正或否定的意見。〈智藏傳〉記載如下：

　　（梁武帝）敬重三寶，利動昏心，澆波之儔，肆情下達。
　　僧正憲網無施於過門。帝欲自御僧官，維任法侶。敕主
　　書遍令許者署名。于時盛哲無敢抗者，皆匿然投筆。後
　　以疏聞藏，藏以筆橫轢之告曰：「佛法大海，非俗人所
　　知。」帝覽之不以介意。斯亦拒略萬乘，季代一人。而
　　帝意彌盛，事將施行於世，雖藏後未同，而敕已先被。
　　晚於華光殿設會。眾僧大集，後藏方至。帝曰：「比見
　　僧尼多未調習，白衣僧正不解律科，以俗法治之傷於過
　　重，弟子暇日欲自為白衣僧正，亦依律立法。此雖是法
　　師之事，然佛亦復付囑國王，向來與諸僧共論，咸言不
　　異，法師意旨如何？」藏曰：「陛下欲自臨僧事，實光顯
　　正法，但僧尼多不如律，所願垂慈矜恕，此事為後。」帝
　　曰：「此意豈欲苦眾僧耶，正謂俗愚過重，自可依律定
　　之，法師乃令矜恕，此意何在？」答曰：「陛下誠意降重

❷ 《續高僧傳》卷五〈智藏傳〉，頁465下–466上。

從輕，但末代眾僧難皆如律，故敢乞矜恕。」帝曰：「請問諸僧犯罪，佛法應治之不？」答曰：「竊以佛理深遠教有出沒，意謂亦治亦不治。」帝曰：「惟見付囑國王治之，何處有不治之說。」答曰：「調達親是其事，如來置之不治。」帝曰：「法師意謂，調達何人？」答曰：「調達乃誠不可測，夫示跡正欲顯教，若不可不治，聖人何容示此。若一向治之，則眾僧不立，一向不治亦復不立。」 帝動容迫停前敕，諸僧震懼，相率啟請。❸

　　根據鈴木啟造的研究，這件「白衣僧正論爭」的時代上限是保誌法師歿後翌年（天監十四年，515），下限是智藏歿年（普通三年，522）❹。起因為有些規避稅、役，或趨勢逐利之徒，遁入寺院為沙門，引起僧團穢惡蕪亂等問題。梁武帝因此想自兼「白衣僧正」管理僧團。武帝首先徵求高僧大德的意見，當時無人敢抗聖旨，皆署名同意此事。祇有智藏不但拒絕簽名，而且橫筆敲打「詔疏」並抗議道：「佛法精義深廣如大海，非俗人居士所能理解。」 強烈的表示佛教世界超然於俗世之外，不是世俗君主所能介入管理的。但是武帝親管僧團的意願頗為強烈，詔敕業已頒佈。武帝為了撫平智藏的抗議，特別在華光殿舉行一次辯論會議，高僧大德多人與會。梁武帝引用佛經的記載，釋迦牟尼佛曾經將「正法」付囑給國王，國王可以治理破戒、毀正法的僧、俗弟子。智

---

❸　同前註，頁466中－下。

❹　鈴木啟造〈梁代佛徒的性格——白衣僧正論爭を通して——〉，《史觀》四十九冊，頁89-92。

藏法師則辯稱「佛理深遠」， 即使佛陀也有「亦治亦不治」
的舉動。智藏且舉佛陀時代惡比丘調達的典故做為說明。調
達曾經謀害佛陀未遂，但佛陀亦不治其罪，因為調達為惡是
一種方便權現「調達乃誠不可測」「示跡正欲顯教」，有其微
妙深遠的理論精義。佛教教團全部依法處斷，則僧眾難以立
足；若不依法處斷，則蕪亂難以久存，這是佛教中微妙深遠
難以拿捏之處，不是帝王身兼「僧王」可以依法領導、管理
的。梁武帝在智藏以佛法義理微妙難解的理論辯證下，為之
動容屈服，而下詔停止實行帝王兼「僧王」的政策。智藏在
與武帝辯論之後，繼續強調佛法中的戒律、義理有其獨立、
自主性，不容帝王的政治性干預。〈智藏傳〉：

> 智藏出，告諸徒屬曰：「國王欲以佛法為己任，乃是（菩
> 薩）大士用心。然衣冠一家，子弟十數，未必稱意。況
> 復眾僧，五方混雜，未易辨明，正須去其甚泰耳。且如
> 來戒律，布在世間，若能遵用，足相綱理，僧正非但無
> 益，為損弘多，常欲勸令罷之，豈容贊成此事。」或
> 曰：「理極如此，當萬乘之怒，何能夷然。」藏笑曰：「此
> 實可畏，但吾年老，縱復阿旨附會，終不長生。然死本
> 所不惜，故安之耳。」後法雲謂眾曰：「（梁武）帝於義
> 理之中，未能相謝，一日之事，真可愧服。」❺

　　梁武帝想以帝王的君權兼任「僧王」的教權來管理教團，
結果遇到很大的阻力。武帝雖援引佛陀付囑國王護持正法的

---

❺　同❷，頁466下。

責任，但是面對智藏所指出的「佛法大海，非俗人所知」的理論前提之下，不得不屈服。佛教中有極為繁複細緻的戒律典籍，也有極為深廣微妙的經論義理，不是憑藉單純的帝王政權或佛陀授權國王的藉口，就可以介入主導教團。由於東晉南朝「沙門不敬王者」的傳統理論，貴族與沙門聲勢不在君權之下的社會現實環境，以及南朝佛教義理、律學等深厚的學術基礎；梁武帝想要主導教團，不得不在政權的應用之外，尋求另一種途徑來達到目的。從佛教義理與戒律的瞭解，進而掌握義理與戒律的解釋權，即通過佛法而指導、規範每一個僧、俗佛弟子，這是最直接、最有效的途徑。梁武帝有別於北朝直接用「皇帝如來」象徵以政權主導教權的型態，而採取在理論上獲得佛法解釋權，即以教義解釋權為主的型態來推行「政教結合」的政策。除了智藏之外，梁武帝的「家僧」靈根寺僧遷(465-523)，也是一位「高自崇遇」的沙門，以事佛自得，看不起邀逢時君的僧侶。《續高僧傳》卷五〈僧遷傳〉：

> 釋僧遷，姓樂氏，襄陽人。……從靈味寺寶亮諮學經論，文理通達，籍甚知名。性方稜不撓，高自崇遇。若非得意，罕所賓接，武帝以家僧引之。……天監十六年夏，帝嘗夜見沙門慧訥。他日因赴會，遷問訥曰：「御前夜何所道。」訥曰：「卿何忽問此。」而言氣甚屬。遷抗聲曰：「我與卿同出西州，俱為沙門。卿一時邀逢天接，便欲凌駕儕黨，我惟事佛，視卿蕈蔑如也。」眾人滿座，訥有慚忒。其為梗正，皆類此也。❻

釋僧遷雖貴為梁武帝的「家僧」，但仍不齒邀逢時君的僧眾，由此可見天監年間沙門抗禮王侯的傳統與聲勢仍然盛行。東晉南朝以來，沙門獨立或凌駕君權之上的政教關係型態，與北朝政權主導或融合教權的型態，兩相對比之下，梁武帝如何衝破東晉南朝的限制，而走向北朝君權占優勢的型態，是一項重大的問題。如何在佛教經典的解釋中，提昇帝王的神聖地位凌駕沙門之上，是一項重大課題。因此，梁武帝在政教關係的發展上，必需通過大規模的佛教經典重編與譯注工作，從而使皇帝地位提昇，在佛學中得到神聖的地位。

第二節　佛教類書的編纂

根據《僧傳》與各種《佛經目錄》資料，梁武帝從天監六年(507)起，應用帝王的政治權力，敕令僧侶或學者從事各種佛典經律論等類聚書的編纂工作。天監末年(519)之後，這種大規模編纂工作大抵完成。

一、釋僧旻編《眾經要抄》

梁武帝敕命僧旻、寶唱等僧侶，擔任佛教經論的分類、整理、編纂等工作，在當時設置經藏的鍾山上定林寺與宮城旁的華林園兩個地方進行。莊嚴寺僧旻出身於孫吳帝室之後，與法雲同學於寶亮法師，梁武帝時也與法雲同樣被禮聘為「家僧」，參與佛教政策的決策工作。光宅法雲與僧旻可說是一對

---

❻　《續高僧傳》卷五〈僧遷傳〉，頁461下。

同年、同事，關係密切的法侶。《續高僧傳》卷五〈僧旻傳〉：

> 釋僧旻，姓孫氏，家于吳郡之富春，有吳開國大皇帝其
> 先也。……與同寺法雲，稟學柔、次、遠、亮四公經論，
> 夕則合帔而臥，晝則假衣而行。……皇梁膺運，乃翻然
> 自遠，言從帝則。以天監五年遊于都輦，天子禮接下筵，
> 亟深睠悅，敕僧正慧超銜詔到房。欲屈與法寵、法雲、
> 汝南周捨等，時入華林園講論道義，自茲已後優位日隆。
> ……因請為家僧，四事供給。又敕於慧輪殿講勝鬘經，
> 帝自臨聽。仍選才學道俗釋僧智、僧晃、臨川王記室東
> 莞劉勰等三十人，同集上定林寺，抄一切經論，以類相
> 從，凡八十卷，皆令取衷於旻。❼

《歷代三寶紀》卷一一：

> 眾經要抄一部并目錄八十八卷，天監七年十一月，帝以
> 法海浩博，淺識窺尋，卒難該究。因敕莊嚴寺沙門釋僧
> 旻等，於定林上寺輯撰此部，到八年夏四月方了，見寶
> 唱錄。❽

《續高僧傳》卷一〈寶唱傳〉：

---

❼ 《續高僧傳》卷五〈僧旻傳〉，頁461下–462下。

❽ 隋・費長房《歷代三寶紀》卷一一，《大正藏》四十九冊，頁99
上。

天監七年，帝以法海浩汗，淺識難尋，敕莊嚴僧旻，於
定林上寺，讚眾經要抄八十八卷。……並唱奉別敕，兼
贊其功，綸綜終始，輯成部帙。❾

梁武帝敕命僧旻領銜與敕選才學的僧俗之士：僧智、僧
晃、劉勰等三十人，還有奉別敕的寶唱輔助之下，從天監七
年十一月開始至八年四月為止，在上定林寺抄一切經論，以
類相從，編纂成《眾經要抄》八十卷、目錄八卷。《眾經要
抄》是梁武帝首次敕命三十餘人，就現行的一切經論加以分
類、整理、編纂的第一部類書。

鍾山上定林寺創建於宋元嘉十二年(435)，宋齊時代成為
研究《成實論》的佛教中心，尤其僧柔駐錫於此更教導出法
雲、僧旻、智藏等梁代著名的三大成實論師❿。齊永明十年
(492)，釋僧祐搜集佛教經籍，於定林上寺造立經藏。僧祐在
劉勰等人協助下，根據這部經藏撰成《出三藏紀集》、《法苑
記》、《世界記》、《釋迦譜》及《弘明集》等八大部佛教典籍。
由於上定林寺有這部經藏，也就成為梁武帝整理、分類、校
訂、編纂佛教經論等書的中心⓫：

二、釋寶唱編「佛教國家」的宗教儀典

梁武帝除了敕命僧旻主持《眾經要抄》的編纂以外，又

---

❾ 《續高僧傳》卷一〈寶唱傳〉，頁426下。

❿ 參見春日禮智〈南齊上定林寺僧柔について〉，頁214–217。

⓫ 參見大內文雄〈南朝梁の定林寺と眾經要抄について〉，僧祐法
　　師所編撰的八大部佛教典籍，參見第三章第四節。

敕命寶唱(-465-531-)編纂各種佛教經論的類聚書。《續高僧傳》卷一〈寶唱傳〉：

> 釋寶唱，姓岑氏，吳郡人。年十八，投僧祐律師而出家焉。祐江表僧望，多所著述，具如前傳紀之。唱即始陶津，經律諮稟，承風建德，有聲宗嗣。……天監四年便還都下，乃敕為新安寺主。（梁武帝）以時會雲雷，遠近清晏。風雨調暢，百穀年登。豈非上資三寶、中賴四天、下藉神龍。幽靈協贊，方乃福被黔黎，歆茲厚德。但文散群部，難可備尋。下敕令（寶）唱總撰集錄，以擬時要。或建福禳災，或禮懺除障，或饗接鬼神，或祭祠龍王，部類區分，近將百卷。八部神名，以為三卷。包括幽奧，詳略古今。故諸所祈求，帝必親覽。指事祠禱，多感威靈。所以五十許年，江表無事，兆民荷賴，緣斯力也。⓬

　　釋寶唱是僧祐律師的弟子，承繼乃師的編撰佛典事業，在梁武帝的敕任之下，編撰各種佛典，而以「建福」、「禮懺」、「祭祠」等類典籍為最。隋・費長房《歷代三寶記》有關寶唱的著作如下：《經律異相》一部並目錄五十五卷，天監十五年敕撰。《名僧傳》並目錄三十一卷。《眾經飯供聖僧法》五卷，亦（天監）十五年。《眾經目錄》四卷，十五年。《眾經護國鬼神名錄》三卷，十五年。《眾經諸佛名》三卷，十六年。《眾經擁護國土諸龍王名錄》三卷，十六年。《眾經

⓬　《續高僧傳》卷一〈寶唱傳〉，頁426中-下。

懺悔滅罪方法》三卷、或四卷，十六年，並見《寶唱錄》。右
八部合一百七卷❸。

　　祭祠佛經中的護國鬼神、龍王，似乎與中國傳統帝王於
南北郊祭祠天帝、鬼神，有類同之處。《隋書》卷六〈禮儀
志〉：

> 梁南郊，為圓壇，在國之南。常與北郊間歲（而祭）。正
> 月上（梁武帝）辛行事，用一特牛，祀天皇上帝之神於
> 其上，以皇考太祖文帝配。禮以蒼璧利幣。五方上帝、
> 五官之神，皆從祀。北郊，為方壇於北郊。與南郊間歲。
> 正月上辛，以一特牛，祀后地之神於其上，以德后配。
> 禮以黃琮制幣。五官之神，皆從祀。❹

　　梁武帝敕令釋寶唱編撰《眾經飯供聖僧法》、《眾經護國
鬼神名錄》、《眾經諸佛名》、《眾經擁護國土諸龍王名錄》、《眾
經懺悔滅罪方法》等做為各種宗教性的「建福禳災」、「禮懺
除障」、「響接鬼神」、「祭祠龍王」等法會儀式的依據。梁武
帝也按照中國傳統帝王祭祠皇天上帝、五官上帝、日、月、
星、風、雨、雷電、山、川等神祇，不但循規蹈距的禮拜，
且多所創制。《隋書·禮儀志》詳記梁武帝與博士明山賓、
儀曹郎朱异、太祝、左丞等討論有關祭祠禮儀的細節，而且
天監十一年，敕修成《五禮》合八千一十九條的巨著，可見

---

❸　隋·費長房《歷代三寶記》卷一一，《大正藏》四十九冊，頁99
　　中。

❹　唐·魏徵等撰《隋書》卷六〈禮儀志〉，頁108。

他對祭祠等禮儀之重視 ⓯。釋寶唱是一位專精佛典，且博通經、史、莊、易等俗書的學者 ⓰。吾人似乎可以認為，釋寶唱是梁武帝執行國家宗教性祭典的主要襄贊者之一。梁武帝的國家宗教祭典之內容，包含中國傳統禮天地敬鬼神的習俗或儀式，也包含印度宗教的信仰與儀式。梁武帝運用政治權力，敕命僧侶分類、編纂印度佛教經典中有關各種祭祠的對象（佛、龍王、鬼神）、儀式方法（懺悔滅罪方法），藉以「建福禳災」、「禮懺除障」，獲得「三寶」、「四天王」、「神龍」等的庇祐，達到「風雨調暢，百穀年登」，「江表無事，兆民荷賴」的民生富裕、國家安定的效果。梁武帝綜合運用中國與印度的宗教祭祠儀禮，這種國家宗教祭典是政教結合政策的一部分，也是中印文化融合的具體表現。那麼，梁武帝敕命寶唱重編佛典中的祭祠部分，這在整個政教結合政策中，無疑的居於積極性、建設性的地位。可惜這些典籍業已散佚，後人無法進一步了解梁武帝敕命寶唱重編佛典的祭祠部分，在整個政教結合政策中的意義，以及中印文化融合等更深入的問題。

三、釋寶唱編《續法輪論》、《法集》與《眾經目錄》

《續高僧傳》卷一〈寶唱傳〉：

⓯　詳見《隋書》卷六、七〈禮儀志〉，《梁書》卷二、三〈武帝紀〉，《資治通鑑》卷一四七〈武帝天監十一年條〉。

⓰　《續高僧傳》卷一〈寶唱傳〉，頁426中。

（梁武）帝以佛法沖奧，近識難通。自非才學，無由造極。又敕（寶唱）自大教東流，道門俗士，有敘佛理著作弘義，並通鳩聚，號曰續法輪論，合七十餘卷。使夫迷悟之賓，見便歸信，深助道法，無以加焉。又撰法集一百四十卷，並唱獨斷專慮，纘結成部，既上親覽，流通內外。十四年，敕安樂寺僧紹撰華林佛殿經目，雖復勒成，未愜帝旨。又敕唱重撰。乃因紹前錄，注述合離，甚有科據，一愜四卷，雅愜時望。遂敕掌華林園寶雲經藏，搜求遺逸，皆令具足。備造三本，以用供上。**⑰**

　　梁武帝除了敕命寶唱編撰佛經中的祭祠部分之外，也敕令他再編撰《續法輪論》七十餘卷、《法集》一百四十卷。《續法輪論》七十餘卷，收編佛教流傳中國以來各個僧侶、居士有關佛教義理的專門性論著。《法集》一百四十卷，主要由寶唱纘結成部，但此書已佚，且無其他資料佐證，其內容無由知曉。《續法輪論》、《法集》皆已佚失，但從惟一的〈寶唱傳〉資料中，仍可以推測出一些端倪。這兩部書都是梁武帝敕命寶唱編纂而成的，主要內容是佛教義理類別，或按作者的專論類別，分類編纂成的佛理論集。這兩部書的目的，在使非佛教徒的一般人，經由這些佛典義理論集的閱讀，進而信仰深入研究達到佛法中最究極的境界。梁武帝以帝王的政治權力，敕命佛教教團的僧侶編纂佛教義理論集，引導更多的人深入佛教道法之中。梁武帝的政權結合了佛教義理體系，教導國民進入佛教領域之中，吾人可以認為他在使國

---

⑰ 同前注，頁426下。

家佛教化,而他本人扮演著這個佛教化的國家之唱導者的重要角色。天監十四年(515),梁武帝敕命安樂寺僧紹,就華林園華林殿所收藏的佛經,撰成《華林佛殿眾經目錄》四卷❶。但是這部佛經目錄不合武帝的意旨,武帝又敕命寶唱重編。寶唱根據僧紹的《華林佛殿眾經目錄》四卷,加以注解、敘述提要分類重編成為《眾經目錄》四卷,深獲時人的肯定與讚譽。這部《寶唱錄》雖已佚失,但仍有部分保留在後代《經錄》的引用之中❶。「佛經目錄」的編纂,還要梁武帝親自下令寶唱重新分類、注解、提要,可見武帝對於佛教典籍的編撰重視之程度。

從〈寶唱傳〉的記載中,梁武帝敕令寶唱掌管華林園的「寶雲經藏」, 而且要經常的、不斷的搜集佛教遺逸經典,使達到完備具足的地步。「寶雲經藏」在宮城旁的華林園中,以梁武帝的政治力量從事搜集、典藏佛教典籍的工作,它的藏書之質與量,必定凌駕國內其他各地的「經藏」之上。梁武帝的佛典編撰工作,從天監初年的鍾山上定林寺,到天監末年已經轉移到皇宮旁的華林寶雲僧省。「寶雲經藏」可以說是「國立佛教圖書館」,是梁代收藏佛典最多、最完備的地方。梁武帝要求「寶雲經藏」的目錄隨時編造三份以供他使用,由此可見他對佛典知識的掌握之完備了。

---

❶　《華林佛殿眾經目錄》四卷,詳見《歷代三寶紀》卷一一,頁99中。

❶　參見《歷代三寶紀》卷一一,頁99中;《大正藏》五十五冊,〈目錄部〉,各家經錄的注解引用條目。

四、釋智藏編《義林》

梁武帝除了擁有最新最完備的佛教典籍之類書與目錄之外，還敕令編纂類似「佛教哲學辭典」的《義林》八十卷。《歷代三寶紀》卷一一：

> 義林八十卷，普通年敕開善寺沙門釋智藏等二十大德撰。但諸經論有義例處，悉錄相從，以類聚之。譬同世林，無事不植。每大法會，帝必親覽，以觀講論。賓主往還，理致途趣，如指掌也。 [20]

開善智藏(458-522)雖然反對梁武帝兼任「白衣僧正」的「僧王」來管理僧團，但是卻在武帝敕命之下，率領二十位佛教大德編撰《義林》八十卷。《續高僧傳・智藏傳》未記載此事，而〈寶唱傳〉則云：「天監七年，……又敕開善智藏，纘眾經理義，號曰義林，八十卷。」[21]《義林》著作時間已無從查考，最早不會超過天監七年(508)，最晚也不會晚於普通三年(522)。《義林》已佚失，其主要內容可能是將佛教經論中各種主要的義理分門別類，再按照義理出現的時代先後，一條一條的歸納編纂而成。《義林》可能是一部最早的「中國佛教哲學義理辭典」。梁武帝每次在大法會上，必定帶在身旁隨時查閱，便於佛法義理講述、論辯之進行。

---

[20] 《歷代三寶記》卷一一，頁100上。

[21] 《續高僧傳》卷一〈寶唱傳〉，頁426下。

五、虞闡編《佛記》

根據沈約(441-513)〈佛記序〉的記載，梁武帝敕令虞闡、到溉(477-548)、周捨(469-524)編撰《佛記》三十篇。《廣弘明集》卷一五，沈約〈佛記序〉：

> （武帝）詔中書侍郎虞闡、太子洗馬到溉、後軍記室周捨，博尋經藏，搜採注說，條別派分，各以類附。日少功多，可用辨此，名曰佛記，凡三十篇。㉒

《佛記》三十篇已佚失，根據〈佛記序〉祇能大致推測其內容大要：

> （釋迦）適道已來，四十九載。妙應事多，宜加總輯，共成區畛。至於經像舊錄，境剎遺記，開勸之功，於斯自遠。大權弘曠，亡身以濟物。應真耿介，標心非為己。分蹤或異，適末必同。神塗詭互，難以臆辯。靈怪倜儻，言語斯絕。（佛）圖澄之龍見趙魏，（鳩摩）羅什之鳳集關輔，揵陀近遊京洛，單開遠適羅浮。雖跡與俗同，而意無可察。塗出玉門、法座不遠。七處九會，峨然在目。靈應盼響，遍富延澤以西。光景葳蕤，多見天山之表。有志奇僧每經遊歷。神跡昭然，咸有文注。繁蕪舛雜，實須裁整。分五道於人天，設重牢於厚地。各隨業力，

的焉不差。此皆卷舒真俗，終始名相。其聖塗玄遠，大則直至道場。其徵證切近，小則開勸晚學、斯實兼濟之方舟，大悲之廣路。……其有感應之流，事類相似，止取其一，餘悉不書。❷❸

《佛記》三十篇，博尋經藏，搜採注說之後，再分類編撰而成。本書可能以「佛陀」為中心，編纂有關佛教宏傳的事蹟，輯成三十篇大著。《佛記》至少包含以下幾類：①釋迦佛傳道四十九年的事蹟。②佛經、佛像、寺院的記錄。③佛圖澄、鳩摩羅什等高僧的傳記。④來往於印度、西域、中國的僧侶傳記。⑤天、人、畜生、餓鬼、地獄等五道眾生業報情形。⑥感應事蹟等類。〈佛記序〉也敘述梁武帝編撰本書的動機與目的：

皇帝行成無始，道承曠劫。十號在躬，三達靡礙。屈茲妙有，同此轉輪。傷昏愍惑，久迷正路。悱發之徒，空懷鑽仰。條流緬曠，事難總一。志淺業勞，迂用無就。非所以關彼四衢，出之火宅者也。……若夫欲遲適者，必遠記所從。欲悟道者，必妙識所宗。然後能允得其門，親承音旨。未有不知厥路，莫辨伊人，膠目闇踐，自與理合。所以引彼眾流，歸之一源。可令莘莘含識，望塗知往。案砥矢而言歸，不迴遑於岐路。俾厥清信之士，亦有取於此云。❷❹

---

❷❸ 同前注，頁201上-中。

❷❹ 同前注。

梁武帝希望人們能藉著《佛記》一書的指引，避開岐路，跳出三界火宅，直接悟入佛法。武帝在周捨等三人編成本書後，不滿意虞闡數次改作的序，而重令當時的元老重臣沈約作序，可見他對此書重視的程度❷。沈約卒於天監十二年（513），本書當完成於此年之前。

六、釋寶唱編《經律異相》

從以上梁武帝敕命的僧旻、寶唱、智藏等僧侶，各率領二、三十人所編纂的各種佛教典籍的「類書」、「目錄」、「辭典」等大規模的工作，可以看出武帝整理、編撰佛典的態度之謹慎與認真。可惜這些典籍皆已佚失，無法了解梁武帝以帝王之尊，重新整理佛典的目的與意義。但是，彌足珍貴的是，在這一類佛教經論重編、整理的大事業中，留下碩果僅存的《經律異相》五十卷。《經律異相》使後人有幸得以窺探梁武帝初年大規模的佛教經論編撰事業的過程、架構與深層意義。梁·沙門僧旻、寶唱等集《經律異相·序》：

　　如來應跡投緣，隨機闡教。兼被龍鬼，匪直天人。化啟

---

❷ 沈約〈佛記序〉：「敕云，去歲令虞闡等撰佛記，並作序。序體不稱，頻治改猶未盡致。尋佛教因三假以寄法，籍二諦以明理。達相求宗，不著會道。論其旨歸，似未至極。乃不應以此相煩。亦是一途善事。可得為厝筆。不以故指敕。闡等結序末體又似小異。」臣約言：「佛記序今謹以上呈，詞義無取，伏懷自惡，謹啟。」敕云：「記序始得看，今敕繕寫流布。」頁220下。

憍陳，道終須跋。文積巨萬，簡累大千。自西徂東，固
難得而究也。若乃劉向校書，玄言久蘊。漢明感夢，靈
證彌彰。自茲厥後，傳譯相繼。三藏奧典，雖已略周，
九部雜言，通未區集。皇帝同契等覺，比德遍知。大弘
經教，並利法俗。廣延博古，旁採遺文。於是散偈流章，
往往復出。今之所獲，蓋益多矣。聖旨以為，像正侵末，
信樂彌衰。文句浩漫，尠能該洽。以天監七年，敕釋僧
旻等，備鈔眾典。顯證深文，控會神宗。辭略意曉，於
鑽求者已有太半之益。但希有異相，猶散眾篇。難聞秘
說，未加標顯。又以十五年，敕寶唱鈔經律要事，皆使
以類相從，令覽者易了。又敕新安寺釋僧豪、興皇寺釋
法生等，相助檢讀。於是博綜經籍，擇採秘要。上詢神
慮，取則成規，凡為五十卷，又目錄五卷。分為五秩，
名為經律異相。將來學者，可不勞而博矣。❷

僧旻、寶唱等集《經律異相・序》中，明確的記載梁武
帝天監年間，重編佛教典籍的重要工作性質，其要點歸納如
下：

(1)釋迦牟尼闡揚的教理，不只針對凡人，且兼被龍鬼等
眾生。佛教經典傳譯到中國，部帙甚廣且大略齊備，但尚未
完整的分類編輯。本書為第一次編輯，為最完備的綜合類書。

(2)梁武帝大弘經典教義，對於僧、俗等佛教徒帶來許多
利益。尤其搜集殘卷，不遺餘力，使佛教典籍更為完備。《經
律異相》是在這種完備的佛典基礎上編纂而成的。

---

❷ 《經律異相・序》，《大正藏》五十三冊，頁1。

⑶梁武帝天監七年，敕命僧旻等三十人編撰《眾經要抄》八十八卷。《眾經要抄》完備的參閱一切經典之後，擇要抄出可以「顯證深文」、「控會神宗」的經文，並且力求文字的「辭略意曉」，使鑽求者有事半功倍之效益。這是《經律異相》的雛型或藍本。

⑷但是，梁武帝認為《眾經要抄》仍然遺漏了許多的「希有異相」，而且沒有明顯的標示，因此一般人難以理解佛教的「秘說」。因此，天監十五年又敕寶唱抄一切經律的「要事」且分門別類編纂成書。又敕釋僧豪、釋法生等人協助檢讀校對，完成《經律異相》一書。

⑸《經律異相》是依據梁武帝的「神慮」，僧侶「取則成規」之後，博綜佛教流傳的經籍，擇採「秘要」而完成的。

由以上的分析，梁武帝從《眾經要抄》到《經律異相》的完成，是一項頗具規模且有完備計劃的工程。如果詳盡的研究《經律異相》的編輯架構，以及引用的細目摘要，必能獲知梁武帝重編佛典的旨趣與秘要。從而理解梁武帝政教結合政策的理論基礎之一部分，也能推測「皇帝菩薩」理念與「佛教國家」理想的部分內涵。詳見第七章第二節第三項。

第三節　戒律的編定與敕撰《菩薩戒法》

一、戒律的編定與《出要律儀》

梁武帝除了佛典經論的重編之外，對於佛法修行的軌範，行為的準則之「律藏」與「戒律」，也敕命僧侶加以分類整

理。《續高僧傳》卷六〈明徹傳〉：

> 釋明徹，姓夏，吳郡錢唐人。六歲喪父，仍願出家。
> ……齊永明十年，竟陵王請沙門僧祐，三吳講律。……
> 徹因從祐受學十誦。隨出揚都，住建初寺。自謂律為繩
> 墨，憲章儀禮，仍遍研四部，校其興廢，當時律辯，莫
> 有能折。……梁武帝欽待不次，長名進于內殿。家僧資
> 給、歲序無爽。帝以律明萬行，條章富博。願撮聚簡要，
> 以類相從。天監末年，敕入華林園，於寶雲僧省，專功
> 抄撰。……以其鳩聚將成，忽遘疾沉積。於壽光殿移還
> 本寺（卒）。❷

　　釋明徹(?-522)於齊永明十年(492)，追隨當時的律學大師
釋僧祐學習《十誦律》。因此研熟《律藏》，成為「律學」的
權威。梁武帝禮聘明徹為「家僧」，請他在華林園寶雲僧省，
根據「寶雲經藏」的藏書，從事《律藏》的分類編纂工作。
武帝認為戒律是佛教一切修行的根本，但是戒條章法繁複廣
博，希望明徹能「撮聚簡要，以類相從」重編一部簡要的律
典，以便於佛教徒行持的憑藉。可惜，明徹律師的整理編纂
工作尚未完成就得病死亡。吾人無法得知這部《律藏》分類
重編的典籍，是否續編，傳世與否？此外，梁武帝也敕命都
邑僧正釋法超，襄助編撰《出要律儀》一書。《續高僧傳》
卷二一〈法超傳〉：

---

❷　《續高僧傳》卷六〈明徹傳〉，頁473上-下。

> 釋法超，姓孟氏，晉陵無錫人。十一出家住靈根寺。……
> 從安樂寺智稱，專攻十誦，致名命家。語其折衷者，數
> 過二百。自稱公歿後，獨步京邑。……（梁武）帝謂律
> 教乃是像運攸憑，覺慧階漸，治身滅罪之要，三聖由之
> 而歸，必不得門，如閉目夜行，常懼蹈諸坑塹，欲使僧
> 尼於五篇七聚，導意奬心。以（法）超律學之秀，敕為
> 都邑僧正。庶其弘扇有徒，儀表斯立。武帝又以律部繁
> 廣，臨事難究。聽覽餘隙，遍尋戒檢，附世結文，撰為
> 一十四卷，號曰出要律儀。以少許之詞，網羅眾部，通
> 下梁境，並依詳用。❷⑧

　　釋法超(456-526)從當時的律學大師智稱(430-501)學習
《十誦律》。 釋智稱卒後，法超成為建康首都地區的律學權
威，被梁武帝禮聘為「都邑僧正」掌管僧尼的戒律行持。梁
武帝認為「戒律」是佛教的根本，成佛的主要途徑。但是，
《律藏》繁廣，遇到犯戒與否的事實問題，也難以究明與應
用。因此，武帝處理政務國事的閒暇之時，遍尋戒條律藏，
編撰成簡明扼要的《出要律儀》一十四卷，通令梁國境內佛
教徒遵循使用。《出要律儀》已佚，無法查考其內容與編輯
者。《出要律儀》似乎從廣博的《律藏》中舉出重要的禮儀
規條，而這些編定的重要律儀規條是在網羅參考眾多的《律
藏》典籍之後，用簡明扼要的文詞加以寫定的。有關《出要
律儀》的閱讀資料、歸納分類，參考當世的習俗纂結寫定為
簡明扼要的律儀規條，似乎不是日理萬機的皇帝自力獨立完

<hr>

❷⑧　《續高僧傳》卷二一〈法超傳〉，頁607上。

成的。這部《出要律儀》在〈法超傳〉的傳文中敘述,似乎法超是這件工作的主要參與者。《歷代三寶紀》未著錄此書,但是《大唐內典錄》卻登錄《出要律儀》二十卷為寶唱奉詔所撰❷。也許《出要律儀》的編撰,是由梁武帝親自規劃主持,由法超、寶唱等人襄助完成。

二、敕撰《在家出家受菩薩戒法》

梁武帝時代《律藏》的重新整理、編撰的典籍大抵散失。但是,竟然在敦煌石窟中保留了一卷有關的《敦煌寫經・出家人受菩薩戒法卷第一》。這部《寫經》現藏於法國巴黎國民圖書館,編目為「伯希和第二一九六號」。土橋秀高於1968年將這部殘卷加以校讀整理,並將全文刊於日本龍谷大學佛教學會編《佛教文獻の研究》❸。本書根據這一部校正後的伯希和第二一九六號《出家人受菩薩戒法》加以說明,以下簡稱為《菩薩戒法》。《菩薩戒法》卷尾跋文:

> 出家人受菩薩戒法卷第一,大梁天監十八年歲次己亥夏五月,敕寫,用紙廿三枚,戴崩桐書,畢公之讀,瓦官

---

❷ 《大唐內典錄》卷四,頁266下。

❸ 土橋秀高〈ペリオ本「出家人受菩薩戒法」について〉,龍谷大學佛教學會編《佛教文獻の研究》,昭和四十三年,頁93–148。本書將伯希和第二一九六號〈出家人受菩薩戒法〉校讀後,並將全文編列行數,冠在每行之首。本文引用的文字部分,依照此本編訂的行數。黃永武《敦煌寶藏》第一一六冊,也收有這篇殘卷,但字跡模糊。臺北,新文豐公司出版。

寺釋慧明奉持。❸

　　天監十八年(519)四月八日，梁武帝從慧約國師受菩薩
戒❸。這部《菩薩戒法》是梁武帝受菩薩戒的翌月（五月）
敕寫的，而奉持的僧侶是瓦官寺釋慧明。釋慧明是唱導法師
道照的弟子，師徒擅長讀誦佛典，享盛名於宋齊梁三世。瓦
官寺慧明也是梁武帝舉辦「斷酒肉」法會的都講，並向僧尼
大眾宣讀武帝的《斷酒肉文》❸。

　　根據諏訪義純的論證，《出家人受菩薩戒法卷第一》是
梁武帝撰《在家出家受菩薩戒法》一書的一部分殘卷。著作
的時間約於天監十一年(512)至天監十八年(519)間❸。這本戒
法所徵引的經典有姚秦・鳩摩羅什譯《梵網經》、《發菩提心
經論》、《華手經》、《大智度論》、《般若波羅蜜經》；劉宋・
僧伽跋摩譯《摩得勒伽經》；劉宋・求那跋摩譯《菩薩善戒
經》；劉宋・求那跋陀羅譯《勝鬘經》；劉宋・曇無密多譯《觀

---

❸　土橋秀高〈ペリオ本「出家人受菩薩戒法」について〉，頁148。

❸　《續高僧傳》卷六〈慧約傳〉，頁469中。

❸　百官寺慧明為道照弟子，見《高僧傳》卷一三〈道照傳〉。宣讀
　　《斷酒肉文》詳見《廣弘明集》卷二六《斷酒肉文》，《大正藏》
　　五十二冊，頁294–303。又見拙作〈梁武帝的君權思想與菩薩性
　　格初探──以「斷酒肉文」形成的背景為例〉，《師大歷史學報》
　　第十六期，頁1–36。

❸　諏訪義純〈梁天監十八年敕寫「出家人受菩薩戒法卷第一」試
　　論〉，《敦煌古寫經》，頁85–92。又氏著〈敦煌本「出家人受菩薩
　　戒法卷一序一」について〉，《禪研究所紀要》第一期，頁55–63。

普賢行經》；南齊・僧伽跋陀羅譯《善見律毗婆沙》；北涼・曇無讖譯《優婆塞戒經》、《地持經》、《涅槃經》、《大集經》等多種經典。又《菩薩戒法》序：

> 世間所傳菩薩戒法，似欲依二經（梵網經、地持經），多附小乘行事。撰菩薩戒法，乃有多家，鳩摩羅什所出菩薩戒法，高昌曇景口所傳受菩薩戒法。羅什是用梵網經，高昌云彌勒所集（地持經）。亦梵網經，長沙寺玄暢所撰菩薩戒法。京師亦有依優婆塞戒經撰菩薩戒法。復有依瓔珞本業經撰菩薩戒法。復有依觀普賢行經撰菩薩戒法。粗是所見，略出六家。譬共入水，求流離珠，各隨所得，歡喜受持。世行已久，不復詳論。今所撰次，不定一經。隨經所出，採以為證。於其中間，或有未具，參以所聞，不無因緣，不敢執己懷抱，妄有所作。唯有撰次，是自身力集，為在家出家受菩薩戒法。㉟

梁武帝的《菩薩戒法》徵引十四種佛經，又參考六種《菩薩戒法》，可見編撰此戒法應當詳盡使用了當時所能搜集到的有關資料。《菩薩戒法》在參閱資料，採證各種戒本的過程中，似乎有其他的僧侶參與襄助。《續高僧傳》卷六〈慧約傳〉：

> 釋慧約，字德素。姓婁，東陽烏場人也。祖世蟬聯東南冠族。……留心方等，研精九部，皆蘊匱胸襟，陶鎣懷

㉟ 《菩薩戒法》，第61–73行。

抱。顯說弘通,當仁不讓。劬勞汲引,隆益群品。皇帝
斲彫反樸,信無為道,發菩提心,搆重雲殿。以戒業精
微,功德淵廣。……帝乃博採經教,撰立戒品。條章畢
舉,儀式具陳。**㊱**

《續高僧傳》卷六〈慧超傳〉:

> 天監年中,帝請為家僧,禮問殊積。初戒典東流,人各
> 傳受,所見偏執,妙法猶漏。皇明御寓,掇採群經。圓
> 壇更造,文義斯搆。事類因果,於此載明。有詔令超受
> 菩薩戒。**㊲**

《續高僧傳》卷五〈法雲傳〉:

> 帝抄諸方等經,撰受菩薩法,搆等覺道場。請草堂寺慧
> 約法師以為智者,躬受大戒,以自莊嚴。**㊳**

　　《續高僧傳》的慧約、慧超、法雲等傳,皆載明梁武帝
博採經典,撰《受菩薩法》。因此,這部《菩薩戒法》的編
撰,可能慧約、慧超、法雲等人也襄贊其事。尤其釋明徹在
「寶雲僧省」,專責抄撰律要,其襄助武帝撰成《菩薩戒法》
的可能性最大。

㊱　《續高僧傳》卷六〈慧約傳〉,頁468下–469中。

㊲　《續高僧傳》卷六〈慧超傳〉,頁468上。

㊳　《續高僧傳》卷五〈法雲傳〉,頁464下。

梁武帝博採經律、各家戒本所編成的這部《在家出家受菩薩戒法》，雖然祇流傳《出家人受菩薩戒法卷第一》的殘卷，但仍然為我們保留當代律藏重編工作的部分成果。《菩薩戒法》共分九節：序一、方便二、請戒三、羯磨四、受攝大威儀戒法五、供養三寶戒六、攝善法戒七、攝眾生戒八、略說罪相九。《菩薩戒法》的九節內容，詳細說明受菩薩戒的理論、戒場佈置、儀式過程、作法、戒律條文及持犯等罪法。從《菩薩戒法》及相關文獻的研究，可以理解梁武帝政教結合政策在戒律方面的重要理論基礎，也可以掌握《皇帝菩薩》理念的菩薩戒行以及「佛教國家」形成的重要因素。

第四節　佛經的翻譯與注解

一、《阿育王經》等佛典的翻譯

梁武帝天監初年，從事佛經的翻譯工作，為數也不少。根據《歷代三寶紀》的著錄，計有《寶雲經》七卷，《法界體性無分別經》二卷，《文殊般若波羅蜜經》二卷，《阿育王經》十卷，《孔雀王陀羅尼經》二卷，《文殊師利問經》二卷，《度一切諸佛境界智嚴經》一卷，《菩薩藏經》一卷，《文殊師利所說般若波羅蜜經》一卷，《舍利弗陀羅尼經》一卷，《八吉祥經》一卷，《十法經》一卷，《解脫道論》十三卷，《阿育王傳》五卷等十四種❸。其中以《阿育王經》的翻譯最為恭敬慎重。《續高僧傳》卷一〈僧伽婆羅傳〉：

---

❸　《歷代三寶紀》卷一一，頁98中。

僧伽婆羅，扶南國人也。……大梁御寓，搜訪術能。以
天監五年，被敕徵召於揚都壽光殿、華林園、正觀寺、
占雲館、扶南館等五處傳譯，訖十七年，都合一十一部，
四十八卷。即大阿育王經、解脫道論等是也。初翻經日，
於壽光殿，武帝躬臨法座，筆受其文，然後乃付譯人，
盡其經本。敕沙門寶唱、慧超、僧智、法雲及袁曇允等，
相對疏出。華質有序，不墜譯宗。天子禮接甚厚，引為
家僧，所司資給，道俗改觀。❹

《歷代三寶紀》：

阿育王經十卷，天監十一年六月二十六日於揚都壽光殿
譯，初翻日，帝躬自筆受，後委僧正慧超合繼訖，見寶
唱錄。❹

　　西晉・安法欽譯《阿育王傳》七卷，留傳至今❹。梁武
帝還敕請扶南沙門僧伽婆羅重譯，而且於天監十一年(512)六
月二十六日初翻經日，親自筆受，再交給僧正慧超等人，譯
成《阿育王經》十卷。參與《阿育王經》翻譯工作的還有寶
唱、僧智、法雲、袁曇允等人。梁武帝的八大家僧中，僧伽

---

❹　《續高僧傳》卷一〈僧伽婆羅傳〉，頁426上。

❹　《歷代三寶紀》卷一一，頁98中。又見《大唐內典錄》卷四，頁
　　265下。以《阿育王經》為第二次翻譯本。

❹　西晉・安法欽譯《阿育王傳》七卷，《大正藏》五十冊，頁99–131。

婆羅是唯一的外國沙門。從以上梁武帝親自筆受，以及敕命
家僧、僧正等高級僧侶參與《阿育王經》的翻譯工作，可見
武帝對本經的重視程度。梁武帝的政教結合政策，似乎遵循
阿育王政教結合的典型，而且即位初年以後，許多隆重的阿
育王崇拜法會等行動，也似乎意謂著武帝以「阿育法王」自
居。《阿育王經》以及有關阿育王崇拜❸，似乎構成梁武帝「皇
帝菩薩」理念的重要因素之一，也是形成其「佛教國家」的
重要典範，詳見第七章。

二、《大般涅槃經》集解與「佛教國家」的佛
##　　學基礎

　　梁武帝天監年間，除了整理、編撰、翻譯佛教經律論等
典籍之外，更重要的是從事《大般涅槃經》與《摩訶般若波
羅蜜經》的集解、注疏等工作。《涅槃》與《般若》是佛教
的兩部重要經典，這兩部經的集解、注疏對於當時乃至整個
中國佛教思想的演變上，深具承先啟後的作用。《續高僧傳》
卷一〈寶唱傳〉：

　　　天監七年，帝以法海浩汗，淺識難尋。……敕建元僧朗，
　　　注大般涅槃經七十二卷，並唱奉別敕，兼贊其功。綸綜
　　　終始，緝成部帙。❹

---

❸　詳見梁‧僧伽婆羅譯《阿育王經》十卷，《大正藏》五十冊，頁
　　131–170。

❹　《續高僧傳》卷一〈寶唱傳〉，頁426下。

《歷代三寶紀》卷一一：

> 大般涅槃子注經七十二卷，天監初，敕建元寺沙門釋法
> 朗注，見寶唱錄。❹

《大唐內典錄》卷四：

> 大般涅槃子注經七十二卷，天監年初，建元寺沙門釋法
> 朗注，見寶唱錄。❻

《續高僧傳》卷五〈僧韶傳〉：

> 建元寺又有法朗，兼以慧學知名。本姓沈氏，吳興武康
> 人。家遭世禍，因住建業。大明七年(463)與兄法亮，被
> 敕紹繼慧益出家。……朗稟性疏率，不事威儀。聲轉有
> 聞，義解傳譽。集注涅槃，勒成部帙。而言謔調笑，不
> 擇交遊。高人勝己，見必齒錄。並卒于天監中。❼

　　《大正藏》三十七冊〈經疏部〉收錄《大般涅槃經集解》
七十一卷，本書未注明編者，但目錄上卻記載「梁‧寶亮等
輯」❽。根據藤本賢一〈「大般涅槃經集解」の編者について〉

---

❹　《歷代三寶紀》卷一一，頁99中。

❻　《大唐內典錄》卷四，頁266下。

❼　《續高僧傳》卷五〈僧韶傳〉，頁460中。

❽　《大正藏》三十七冊《大般涅槃經集解》，頁377–611。

的考證與比較，認為宇井伯壽博士所推定的建元寺法朗，應為本集解的編者，而梁·寶亮等輯為誤寫❹。換句話說，梁武帝敕撰的《大般涅槃子注經》七十二卷就是流傳至今的《大般涅槃經集解》七十一卷，所缺一卷可能是總目，而書名稍易與編者誤植，當是版本傳抄日久之衍誤。建元僧朗、建元寺沙門釋法郎、建元寺法朗當為同一人，即建元寺法朗。根據上引的《僧傳》與《經錄》，藤本賢一推定本集解編輯的時間約為天監八年(509)至天監十七年(518)之間。

法朗有「慧學知名，義解傳譽」的學識基礎，兼具「稟性疏率」的個性，在集注《涅槃經》時又以「高人勝己，見必齒錄」的編輯方針，也可能在當時佛典的主要編撰者寶唱之協助下，完成這部《大般涅槃子注經》七十二卷的巨著。根據菅野博史對這部集解的研究，共收錄有道生、僧亮、法瑤、曇濟、僧宗、寶亮、智秀、法智、法安、曇准、曇愛、慧朗、曇纖、僧肇、慧基、智藏、法雲、道慧、明駿等人，有關《涅槃經》的注解。這本集解在第一卷收有梁武帝以及道生等十大法師的〈經序〉。第二卷以下將《南本涅槃經》全文加以適當的分為綱目小節，再將各家的注解順序編撰在各有關的小節之下。本集解共收有道生的涅槃注二百六十條，僧亮的二千一百三十條，僧宗的一千一百四十五條，寶亮的一千零八十一條等各個涅槃師的注解，合計五千六百零六條❺。梁武帝敕命法朗、寶唱等僧侶編撰《大般涅槃子注經》，

❹ 藤本賢一〈「大般涅槃經集解」の編者について〉，頁170–173。

❺ 菅野博史〈「大般涅槃經集解」の基礎研究〉，《東洋文化》六十六卷，東大東洋文化研究所，1986年，頁93–173。

分節編集二十餘位涅槃學者、五千六百多條經注，這項學術
工程之浩大由此可見。梁武帝以其政權從事佛教論著的整理、
編撰，不僅有助於當時佛學思想的進步，同時也為後代子孫
留下不朽的文化寶庫。如能深入研究這部《大般涅槃經集解》，
當能深入了解五、六世紀間，中國涅槃學者的主要見解與成
就。《大般涅槃子注經》七十二卷的編撰，對於「皇帝菩薩」
理念的形成及其政策，應當有其影響，本書在下兩章相關部
分，再予說明。

《高僧傳》卷八〈寶亮傳〉：

> 釋寶亮，本姓徐氏，其先東莞胄族。……齊竟陵文宣王，
> 躬自到居，請為法匠。文宣接足恭禮，結四部菩薩因緣。
> 後移憩靈味寺，於是續講眾經，盛于京邑。講大涅槃凡
> 八十四遍，成實論十四遍，勝鬘四十二遍，維摩二十遍，
> 其大小品十遍，法華、十地、優婆塞戒、無量壽、首楞
> 嚴、遺教、彌勒下生等，亦各近十遍。黑白弟子三千餘
> 人，諮稟門徒常盈數百。……今上（梁武帝）龍興，尊
> 崇正道。以（寶）亮德居時望，亟延談說。亮任性率直，
> 每言輒稱貧道。上雖意有間然，而挹其神出。天監八年
> 初，敕亮撰涅槃義疏十餘萬言。上為之序。[51]

梁武帝敕命寶亮編撰的《涅槃義疏》十餘萬言，《歷代
三寶紀》等經錄未見著錄，且原書已佚。但是《大般涅槃經
集解》、《廣弘明集》、〈寶亮傳〉都收有梁武帝撰〈為亮法師

---

[51] 《高僧傳》卷一〈寶亮傳〉，頁381下。

製涅槃經疏序〉：

> 有青州沙門釋寶亮者，氣調爽拔，神用俊舉。少負苦節，
> 長安法忍。耆年愈篤，倪齒不衰。流通先覺，孳孳如也。
> 後生晚進莫不依仰。以天監八年五月八日，敕亮撰大涅
> 槃義疏，以九月廿日訖。光表微言，讚揚正道。連環既
> 解，疑網云除。條流明悉，可得略言。朕從容暇日，將
> 欲覽焉。聊書數行，以為記莂云爾。❺❷

　　釋寶亮(444-509)為齊竟陵王所禮遇，且共結四部菩薩因
緣。講《大般涅槃經》凡八十四遍，其他大小經論各一、二
十遍等。黑白弟子三千餘人，門徒常近百人。寶亮是齊梁之
際《涅槃經》與《成實論》等經論的大師。梁武帝的家僧光
宅法雲，是寶亮的弟子，於寶亮卒時為其立碑寺內。梁武帝
青年時代遊於齊竟陵王門下，可能受到竟陵王所崇禮的寶亮
影響，接觸到寶亮的涅槃等佛學。根據湯用彤對釋寶亮與梁
武帝佛學著作的研究，梁武帝的涅槃學見解近似於寶亮的學
說❺❸。梁武帝博覽群書，弱冠之時就從儒學大師劉瓛窮究六
經，撰疏儒家經典達二十四種之多，又習學道家，有《老子

---

❺❷ 《大般涅槃經集解》卷一〈大般涅槃經義疏序〉，明駿案謹寫皇
　　帝為靈味釋寶亮法師製。《大正藏》三十七冊，頁377上-中。又
　　見《高僧傳》卷八〈寶亮傳〉，頁382上。《廣弘明集》卷二〇〈為
　　亮法師製涅槃經疏序〉，頁242下。

❺❸ 湯用彤《漢魏兩晉南北朝佛教史》第十七章〈南方涅槃佛性諸
　　說〉，〈釋寶亮〉、〈梁武帝〉兩小節，頁692-712。

講疏》等著作❸。梁武帝〈述三教詩〉：「少時學周孔，弱冠
窮六經。……中復觀道書，有名與無名。……晚年開釋卷，
猶月映眾星。」❺從梁武帝自述其為學三個階段，可見他最後
期的學問轉到佛學上，而且以佛學如月亮，遠比儒、道的眾
星為明亮。梁武帝受到齊梁之際盛行的涅槃學之影響，即位
後對於《大般涅槃經》不但大力宏揚，而且親自講說著疏。
除了敕令建元寺法朗編撰《大般涅槃子注經》七十二卷之外，
又在天監八年五月八日至九月廿日，敕令寶亮撰《大般涅槃
義疏》十餘萬言。梁武帝在這些涅槃學者所編撰的《涅槃子
注》與《義疏》等基礎之上，對於「涅槃佛性」之學也有其
深厚的造詣。《續高僧傳》卷九〈寶海傳〉：

> 釋寶海，姓龔，巴西閬中人。……依法雲法師聽習成實。
> 旁經諸席，亟發清譽。乃引眾別講，徒屬兼多。于時梁
> 高（武帝）重法，自講涅槃。命寶海論佛性義，便昇論
> 榻，雖往返言晤，而執鍮石香爐。武帝曰：「法師雖斷
> 慳貪，香爐非鍮不執。」海應聲曰：「陛下位居宸極，帽
> 簪非纛不戴。」帝大悅，眾咸驚嘆。❺

《廣弘明集》卷二一，昭明太子〈謝敕賚制旨大般涅槃
經講疏啟〉：

---

❸ 參見本書第二章第一節。又拙作〈梁武帝的君權思想與菩薩性格
初探〉，《師大歷史學報》第十六期。

❺ 梁武帝〈述三教詩〉，《廣弘明集》卷三〇，頁352下。

❺ 《續高僧傳》卷九〈法海傳〉，頁492上。

臣統啟，……奉宣敕旨，垂賚制旨大般涅槃經講疏一部
十帙合目百一卷。……不任頂戴之至，謹奉啟謝聞。❺

《梁書》卷三〈武帝紀〉：

（武帝）篤信正法，尤長釋典，制涅槃、大品、淨名、
三慧諸經義記，復數百卷。聽覽餘暇，即於重雲殿及同
泰寺講說，名僧碩學，四部聽眾，常萬餘人。❺

梁武帝撰《制旨大般涅槃經講疏》百零一卷已佚，無法
全盤了解他的涅槃思想。但是梁武帝的〈立神明成佛義記〉、
〈淨業賦〉等，都可以看出他對佛性的看法。尤其武帝撰〈為
亮法師製涅槃經疏序〉：

舉要論經，不出兩途，佛性開其本有之源，涅槃明其歸
極之宗。非因非果，不起不作。義高萬善，事絕百非。
空空不能測其真際，玄玄不能窮其妙門。自非德均平等，
心合無生。金牆玉室，豈易入哉。❺

---

❺ 《廣弘明集》卷二一，昭明太子〈謝敕賚制旨大般涅槃經講疏
啟〉，頁251下。

❺ 《梁書》卷三〈武帝紀〉，鼎文本，頁96。又《南史》卷七〈梁
本紀〉，鼎文本，頁223。

❺ 同❹。

從梁武帝為寶亮撰《涅槃義疏》的序文中，可以理解武帝已掌握到「佛性」、「涅槃」的義旨，且體會到必須「德均平等，心合無生」才能進入佛法的堂奧。梁武帝以眾生皆平等的具有「本有之佛性」，且都有平等的機會進入「涅槃的歸極之宗」等理論為基礎，開展他的佛法體系。此種佛法體系含有菩薩的慈悲與平等思想。梁武帝初年以《涅槃經》的思想為中心，以菩薩的「慈悲」與「平等心」為理論基礎，由護持正法的帝王據以進行各種政教改革❻。因此，建元寺法朗《大般涅槃子注經》七十二卷，寶亮《涅槃義疏》十餘萬言，梁武帝《制旨大般涅槃經講疏》百零一卷，以及武帝有關「涅槃學」的著作、講說等，決不止於單純的學術撰述工作。以梁武帝「建康教團」的學僧為中心，透過「涅槃學」的研究、編纂、注疏而建立一廣博深邃的「涅槃思想」體系，作為「佛教國家」的理論基礎，並進而據以實施政教改革是可以理解的。

三、注解《大品般若經》與「佛教國家」的佛學基礎

《大唐內典錄》卷四：

摩訶般若波羅蜜子注經五十卷或一百卷，武帝蕭衍以庭蔭早傾，常懷哀感。每嘆曰：「雖有四海之尊，無以得申罔極。」故留心釋典。以八部般若是十方三世諸佛之母，能消除災障，蕩滌煩勞。故採眾經，躬述注解。又

親講讀，冀藉茲勝福，望得展斯思慕。❻

《出三藏記集》卷八，大梁皇帝〈注解大品經序〉：

> 朕（梁武帝）以聽覽餘日，集名僧二十人。與天保寺法
> 寵等，詳其去取，靈根寺慧令等，兼以筆功，探採釋論
> （大智度論）以注經本。略其多解，取其要釋。此外或
> 捃關河舊義，或依先達故語。時復間出，以相顯發。若
> 章門未開，義勢深重。則參懷同事，廣其所見。使質而
> 不簡，文而不繁，庶令學者有過半之思。❻

梁武帝與名僧二十人所注解的《摩訶般若波羅蜜子注經》
五十卷或一百卷已佚失，但是在《出三藏記集》還保留梁武
帝為這部經注的序。《摩訶般若波羅蜜經》二十七卷為姚秦‧
鳩摩羅什所譯，又簡稱為《大品經》。 梁武帝的《摩訶般若
波羅蜜子注經》約撰於天監六年至十一年之間 (507–512)❻。

---

❻ 《大唐內典錄》卷四，頁 266 下。又《歷代三寶紀》卷一一，頁
99 中。

❻ 《出三藏記集》卷八，大梁皇帝〈注解大品經序〉，頁 54 中。

❻ 內藤龍雄認為《注解大品經》的撰年是天監六年，見氏著〈梁の
武帝と「般若經」〉，《印度學佛教學研究》第二二卷第一號，昭
和 48 年，頁 314。湯用彤認為《大品經注》作於天監十一年，見
氏著《漢魏兩晉南北朝佛教史》，頁 739。諏訪義純則分別注錄於
天監六年、七年、十一年，見氏著〈梁武帝仏教關係事蹟年譜考〉
天監六年、七年、十一年等條，頁 59、62、67。又詳見拙著〈梁

參與《大品經》注解工作有天保寺法寵、靈根寺慧令等名僧二十人。天保寺法寵(451-524)是梁武帝所禮聘的「家僧」之一，精通義理、恪遵律儀，武帝並尊稱其為「上座法師」❻❹。靈根寺慧令則於天監十一年，奉敕詣攝山棲霞寺就三論大師僧朗學習三論大義。江總〈攝山棲霞寺碑〉：

> 天監十一年，帝乃遣中寺釋僧懷、靈根寺釋慧令等十僧，詣山諮受三論大義。❻❺

梁武帝〈注解大品經序〉曰：「靈根寺慧令等，兼以筆功，探採釋論（《大智度論》）以注經（《大品經》）本。……或捃關河舊義，或依先達故語。」 湯用彤認為「關河舊義」即指姚秦時代關中地區鳩摩羅什、僧肇等有關般若三論的學說。攝山僧朗在齊梁之際復興關河舊義的般若三論之學，其學經僧詮、法朗至隋・吉藏而創立三論宗❻❻。梁武帝敕命慧令等十僧往學於攝山僧朗的「關河舊義」， 與慧令等二十名僧「捃關河舊義」注解《大品經》，在中國佛教思想的演變上居於關鍵性的地位。兩晉之際，名士的老莊清談與名儒的般若性空相近，因此有般若的六家、七宗之說的盛行。姚秦時

武帝注解《大品般若經》與「佛教國家」的建立〉，《臺大佛學研究中心學報》第三期，頁103。

❻❹　《續高僧傳》卷五〈法寵傳〉，頁461上-下。

❻❺　江總〈攝山棲霞寺碑〉，《漢魏六朝百三名家集》第六冊〈江令君集〉，文津出版社，頁4522。

❻❻　參見湯用彤《漢魏兩晉南北朝佛教史》，頁734-740。

代關中地區的鳩摩羅什(401-413)傳授三論，其弟子僧肇(384-414)解空第一，《肇論》的般若之學已登峰造極。但是，般若的空無似乎不易把捉，於是涅槃等的妙有逐漸流行。宋齊時代(420-501)，《涅槃經》與《成實論》相繼盛行，學者乃忘大乘真空之論，而常墮於妙有的一邊❻。偏空或偏有，都不合乎佛法的中道，都不是正確之論。梁武帝敕命慧令等人學習「關河舊義」的般若三論之學，且親率名僧二十人採關河舊義注解《大品般若經》。武帝不但在魏晉南北朝由般若三論而涅槃、成實，再回歸般若三論的佛教思想演變史上，具有促進此種轉變回歸的助力作用❻，而且融合了「般若」、「涅槃」等有無兩宗之對立，顯示他頗為卓越的佛學思想。梁武帝〈注解大品經序〉：

> 頃者，學徒罕有尊重（般若），或時聽聞，不得（般若）經味。帝釋誠言，信而有徵。此實賢眾之百慮，菩薩之魔事。故唱愈高而和愈寡，知愈稀而道愈貴。致使正經（般若）沉匱於世，實由虛己情少，懷疑者多。虛己少則是我之見深；懷疑多，則橫構之慮繁。然則雖繁慮紛紜，不出四種。一謂此經非是究竟，多引涅槃，以為碩決。二謂此經未是會三，咸誦法華，以為盛難。三謂此經三乘通教，所說般若即聲聞法。四謂此經是階級行，於漸教中，第二時說。舊義如斯，迺無是非。較略四意，

---

❻ 同前注，湯用彤前引書第十七章〈南方涅槃佛性諸說〉、第十八章〈南朝成實論之流行與般若三論之復興〉，頁677-765。

❻ 同前注，頁731。

粗言所懷。涅槃是顯其果德，般若是明其因行。顯果則
以常住佛性為本，明因則以無生中道為宗。以世諦言說，
是涅槃是般若。以第一諦言說，豈可復談其優劣。**⑥**

　　梁武帝認為《般若經》在宋齊之世不為學者所理解的原
因，除了曲高和寡之外，還受到不正確的懷疑。這些曲解《般
若經》的看法，可歸納為四種。第一種是以宋齊流行的《涅
槃經》來批判《般若經》，認為後者不究竟。梁武帝認為「涅
槃是顯其果德，般若是明其因行。顯果則以常住佛性為本，
明因則以無生中道為宗」。　般若是佛法的因行，涅槃是佛法
的果德，具有密切不可分的因果關係。涅槃果德，必須以眾
生皆具有常住的佛性為基礎，加以適當的修行方能達到究竟
之位。般若促使眾生明白最基本的成佛原因與行持，必須體
會到無生的中道為其宗極所在。以一般世俗的、相對的真理
（世諦）來看，可以分為般若的因行與涅槃的果德兩種；如
果以最究竟的第一諦來說，根本無所謂的涅槃、般若優劣的
判別說法。梁武帝會合了南北朝涅槃有宗與般若空宗兩極的
說法，以般若為因，涅槃為果，且更進一步打破這兩種說法，
而融會貫串成完整的佛學思想。梁武帝於中大通元年(529)、
中大通三年(531)在同泰寺講《涅槃經》，中大通五年(533)講
《金字般若經》，大同六年(540)、中大同元年(546)、太清元
年(547)講《般若經三慧品》。　梁武帝的佛學思想，以《大般
涅槃經》與《大品般若經》為兩大支柱。梁武帝的佛學思想
以《涅槃經》為中心，而後重點漸移至《般若經》，晚年則

---

⑥　同⑥，頁53中–下。

以《般若經》的〈三慧品〉為中心，而攝山僧朗的般若空觀思想之侵透，為此轉變的重要因素❼。梁武帝〈注解大品經序〉：

> 機事未行，六畫得其悔吝。玄象即運，九章測其盈虛，斯則鬼神不能隱其情狀，陰陽不能遁其變通。至如摩訶般若波羅蜜者，洞達無底，虛豁無邊。心行處滅，言語道斷。不可以數術求，不可以意識知。非三明所能照，非四辯所能論。此乃菩薩之正行，道場之直路，還源之真法，出要之上首。❼

梁武帝明白的指出「摩訶般若波羅蜜」是「菩薩之正行」，如不能尊重或理解「般若」則為「菩薩之魔事」。梁武帝的菩薩思想建立在廣大精深的《般若經》上。除了「般若空觀」的菩薩思想外，他又融合了《涅槃經》中菩薩之「慈悲」與「平等」思想。那麼，梁武帝的「菩薩思想」建立在《般若經》與《涅槃經》兩大系統之上，且這兩大系統又是經過批判當時流行的《法華經》與五時判教等說法而來❼。因此，梁武帝的「佛教國家」所從事的佛典注解工作，似乎為這種政教結合政策的中心理念「皇帝菩薩」，創造了廣博精深的「菩薩思想」之理論基礎。

---

❼　參見橫超慧日〈梁の武帝の佛教觀〉，頁1207–1221。

❼　同❻，頁53中–下。

❼　見梁武帝〈注解大品經序〉，同❻所引文。

第五節 小 結

　　梁武帝除了著作《制旨大般涅槃經講疏》百零一卷,《摩訶般若波羅蜜子注經》五十卷或百卷之外,尚著有《三慧經講疏》,《淨名經義記》,《制旨大集經講疏》十六卷,《發般若經題論義並問答》十二卷❼。可惜這些書業已散失,著作年代也不可考,無法再進一步研究。茲根據本章各節的討論,將梁武帝天監年間佛典編纂譯注表列於後。

表二: 梁武帝天監年間佛典編纂譯注表

編號	佛典名稱卷數	編纂譯注者	年 代	存佚	備 注
1	《眾經要抄》並目錄八十八卷	僧旻、僧智、僧晃、劉勰等三十人。(寶唱協助)	508–509	佚	使用上定林寺經藏。眾經的分類摘要節錄。
2	《眾經飯供聖僧法》五卷	寶唱	516	佚	佛教類書
3	《眾經護國鬼神名錄》三卷	寶唱	516	佚	佛教類書
4	《眾經諸佛名》三卷	寶唱	517	佚	佛教類書
5	《眾經擁護國土諸龍王名錄》三卷	寶唱	517	佚	佛教類書
6	《眾經懺悔滅罪方法》三卷或四卷	寶唱	517	佚	佛教類書
7	《續法輪論》七十餘卷	寶唱		佚	佛教義理論集

❼　詳見湯用彤《漢魏兩晉南北朝佛教史》,頁703。

8	《法集》一百四十卷	寶唱		佚	可能是佛法論集
9	《華林佛殿眾經目錄》四卷	僧紹	515	佚	經錄
10	《眾經目錄》四卷，又名《寶唱錄》	寶唱		佚	經錄
11	《義林》八十卷	智藏等二十人（寶唱協助）	515–522	佚	佛教義理辭典
12	《佛記》三十篇	虞闡、到溉、周捨、沈約	?–513	佚	佛教綜合類書
13	《經律異相》五十卷並目錄五卷	寶唱、僧豪、法生等	516	存	佛教綜合類書
14	《出要律儀》十四卷	梁武帝（法超、寶唱可能為協助者）	519?	佚	律儀範本
15	《在家出家受菩薩戒法》	梁武帝（慧約、明徹可能為協助者）	519?	存	現存《出家人受菩薩戒法卷第一》(伯希和第二一九六號)
16	《寶雲經》七卷	曼陀羅、僧伽婆羅	天監初	存	收在《大正藏》十六冊
17	《文殊師利般若波羅蜜》二卷	曼陀羅、僧伽婆羅	天監初	存	收在《大正藏》八冊
18	《法界體性無分別經》二卷	曼陀羅、僧伽婆羅	天監初	佚	
19	《阿育王經》十卷	僧伽婆羅、梁武帝、慧超等	511	存	梁武帝敕寶唱、慧超、僧智、法雲、袁曇允等助僧伽婆羅譯經。《大正藏》五十冊

20	《孔雀王陀羅尼經》二卷	僧伽婆羅	506–518	存	收在《大正藏》十九冊
21	《文殊師利問經》二卷	僧伽婆羅、袁曇允、筆受、法雲詳定	506–518	存	收在《藏經》十二冊
22	《度一切諸佛境界智嚴經》一卷	僧伽婆羅	506–518	存	收在《大正藏》十二冊
23	《菩薩藏經》一卷	僧伽婆羅	506–518	存	收在《大正藏》二十四冊
24	《文殊師利所說般若波羅蜜經》一卷	僧伽婆羅	506–518	存	收在《大正藏》八冊
25	《舍利弗陀羅尼經》一卷	僧伽婆羅	506–518	存	收在《大正藏》十九冊
26	《八吉祥經》一卷	僧伽婆羅	506–518	存	收在《大正藏》十四冊
27	《十法經》一卷	僧伽婆羅	520	存	收在《大正藏》十一冊
28	《解脫道論》十三卷	僧伽婆羅	515	存	收在《大正藏》三十二冊
29	《阿育王傳》五卷	僧伽婆羅	506–518	佚	
30	《大般涅槃子注經》七十二卷	法朗、寶唱	509–518	存	今為《大般涅槃經集解》七十一卷
31	《大般涅槃義疏》十餘萬言	寶亮	509	佚	
32	《制旨大般涅槃經講疏》百零一卷	梁武帝		佚	
33	《摩訶般若波羅蜜子注經》五十卷或一百卷	梁武帝、法寵、慧令等名僧二十人	507–512	佚	

根據表二（梁武帝天監年間的佛典編纂譯注表）所列的三十三種佛典可以歸納成四類：第一類，佛教類書與參考工具書。從編號1至編號13，合計十三種。佛教從西漢哀帝元壽元年（西元前二年）傳到中國，到梁武帝時已經有五百多年。將部帙浩汗，新舊雜出、繁複錯綜的佛教典籍加以有計劃的整理、分類、編纂，是一項迫切而有其必要的基礎工作。梁武帝敕令僧旻率領才學道俗三十餘人編纂《眾經要抄》八十八卷；寶唱編纂各種佛教類書、經錄；智藏等二十人編撰《義林》八十卷的「義理辭典」；以及寶唱等人編撰而留傳至今的《經律異相》五十卷之綜合類書。梁武帝不僅開創中國佛教學術史第一步的整理、編撰類書、工具書等基礎工作，而且以帝王領導「建康教團」至少三十人以上的佛學專家，對於佛學做出巨大的貢獻。這些類書、入門書、參考書，全面的、按部就班地展現佛法的各種內容，方便人們迅速的進入佛法領域。第二類，律藏的整理與戒本，乃第14號與第15號兩種。戒律是佛教的根本，沒有戒律的遵循、規範，則佛教教團難以持久存在；佛教徒不修持戒律，則無由得禪定與智慧，達到究極解脫的目的。梁武帝敕令明律的僧侶整理律藏，又親自編撰《出要律儀》使佛教教團有所遵循。最重要的是《在家出家受菩薩戒法》的編撰，使大乘菩薩道得以經由佛教徒個人之菩薩戒行的實踐，而達到成菩薩、佛的圓滿境界。第三類，新譯或重譯的佛經。從第16號至29號，共計十四種。梁武帝聘請扶南人僧伽婆羅為「家僧」，並敕請大僧正慧超、寶唱、僧智、法雲、袁曇允等人助其翻譯各種佛經。由此可見梁武帝對翻譯佛經工作的重視與支持，以致多種佛經被翻

譯傳入中國。尤其梁武帝親自參與《阿育王經》十卷的翻譯，更凸顯這位佛教中「轉輪聖王」之典型的特殊性，此點與梁武帝做效「阿育王」的佛法治國政策有密切關係。第四類，佛經的注解。從30號至33號，計四種。《涅槃經》與《般若經》的注解，是佛法義理較高層次的工作。透過經典的注解講疏，能傳達作者的思想，並建造完整的思想體系。梁武帝與「建康教團」的學僧二十人，引「關河舊義」等佛教思想，注解《般若經》而發揚「菩薩之正行」的思想，以及在中國佛教思想上由兩晉般若，經宋齊涅槃、成實，再回歸般若三論的潮流演變上，起了重大的助成作用。

梁武帝即位初年所主持的佛典編纂譯注等大規模工作，是由一群居住在建康地區的義學僧侶與學佛居士所協助完成的。以梁武帝為主導的這一批建康地區的義學僧侶與學佛居士，吾人可以稱為武帝的「建康教團」（參見表一：「建康教團」政教結合工作摘要表）。「建康教團」除了領導者梁武帝之外，應該包含第三章的高僧與本章的僧侶、居士。「建康教團」知名的成員有：保誌、僧祐、寶亮、法雲、慧超、僧旻、智藏、寶唱、明徹、法寵，僧遷、僧伽婆羅、僧智、僧晃、僧紹、僧豪、法生、法超、慧約、曼陀羅、法朗、慧令、曇准、慧集等僧侶，劉勰、袁曇允、沈約、周捨、虞闡、到溉等居士，總數至少三十人以上。

梁武帝以這樣龐大而實力雄厚的「建康教團」為核心人員，從事佛典的整理、編纂，戒律的訂定，佛經的翻譯，義理的疏解等重要的學術工作。梁武帝透過佛教類書、工具書使佛教普及化，接引更多的人學佛；透過律藏的整理與戒本

的製定，使教團有所遵循，佛教徒的學佛更為落實。透過經典的翻譯，尤其建立阿育王的典範，來作為佛化王國的理想。並且在最高層的義理上，重新判教而樹立《般若》與《涅槃》的因果關係，闡揚菩薩思想等。梁武帝領導陣容堅強的「建康教團」，結合僧侶與佛學專家，從事佛教的學術等工作，可以說是打破了東晉以來「沙門不敬王者」的傳統形勢。武帝透過主導「建康教團」的宏揚佛教工作，以及佛法的解釋工作，使武帝重新獲得佛教界的領導權。梁武帝在天監年間的十八年中，率領「建康教團」制定及執行各種政教結合政策，而且為這種政策透過以上四類佛典的編纂譯注工作，建立廣博精深的佛學體系。天監十八年四月八日，梁武帝親受菩薩戒典禮上，這種政教結合政策的理念，以「皇帝菩薩」的名號而頒佈世上。天監年間的政教結合政策之推行，與佛典的編纂譯注，正是「皇帝菩薩」理念與「佛教國家」形成的重要基礎。

第五章 「皇帝菩薩」地位的建立與「佛教國家」的政治改革

第一節 受菩薩戒與「皇帝菩薩」地位的建立

一、受菩薩戒及其相關問題

有關梁武帝親受菩薩戒的史實，先摘錄如下：

《南史》〈梁本紀〉：

> 天監十八年夏四月丁巳（八日），帝於無礙殿受佛戒，赦罪人。❶

《梁書》卷二〈武帝紀〉：

> 天監十八年，四月丁巳，大赦天下。❷

《資治通鑑》卷一四九〈梁本紀五〉引用《梁書》的簡

---

❶ 唐・李延壽《南史》卷六〈梁本紀〉，頁197。

❷ 唐・姚思廉《梁書》卷二〈武帝紀〉，頁59。

略記載❸，而《續高僧傳》卷六〈慧約傳〉等有詳細的描述：

> 皇帝斲彫反樸，信無為道，發菩提心，搆重雲殿。以戒
> 業精微，功德淵廣。既為萬善之本，實亦眾行所先。譬
> 巨海百川之長，若須彌群山之最。三果四向，緣此以成。
> 十力三明，因茲而立。帝乃博採經教，撰立戒品。條章
> 畢舉，儀式具陳。制造圓壇，用明果極。以為道資人弘，
> 理無虛授，事藉躬親，民信乃立。且帝皇師臣，大聖師
> 友。遠古以來，斯道無墜。農、軒、周、孔，憲章仁義。
> 況理越天人之外，義超名器之表。以（慧）約德高人世，
> 道被幽冥，允膺闍梨之尊，屬當智者之號。逡巡退讓，
> 情在固執。懇懇勸請，辭不獲命。……十八年己亥四月
> 八日，天子發弘誓心，受菩薩戒。乃幸等覺殿，降彫玉
> 輦。屈萬乘之尊，申再三之敬。暫屏袞服，恭受田衣。
> 宣度淨儀，曲躬誠肅。于時日月貞華，天地融朗。大赦
> 天下，率土同慶。自是（慧約）入見，別施漆榻。上先
> 作禮，然後就坐。皇儲以下，爰至王姬，道俗庶士，咸
> 希度脫。弟子著籍者，凡四萬八千人。❹

《續高僧傳》卷五〈法雲傳〉：

> 帝抄諸方等經，撰受菩薩戒法，搆等覺道場。請草堂寺
> 慧約法師，以為智者。（武）帝躬受大戒，以自莊嚴。

---

❸ 《資治通鑑》卷一四九〈梁紀五〉，世界書局本，頁4645。

❹ 《續高僧傳》卷六〈慧約傳〉，頁469中。

自茲厥後，王侯朝士，法俗傾都，或有年臘過於智者，皆望風奄附，啟受戒法。❺

《魏書・蕭衍傳》：

蕭衍崇信佛道，於建業起同泰寺，……衍每禮佛，捨其法服，著乾陀袈裟。令其王侯子弟皆受佛誡，有事佛精苦者，輒加以菩薩之號。其臣下奏表上書亦稱衍為皇帝菩薩。❻

根據以上的史實，可以歸納為下列四個研究主題：

(1)受菩薩戒的動機：武帝「信無為道，發菩提心」信仰佛法道理，發起上求佛道、下化眾生的菩提心。武帝認為戒律是佛法的根本，佛菩薩皆緣於行菩薩戒而得以成就。因此，必須親自受菩薩戒，努力奉行，才能為萬民所信重，才能領導僧俗等人。梁武帝受菩薩戒的動機，可能一方面來自於個人的宗教接觸與個人宗教人格的形成，另一方面與他的政策取向應該有相當密切的關係。

(2)受菩薩戒法的編訂與實施：武帝為了親率僧俗受菩薩戒「乃博採經教，撰立戒品」，「抄諸方等經，撰受菩薩戒法」。武帝的受菩薩戒不是率爾舉行的，而是經過仔細的研究與規劃，甚至從廣博的佛教經藏裡編撰成一部《在家出家受菩薩戒法》。以這部菩薩戒法做為受菩薩戒活動的最高依

❺　《續高僧傳》卷五〈法雲傳〉，頁464下。

❻　北齊・魏收《魏書》卷九八〈蕭衍傳〉，頁2187。

據。因此要了解受戒活動，必須深入探討這一部戒法。

⑶授戒法師的徵選：「道資人弘，理無虛授，……帝皇師臣，大聖師友。邈古以來，斯道無墜。」佛道必須憑藉人師的弘傳，授菩薩戒不能不經過法師而憑空虛授。因此，皇帝的受菩薩戒儀式之「證人」、「教師」人選，也必須由德高望重的「智者國師」來擔任。梁武帝必須經由「智者國師」參與的授戒儀式，才能成為「菩薩戒弟子皇帝」，成為合於佛法的「佛弟子」，而獲得佛教徒的認同與信賴。「智者國師」形式上是皇帝的師友、授戒師父，他必須具備有相當崇高的聲望，卓越的道德典範，良好的學術素養等條件，方能擔當重任。草堂寺慧約法師被選取為「智者國師」，在四月八日的授菩薩戒法會上為梁武帝授戒，成為帝王師，接受皇帝遵以師禮的禮遇。如果從皇帝與僧侶，王者與沙門其間的地位高低等關係來看，這是一項微妙的問題，值得深入探討。

⑷「皇帝菩薩」理念以及地位的建立：梁武帝在天監十八年四月八日發菩提心，立下弘誓大願誓行菩薩道；暫時捨棄皇袍，恭敬地穿上袈裟，按照儀式的規矩，唱誦跪拜；虔誠肅穆的從慧約國師受菩薩戒。這一天，大赦天下，讓全國人民共同來慶賀「菩薩戒弟子皇帝」的誕生。梁國人民受到皇帝親受菩薩戒的影響，從皇太子、王妃以下，道俗庶士都希望經由菩薩戒行的實踐而得到解脫。因此，全國人民從慧約國師受菩薩戒者，高達四萬八千人。梁武帝親受菩薩戒的作用，對梁朝的佛教化及社會教化，乃至政治風氣等，當有深廣的影響。另一方面，梁國王臣、僧俗都在慧約國師的主持之下受菩薩戒，而步上菩薩持戒修行成佛的解脫之道。如

此一來，慧約國師將成為梁朝佛教界最高權威，享有如同「教皇」般尊崇的地位。如果，慧約國師經由授菩薩戒儀式的舉行，而享有超越「菩薩戒弟子皇帝」之上的「教皇」地位，則皇帝在佛教界的地位將處於沙門之下。這種以僧侶主導的授菩薩戒儀式，雖然符合東晉南朝以來的「沙門不敬王者」之傳統，也符合佛教教團中出家僧侶為尊的教義。但是，梁武帝即位以來理想中的「佛教國家」，其目標在消滅「沙門不敬王者」的理論之傳統束縛，企圖建立類似北朝「皇帝如來」的「帝王佛」神聖地位。梁武帝與「建康教團」的成員，經過天監年間十餘年的努力，在政教結合政策的擬訂、規劃、執行方面，乃至於政教結合政策下的學術工作，其主要目的在於使皇帝菩薩化、神聖化，成為主導佛教界的「皇帝菩薩」以及統治的「佛教國家」❼。所以，菩薩戒法會的主導者應該是皇帝而不是僧侶；菩薩戒活動所要付予最神聖、最崇高地位的對象，不是「智者國師」慧約，而是「皇帝菩薩」蕭衍。梁武帝如何經由菩薩戒法會的舉行，由「菩薩戒弟子皇帝」躍昇為「皇帝菩薩」，此一問題必須深入探討菩薩戒法會中「皇帝」與「國師」的關係，才能理解❽。

---

❼ 參見拙著〈梁武帝「皇帝菩薩」的理念及政策之形成基礎〉，《師大歷史學報》第十七期，民國七十八年，頁1–58。

❽ 藤堂恭俊〈江南と江北の仏教──菩薩戒弟子皇帝と皇帝即如來觀──〉，《仏教思想史》第四號，頁1–18。本書比較菩薩戒弟子皇帝與皇帝如來的差異，可供參考。山崎宏《支那中世佛教の展開》第一部第四章〈梁の武帝の佛教信仰〉，東京，清水書店，1942年，頁188–236。雖提出「皇帝菩薩」名詞，但未深入研究。

二、皇帝的菩薩化之理論根據

梁武帝如何經由受菩薩戒法會的舉行，建立其「皇帝菩薩」的神聖地位？首先必須就梁武帝成為一位神聖的菩薩之理論根據，作深入的探討。根據諏訪義純的研究：梁武帝大約在天監十一年至十八年間(512–519)編撰完成《在家出家受菩薩戒法》❾。梁武帝編撰的《在家出家受菩薩戒法》，詳細記載有關受菩薩戒的理論依據、儀式規範、戒條、戒場佈置等項目。雖然《在家出家受菩薩戒法》已大半佚失，但是根據Pelliot chinois 2196（伯希和第二一九六號）的《出家人受菩薩戒法卷第一》的敦煌殘卷，吾人仍可以獲得相當寶貴的資料❿。後人探討有關受菩薩戒的理論、儀式等情形，也祇能根據這部碩果僅存的史料。天監十八年五月敕寫的《出家人受菩薩戒法卷第一》以下簡稱《菩薩戒法》，其〈序〉中詳記本戒法所依據的經典以及編撰旨趣。

---

❾ 參見諏訪義純〈梁天監十八年敕寫「出家人受菩薩戒法卷第一」試論〉，《敦煌古寫經》續，1972年，頁85–92。

❿ Pelliot chinois 2196《出家人受菩薩戒法卷第一》，收在黃永武編《敦煌寶藏》第一一六冊，但字跡模糊，不易辨認。土橋秀高〈ペリオ本「出家人受菩薩戒法」について〉，龍谷大學佛教學會編《佛教文獻の研究》，昭和四十三年，頁93–148。土橋秀高一文，將（伯希和第二一九六號）的殘卷校點後，並編列行數。本文引用此一殘卷，係依據土橋的點校本。以下簡稱為《菩薩戒法》，不再贅述出處。

戒本宗流，大抵有二：一出菩薩地持經，二出梵網經。……後有求那跋摩於祇洹寺，譯出菩薩善戒經。地持、善戒，大意相似，曲細推檢，多有不同。……世間所傳菩薩戒法，似欲依二經（地持經、梵網經），多附小乘行事。撰菩薩戒法，乃有多家。鳩摩羅什所出菩薩戒法。高昌曇景口所傳，受菩薩戒法。羅什是用梵網經。高昌云彌勒所集（地持經）。亦梵網經，長沙寺玄暢所撰菩薩戒法。京師有依優婆塞戒經撰菩薩戒法。復有依瓔珞本業經撰菩薩戒法。復有依觀普賢行經撰菩薩戒法。粗是所見，略出六家。……今所撰次，不定一經。隨經所出，採以為證。於其中間，或有未具，參以所聞，不無因緣。不敢執己懷抱，妄有所作。唯有撰次，是自身力集，為在家出家受菩薩戒法。⓫

梁武帝《菩薩戒法》的編撰，自己申明主要依據《菩薩地持經》、《梵網經》兩種經典，以及六家傳世的《菩薩戒法》。根據諏訪義純的考證，《菩薩戒法》還引用姚秦・鳩摩羅什譯《發菩提心經論》、《華手經》、《大智度論》、《般若波羅蜜經》；劉宋・僧伽跋摩譯《摩得勒加經》；劉宋・求那跋摩譯《菩薩善戒經》、《勝鬘經》；劉宋・曇無密多譯《觀普賢行經》；南齊・僧伽跋陀羅譯《善見律毗婆沙》；北涼・曇無讖譯《優婆塞戒經》、《涅槃經》、《大集經》等多種經論⓬。

⓫ 梁武帝《菩薩戒法》，第61~73行。

⓬ 諏訪義純〈梁天監十八年敕寫「出家人受菩薩戒法卷第一」試論〉，《敦煌古寫經》續，1972年，頁89。

180 · 梁武帝

梁武帝進一步的指出，撰次的方式不完全遵循某一部經典的理論，而隨著各種經典顯示的理論特性，參酌採錄以為《菩薩戒法》的依據。佛教經論的結集歷時久遠，成於各時各地的佛教徒。因此，某一部佛教經論所主張的說法，可能與其他經典有很大差距，甚至互相矛盾抵觸。而且這種理論的多元性、多重性，也可以陳述在同一部經典上。例如：《大般涅槃經》對於「一闡提成佛說」，前後卷有不同的理論。梁武帝《菩薩戒法》雖很嚴謹地引用各種經論為依據，但是不固定遵循某一部經某一種理論，「隨經所出，採以為證」，以佛經證成己說。甚且，在各種經論之間所未具備的理論，則「參以所聞，不無因緣」。這種「自身力集」的撰次方式，可以相當自由地創造適合於自己需要的新理論。梁武帝可以經由這部《菩薩戒法》的理論、儀式等規範下的活動運作，塑造「皇帝菩薩」的神聖地位。首先，從理論的建立方面探討「智者」與「皇帝」所具有的地位與性質。

按照梁武帝《菩薩戒法》的規定，受菩薩戒前三日，應先建立戒場。戒場前面中央南向為諸佛菩薩像。受戒日，智者先入道場內，當佛像前東向或西向；欲受戒的佛弟子面向佛像胡跪，觀禮時眾列席兩旁❸。時眾僅限於列席、觀禮而已，不具其他意義。整個受菩薩戒過程中，最重要的是佛菩薩、智者、受戒者三者之間相互關係。受菩薩戒最重要的目的，在使受戒者得戒。得戒係受戒者獲得菩薩戒所具有的各種不可思議超自然的能力，有助於受戒者完成菩薩行，解脫成佛。因此，受菩薩戒的主要重點，在於受戒者從誰得戒。

❸　《菩薩戒法·方便二》、〈羯磨四〉，第113–115行，第170–180行。

《菩薩戒法・羯磨四》：

> 臨壇，智者，是教師。……雖就教師受菩薩戒，此乃是
> 就十方一切諸佛受。所以菩薩善戒經言：「菩薩受持菩
> 薩戒者，終不自念我所受戒，從和上師邊受得，自念乃
> 從十方諸佛邊受得。若從師及和上邊受戒者，不名菩薩
> 戒。若從十方佛菩薩受得者，乃菩薩戒。」善戒經所以
> 作如是說者，此中有意。明地（？）教師是依以為主，
> 心所正念實在諸佛。若佛與戒，有本願力，有不思誼力。
> 一切戒神承佛神力，衛護是人，永不捨離。生生世世不
> 顛倒，生生世世不忘失。若止是教師所授戒者，無有如
> 是不思誼力。❶

《菩薩戒法》認為，受戒者雖然形式上是依擔任「教師」
智者國師邊受戒，但實質上應自念是從佛菩薩邊得戒。梁武
帝認為《菩薩善戒經》這種說法，是因為從凡人的教師受戒，
無法獲得不思誼力；正念諸佛，從佛得戒，才能獲得佛的本
願力、不思誼力、戒神的衛護力。因此受戒者得以生生世世
不忘失所受菩薩戒，直至成佛。《菩薩戒法》又強調出家人
在沙彌戒、具足戒之後，重受菩薩戒時不必再從凡人的和尚、
三師七證邊受戒，而直接從佛得戒。並且引用《觀普賢行經》
的說法為依據。《菩薩戒法・受攝大威儀戒五》：

> 出家人重受調御戒，不如初受法，依和上受三皈、十戒，

三師七證受具足戒。重受調御戒者，受菩薩戒日，即於壇上，次第具受。請佛為和上，智者為闍梨，大地菩薩為證。……觀普賢行經亦云：「唯願釋迦牟尼正遍知世尊，為我和上。文殊師利具足大慧者，願以智慧，授戒清淨諸菩薩法。彌勒菩薩大慈日，憐愍我故，亦應聽我受菩薩法。十方諸佛，現為我證。」如此亦是別請一佛一菩薩，是別請亦是一法。但有一意，當應作無限量心。若心有限量，有緣諸佛及諸菩薩，欲等加神力，則不能得。非是諸佛菩薩心不平等，實是行者意有限量。自作分別，事成隔礙。即此，觀普賢行經亦云：誦大乘經，思第一義甚深空法，一彈指頃，除去百十萬阿僧祇生死之罪。行此行者，是真佛子，從諸佛生。十方諸佛及諸菩薩為其和上，是名具足菩薩戒者。不須羯磨，自然成就如是。**⑮**

梁武帝《菩薩戒法》引用了《菩薩善戒經》與《觀普賢行經》兩家的說法為依據，強調受菩薩戒者不是從凡人的「智者」得戒，而是從神聖的「佛菩薩」得戒。《菩薩戒法》顯然有意忽略可以從凡人的智者、法師等人得戒的說法。因為同樣為《菩薩戒法》引用的另外四家戒法所根據的三部佛經：《梵網經》、《菩薩瓔珞本業經》、《優婆塞戒經》等，即主張可以從凡人的法師得菩薩戒。《梵網經》：

若現前先受菩薩戒法師前受戒時，不必要見好相。何以

故，以是法師，師師相授故，不須好相。是以法師前受
戒，即得戒。以生重心故，便得戒。**❻**

姚秦·竺佛念譯《菩薩瓔珞本業經》卷下：

> 佛子，受戒者有三種受。一者，諸佛菩薩現在前受，得
> 真實上品戒。二者，諸佛菩薩滅度後，千里內有先受菩
> 薩戒者，請為法師教授我戒。我先禮足，應如是語：請
> 大尊者為師，授與我戒。其弟子得正法戒，是中品戒。
> 三者，佛滅度後千里內無法師之時，應在諸佛菩薩形像
> 前，胡跪合掌，自誓受戒。……是得下品戒。**❼**
> 優婆塞戒經認為在家菩薩受菩薩優婆塞戒，從智者法
> 師，以及和合眾僧滿二十人作白羯磨，可以得戒。**❽**

梁武帝《菩薩戒法》主張：受菩薩戒者係從神聖的佛菩
薩邊得戒，不是從凡人的智者或法師得戒。智者國師在菩薩
戒法會上，祇是受菩薩戒者所依託的一種人證而已；祇有佛
菩薩的神聖力量，才有各種不思議的超自然力，使受戒者得
戒。《菩薩戒法》似乎隱含著皇帝可能有一種如同「佛菩薩」
般的神聖力量，而「智者國師」的授戒法師並未具備「佛菩
薩」般的神聖力量。《菩薩戒法·受攝大威儀戒法五》在正

---

❻ 姚秦·鳩摩羅什譯《梵網經》，《大正藏》二十四冊，頁1006下。

❼ 姚秦·竺佛念譯《菩薩瓔珞本業經》卷下，《大正藏》二十四冊，
頁1020下。

❽ 北涼·曇無讖譯《優婆塞戒經》，《大正藏》二十四冊，頁104-109。

式受戒前，智者的表白：

> 智者起，立佛像邊，白言：某甲善男子（受菩薩戒者），
> 有識神以來至於今生，浪心流動，客塵所染。無明厚重，
> 志力淺弱，無弘誓願，無曠濟意。所可受持聲聞律儀，
> 不能遠大，止盡形壽。以諸佛本願力，大地菩薩慈悲力，
> 以善知識因緣力，今日自始覺悟。已自慚愧、懺悔、發
> 菩提心，如法清淨，堪入律行。今日為某甲善男子，求
> 哀諸佛，乞次第受攝大威儀戒。仰願十方一切諸佛，以
> 大慈心，乞善男子某甲攝大威儀戒，十方大地菩薩，同
> 為勸請，同為作證。某甲等（此某甲是智者）今日，承
> 佛威神，亦為證人。❿

　　智者國師站在佛像邊面對佛菩薩像，向受戒者所宣稱的
這一段表白含有特殊的意義。智者宣稱：所有受戒的佛弟子
們，自從有識神以來，輪迴至今，都沒有恢弘的誓願。儘管
出家受持沙門的聲聞律儀戒，那也僅限於當世守戒而已，缺
乏菩薩生生世世普渡眾生的遠大、兼濟之誓願。直到現在，
受戒者才因為諸佛的本願力，大地菩薩的慈悲力，善知識的
因緣力之庇祐、影響下，覺悟而要受菩薩戒。「善知識因緣
力」與「諸佛本願力、大地菩薩慈悲力」並列，也許有其特
殊的作用在。以下嘗試分析這幾種神聖的力量。

---

❿　同❺，第372–388行。

1. 「諸佛本願力」

本願力是本願的力用之意，又稱為宿願力，大願業力；是諸佛在因位菩薩修行時所發的誓願力用，在佛位果地顯現的力量。本願又分為總願與別願。總願是一切菩薩共通之誓願，即四弘誓願，也可歸納為「上求菩提，下化眾生」一偈。別願是諸佛菩薩特殊的願心，例如：《小品般若經》的六願思想，藥師如來佛的十二願❷。鳩摩羅什譯《摩訶般若波羅蜜經》卷一七〈夢行品〉：

> （菩薩）見諸眾生互相瞋恚詈罵、刀杖瓦石共相殘奪命，當作是願，我隨爾所時行屬提波羅蜜，我作佛時，令我國土眾生無如是事，相視如父如母、如兄如弟、如姊如妹、如善知識、皆行慈悲。……令我國土眾生無如是事（不修三乘道），一切眾生勤修精進，於三乘道各得度脫。……（菩薩）見眾生愚癡失世間出世間正見，或說無業，無業因緣，或說神常，……當作是願我隨爾所時行般若波羅蜜、淨佛國土，成就眾生，如我得阿耨多羅三藐三菩提時，令我國土眾生無如是事（皆住正見）。❸

諸佛本願力，是諸佛之所以成佛的力用，此種本願力用

---

❷ 參見木村泰賢〈本願思想之展開與其道德的文化的意義〉，《現代佛教學術叢刊》六十六冊，頁337–387。

❸ 姚秦·鳩摩羅什《摩訶般若波羅蜜經》卷一七〈夢行品〉，《大正藏》八冊，頁347下–348上。

可以引領凡夫眾生走向菩薩道。《菩薩戒法・羯磨四》記載
智者在為戒子正式授戒之前,引導受戒弟子發各種菩提誓願,
計有攝眾生十一願、攝善法十願、供養三寶三願。這些願文
詳載諸菩薩因位的誓願❷。由此可見「諸佛本願力」是一種
諸佛菩薩才具備的不思議的、超自然的神力。

2. 「大地菩薩慈悲力」

《菩薩地持經》卷五〈菩薩地持方便處戒品之餘〉:

> (請戒者) 於三世十方佛及大地菩薩前,恭敬作禮,念
> 其功德。……受菩薩戒竟,次第十方一切世界無量諸
> 佛,及住大地諸菩薩前,法有相見。❷

從《地持經》有關「大地菩薩」的前後文意,以及《瑜
伽師地論》卷七九〈攝決擇分中菩薩地之八〉的記載可以看
出「大地菩薩」係指進入「十地」等聖位的菩薩,或現住在
大地上的菩薩,應屬「聖位」的菩薩,而不是「凡夫位」的
菩薩❷《菩薩善戒經・畢竟地畢竟品》:

> 菩薩摩訶薩信於菩提及菩提道,信菩提道故,見苦眾生

---

❷ 《菩薩戒法》第187–294行。

❷ 北涼・曇無讖譯《菩薩地持經》卷五〈戒品〉,《大正藏》三十冊,
頁912中。

❷ 唐・釋玄奘譯《瑜伽師地論》卷七九〈攝抉擇分中菩薩地之
八〉,《大正藏》三十冊,頁737中。

生大慈心,生慈故即作是願,願我救濟如是等苦。㉕

大地菩薩見苦眾生則生大慈悲之心,以此大慈悲心力,可以救濟眾生苦。《菩薩戒法・請戒三》:

修慈心時,等視眾生,猶如己子,修悲心時,不愛己身,濟眾生苦。㉖

以上可見「大地菩薩慈悲力」也是一種「聖位」菩薩的不思議能力。

3.「善知識因緣力」

《大般涅槃經》云:

善知識者,所謂佛菩薩、辟支佛、聲聞、人中、信方等者。何故名為善知識耶? 善知識者,能教眾生遠離十惡,修行十善,以是義故名善知識。復次善知識者,如法而說如說而行。夫何名為如法而說如說而行? 自不殺生教人不殺,乃至自行正見教人正見。……自修菩提,亦能教人修行菩提。……自能修行信、戒、布施、多聞、智慧,亦能教人信、戒、布施、多聞、智慧。復以是義,名善知識。㉗

㉕ 劉宋・求那跋摩譯《菩薩善戒經》,《大正藏》三十冊,頁1008下。

㉖ 《菩薩戒法》第132–134行。

㉗ 北涼・曇無讖《大般涅槃經》卷二五〈光明遍照高貴德王菩薩

《菩薩地持經》云：

> 菩薩成就八事，滿足一切善知識行。一者善住律儀戒而
> 不毀犯。二者多聞現在覺悟。……菩薩有五事，真善知
> 識，調伏眾生為善知識事。一者語言，二者與念，三者
> 教授，四者教誡，五者說法。以是五事廣化眾生。❷❽

由以上經典可知「善知識」是神聖的佛菩薩，也可以是
世俗的凡人。善知識是對人有大利益的師友，能自發菩提心，
修菩薩行，也能教別人發菩提心、修菩薩行的導師。雖然慧
約智者國師是可以成就戒子的「善知識」， 但是，總觀梁國
內能兼備發菩提心修菩薩行，又能編撰《菩薩戒法》， 建戒
場，聘「智者」，舉行菩薩戒法會的大善知識，似乎祇有「皇
帝」一人堪當此重任。所以《菩薩戒法》的「善知識」指的
應該是梁武帝本人。「因緣」，梵語Hetu-pratyaya 是動機、原
因等意思❷❾。《維摩詰經集注》：「什曰：力彊為因，力弱為
緣。肇曰前緣相生，因也。現相助成，緣也。」❸⓪ 一物之生，
親與強力者為因，疏稀弱力者為緣❸❶。「善知識因緣力」似乎
影射著梁武帝促成全國佛教徒重受菩薩戒活動的廣大力量。

品〉，《大正藏》十二冊，頁510下。

❷❽ 同❷❸，頁926下–927上。

❷❾ 《望月佛教大辭典·因緣》，頁173。

❸⓪ 李翊灼校輯《維摩詰經集注》，老古文化公司，頁50。

❸❶ 丁福保《佛學大辭典·因緣》，頁991。

《菩薩戒法》規定已經受聲聞律儀戒的沙門，在重新接受菩薩戒時，或轉受菩薩戒時，都必須唱誦「善知識因緣力」的詞句。例如從信佛學佛最基本的「歸依三寶戒」，沙彌的「十戒」，比丘、比丘尼的「具足戒」而轉成菩薩戒時，都必須重複唱誦如下詞句：

> 某甲從有識神以來，至於今生，浪心流動，客塵所染，無明厚重，志力淺弱，無弘誓願，無曠濟意。所可受持聲聞律儀，不能遠大，止盡形壽。以諸佛本願力，大地菩薩慈悲力，以善知識因緣力，今日始覺悟。某甲從今日乃至菩提，歸依佛。……某甲從今日乃至菩提，受持具足攝大威儀戒，誓不起犯。㉜

受戒者在整個菩薩戒法會上所承受到的三種神力是：「諸佛本願力、大地菩薩慈悲力、善知識因緣力。」而智者也祇有在受菩薩戒當天的法會上，承蒙「佛、菩薩、善知識」的威神力，得以為「證人」，協助受戒者獲得「佛、菩薩、善知識」的庇祐而得戒。在現實世界裡，佛菩薩並不能現身來主導菩薩戒法會，而僅次於佛菩薩的「善知識」卻是現實世界的最高領袖——皇帝，皇帝不但被神化，而得以與佛菩薩同列，且隱約的以相當廣大的「因緣力」主導整個受菩薩戒活動。

總結《菩薩戒法》的理論說法，可以歸納為兩點：

(1)「智者」在菩薩戒法會上祇是一名「教師」或「證人」。

㉜ 《菩薩戒法》，第390–505行。

受戒者得戒不是來自於「智者」，而是神聖的「佛、菩薩、善知識」。「智者」之所以能成為菩薩戒法會的「證人」，係承「佛、菩薩、善知識」之威神，更重要的是受「皇帝」這位善知識的聘請。

(2)「皇帝」在菩薩戒法會上，被神化為擁有因緣力的「善知識」，因而得與「佛、菩薩」同列。「皇帝」是現實的菩薩戒法會之主導者，因為「皇帝」的「因緣力」，才有菩薩戒法會各項活動的進行與受戒者獲得菩薩戒之成果。《菩薩戒法》第70行「於其中間，或有未具，參以所聞，不無因緣」。的撰次方式中，在沒有任何佛經可資引證下，特別「參以所聞，不無因緣」為梁武帝創造了「善知識因緣力」，使「皇帝」神聖化為「菩薩」，獲得了有力的理論根據。

第二節　從世俗的「菩薩戒弟子皇帝」　　　到神聖的「皇帝菩薩」

菩薩戒法會在現實世界中舉行，佛菩薩不能以具體真人的形態來主持；皇帝不適合親自臨壇主持，而且梁武帝在親受菩薩戒時是位受戒者，不能分身為二人。因此，需要一位能擔任「智者」職務的法師，親臨引導各種儀式的進行。擔任「智者」職務的法師，其形象與地位應該是在「皇帝」一人之下，僧俗臣民等萬人之上。這樣的「智者國師」才能為梁朝上自皇帝、太子、王侯、僧正，下至僧尼、庶民等四萬八千名的佛弟子授戒。所以，膺任「智者」人選的國師，其戒律修持、佛學素養、聲望、年齡等各方面條件，必然是一

時之選。智者國師在菩薩戒法會中，不但要為受戒者傳戒，而且另一項任務是使梁武帝登上與「佛菩薩」同列，神聖的「善知識」聖位。換句話說，智者國師不但要使梁武帝成為受過戒的「菩薩戒弟子皇帝」，還要使他成為神聖的「皇帝菩薩」。智者國師雖然在各種條件上必須是萬人之上的一時之選，但是他的個性、形象、聲望絕對不是一個「強者」的典型，以至於有侵犯「皇帝菩薩」神聖形象之虞。因此，擔任菩薩戒法會的「智者國師」之人選，必須慎重的抉擇。

一、「智者國師」人選的抉擇

「智者國師」的條件，在《菩薩戒法》中有詳細的規範。《菩薩戒法‧請戒三》：

> 菩薩欲學菩薩律儀戒、攝善法戒、攝眾生戒。若在家若出家，發無上菩提願已。於同法菩薩，已發願者，有智有力，善語善義，能誦能持，至如是菩薩所請戒。臨受戒應問戒相，若問者，智者應為說；若不問，智者亦應說。經言：欲受菩薩戒時，智者應先為說菩薩摩得勒伽藏。❸

《菩薩戒法》認為授戒法師 ——「智者」必須具備「同法菩薩，已發願者，有智有力，善語善義，能誦能持」的條件。《菩薩戒法》「智者」條件，係引用《菩薩地持經》的說法。《菩薩地持經》除了以上的「智者」條件外，還詳細規

---

❸ 《菩薩戒法》，第117–123行。

定如下:

> 若不信者則不從受。謂初聞菩薩戒,不信,不順,不能
> 思惟。慳者,貪者,多欲者,不知足者,破戒者,慢緩
> 者,不護戒者,瞋者,恨者,不堪忍者,懶惰者,懈怠
> 者,著睡眠者,樂說世事者,如是等人,患不從受。❸

聘任菩薩戒法會「智者國師」人選的作業程序上,梁武
帝規劃得相當仔細,也慎重地抉擇。《續高僧傳·智藏傳》:

> 帝將受菩薩戒,敕僧正(慧超)牒老宿德望。時(慧)
> 超(僧)正,略牒法深、慧約、智藏三人,而帝意在於
> 智者(慧約),仍取之矣。❸

梁武帝將受菩薩戒時,首先敕命大僧正慧超,推薦「老
宿德望」的僧侶人選。大僧正主管全國一切僧尼,是梁國佛
教教團最高領導者。由大僧正慧超推薦「老宿德望」的高僧,
來擔任梁武帝的授戒國師,是合理合法的一項決定。大僧正
慧超也居於職責所在而推薦法深、慧約(452–535)、智藏
(458–522)三名人選。梁武帝在這三名人選中,親自裁決而聘
請慧約法師為「智者國師」。梁武帝為何在這三名人選中,不
取排在第一名的法深與排在第三名的智藏?其間的抉擇耐人
尋味。以「老宿德望」的標準而言,無疑這三人皆為梁國的

---

❸ 同❷,頁913上。

❸ 《續高僧傳》卷五〈智藏傳〉,頁467。

一時之選。從「老宿」的年齡來看，天監十八年(519)慧約年
六十八歲，智藏年六十二歲，梁武帝年五十六歲；法深則無
資料可考，猜想他的年齡應該比慧約還大，所以被排為第一
名。光宅寺法雲、莊嚴寺僧旻是梁武帝的家僧，而且常在內
廷裏助武帝裁決政教事務，可說是政教結合政策的決策內圈
之兩位重要人物。法雲與僧旻在天監十八年同為五十三歲。
他們二人未被列入「智者」的推薦名單中，可能是年齡比梁
武帝小的關係，不足以為帝王師。

　　梁武帝未選取法深法師為「智者」，可能是法深除了是
梁國「老宿」僧侶中以年齡見尊外，在學問、道德、形象、
聲望等「德望」上，比不上慧約、智藏，所以未被聘用。吾
人從《高僧傳》等各種史料上，都找不到有關法深的絲毫資
料，也許可以作為法深缺乏「德望」的佐證。而慧約卒後，
梁武帝為其下敕豎碑墓石，詔王筠為碑文。王筠〈國師草堂
寺智者約法師碑〉，現存於《全梁文》。此外，《續高僧傳・
慧約傳》有將近二千五百字的本傳❸。智藏卒後，也由新安
太守蕭機製文，湘東王繹製銘，太子中庶子陳郡殷鈞為立墓
誌。《續高僧傳・智藏傳》保留有三千多字本傳❸。從慧約、
智藏的本傳等資料上，可以進一步探討為何梁武帝捨智藏而
任命慧約為智者的原因。

　　比較現存有關慧約與智藏的資料，智藏的家世、聲望、

<hr />

❸　王筠〈國師草堂寺智者約法師碑〉，收在清・嚴可均校輯《全上
　　古三代秦漢三國六朝文》《全梁文》卷六五，中文出版社，頁3338。
　　《續高僧傳》卷六〈慧約傳〉，頁468中-470上。
❸　《續高僧傳》卷五〈智藏傳〉，頁465下-467中。

學問似乎優於慧約。《續高僧傳・智藏傳》：

> 釋智藏，姓顧氏。吳郡吳人。吳少傅曜之八世也。高祖彭年，司農卿。曾祖淳，錢唐令。祖瑤之、員外郎。父映，奉朝請。……年十六，代宋明帝出家。以泰初六年，敕住興皇寺。……當時（齊世）柔、次二公，玄宗蓋世。初從受學、挹酌經論、統辯精理、及其開關延敵，莫能涉其津者。藏洞曉若神，微言每吐，預有比蹤，罔不折服。於是二僧（僧柔、慧次）歎揖，自以弗及也。齊太尉文憲王公，深懷欽悅，爰請安居，常歎相知之晚。太宰文宣王，建立正典，紹隆釋教。將講淨名，選窮上首。乃招集精解二十餘僧，探授符策，乃得於藏。年臘最小，獨居末座。敷述義理，罔或抗衡。道俗翕然，彌崇高譽。……逮有梁革命，大弘正法。皇華繼至，方遊京輦。天子下禮承修，榮貴莫不竦敬。……敕於彭城寺講成實，聽侶千餘，皆一時魁秀，學觀榮之。又敕於慧輪殿講般若經，別敕大德三十人預座。藏開釋發趣，各有清拔，皆著私記，擬後傳習。……凡講大小品、涅槃、般若、法華、十地、金光明、成實、百論、阿昆曇心等。各著義疏行世。❸

　　智藏系出吳郡顧氏，孫吳以來六朝的高門。智藏代宋明帝出家，敕住興皇寺，可說是一名「皇帝沙門」。智藏的學問早在齊世的青年時期，就被太尉王儉、太宰文宣王所重視，

---

❸　同前注。

名列二十餘義解名僧之一。進入梁朝之後，為梁武帝所尊崇，並被聘為開善寺寺主。梁武帝經常敕請智藏在彭城寺、建康宮城等地講經。當時的三十位大德僧侶，也受武帝別敕往聽講。這些大德還私下記錄筆記，供俟後傳習講授之用。智藏可說是當時的義學高僧，講授《般若經》、《涅槃經》、《法華經》、《十地論》、《金光明經》、《成實論》等經論，並各著有義疏傳世。反觀慧約的家世、聲望、學問，雖然也為時人所敬重，但是與智藏相比似乎略遜一籌。《續高僧傳・慧約傳》：

> 釋慧約，姓婁，東陽烏傷人也。祖世蟬聯東南冠族。……宋泰始四年，於上虞東山寺，辭親翦落，時年十七，事南林寺沙門慧靜。靜於宋代，僧望之首，律行總持。……齊竟陵王作鎮禹穴，聞約風德，雅相嘆屬。時有釋智秀、慧次等，並名重當鋒，同集王坐。約既後至，年夏未隆，王便欲躬盡敬，眾咸懷不悅之色。王曰：此上人方為釋門領袖，豈今日而相待也。故其少為貴勝所崇也如此。……齊太宰文簡公褚淵，太尉文憲公王儉，佐命一期，功高百代。欽風味道，共弘法教。淵嘗請講淨名、勝鬘。儉亦請開法華、大品。……既而留心方等，研精九部，皆蘊匵胸襟，陶瑩懷抱，顯說弘通，當仁不讓。劬勞汲引，隆益群品。❸❾

為何梁武帝捨棄家世、聲望、學問均獨步當世，為時人所宗的第一人選智藏，而聘請略遜一籌的第二人選慧約為「智

---

❸❾　《續高僧傳》卷六〈慧約傳〉，頁468中–469中。

者國師」。筆者以為智藏的個性與形象，深為梁武帝所忌憚，尤其智藏是南朝以來「沙門不敬王者」傳統的典型代表者。梁武帝似乎沒有這樣的雅量，聘請自己的反對者為「帝王師」。梁武帝出身蕭齊宗室，從小就得到良好的教育與出仕參政的優越機會。武帝不但青年時期就兼習玄、儒、文、史等士大夫的基本教養，且遊於竟陵王門下，結交天下才學之士與僧道等高人。家世將門，擁有軍隊，且擅長軍事、政治等文武才幹，又因緣際會而開國稱帝。這些優越的個人環境與豐富經歷，再加上處於統治主體的帝王至尊地位，使梁武帝在個性方面具有自負、傲慢、自以為是，因而惡人勝己的缺點。《隋書・五行志》：

> 時帝自以為聰明博達，惡人勝己。❹

《梁書・沈約傳》：

> 沈約(441-513)嘗侍讌，值豫州獻栗，徑半寸，帝奇之，問曰：「栗事多少？」與約各疏所憶，少帝三事。（約）出謂人曰：「此公護前，不讓即羞死。」帝以其言不遜，欲抵其罪，徐勉固諫乃止。❹

智藏曾經秉持「沙門不敬王者」的論點，故意坐上皇帝寶座，抗議「御座之法，唯天子所升」的規定❹。智藏不僅

---

❹　《隋書》卷二三〈五行志〉，頁659。

❹　《梁書》卷一三〈沈約傳〉，頁243。

堅持沙門獨立於王權之外的精神,而且更進一步以佛法義理
駁斥梁武帝兼任「白衣僧正」的決策❸。智藏不惜冒著觸怒
皇帝而遭殺身之禍的危險,在華光殿上僧俗大眾之前,應用
佛理論難的方式,迫使梁武帝停止業已執行的「帝王兼僧王」
的政策。智藏這種「強人」的個性,應該是具有「惡人勝己」、
「自負」等個性的梁武帝所忌憚的。智藏秉持東晉以來「沙
門不敬王者」的精神,可以說是當時僧團的精神領袖,即使
梁武帝身旁最得力的「第一國師」光宅法雲❹,也不得不對
智藏敢於公開反對「帝王兼任僧王」的決策且積極主張「沙
門超然於王者之外」的精神深感伏服。梁武帝如果大膽的聘
請智藏法師為「智者」來傳授菩薩戒,固然可以折服全國一
切「道俗士庶」的佛教徒,但是,武帝必須冒著失去「皇帝
菩薩」神聖地位的危險。因此,儘管智藏的地位、聲望、學
問、形象均超過慧約,梁武帝還是寧願捨智藏而選取慧約。
慧約被取為「智者」的原因,可進一步從其本傳中獲得了解。
《續高僧傳・慧約傳》:

> 釋慧約,姓婁,東陽烏傷人也。祖世蟬聯東南冠族。有
> 占其塋墓者云:「後世當有苦行得道者,為帝王師焉。」
> 母劉氏夢長人擎金像令吞之,又見紫光繞身,因而有孕。

---

❹ 《續高僧傳》卷五〈智藏傳〉,頁466上。又參見第一章第一節第
  四項「沙門不敬王者」的影響。

❸ 《續高僧傳》卷五〈智藏傳〉, 頁466。又參見第四章第一節「佛
  教國家」建立佛學基礎的原因。

❹ 參見❼拙文有關光宅法雲的探討。又同❸。

便覺精神爽發，思理明悟。及載誕之日，光香充滿，身白如雪，時俗因名為靈粲。……撫塵之歲，有異凡童，惟聚沙為佛塔，疊石為高座。……齊太宰文簡公褚淵，遇疾晝寢見梵僧云：「菩薩當至，尋有道人來者是也。」俄而（慧）約造焉，遂豁然病愈。即請受五戒。齊給事中妻幼瑜，少有學術，約之族祖也。每見輒趣為禮。或問：「此乃君族下班，何乃恭也。」瑜曰：「菩薩出世，方師於天下，豈老夫致敬而已。」時人未喻此旨，惟王儉深以為然。……齊建武中（慧約）謂沈約曰：「貧道昔為王，褚二公供養，遂居令僕之省。檀越為之，復入地矣。」天監元年，沈約為尚書僕射。❹

　　慧約誕生前後，有許多象徵著「帝王師」、「菩薩」的神異、異夢、徵應等神話故事。出家前後也有「菩薩」的異夢故事❹。蕭齊時代，慧約被齊竟陵王子良譽為「沙門領袖」，為齊世貴勝所崇。齊太宰文簡公褚淵、太尉文憲公王儉，視慧約為「菩薩」而從其受戒，並嘗請慧約講《淨名經》、《勝鬘經》、《法華經》、《大品般若經》等。褚淵、王儉、沈約等人，因供養慧約之故，而能高升登入尚書令、僕射之高官。此外，慧約亦具「道被幽冥」的神異能力❹。從〈慧約傳〉

---

❹　《續高僧傳》卷六〈慧約傳〉，頁468中－469中。

❹　同前注，〈慧約傳〉：「季父喜敗獵，化終不改。……恣行勸戮。（季父）夢赤衣使者，手持矛戟謂曰：『汝終日殺生，菩薩教化又不能止，捉來就死。』驚覺汗流。旦便毀諸獵具，深改前咎。」頁468下。

的敘述中，可以獲知慧約是一位「有智有力，善語善義，能誦能持」的當今活菩薩。凡是供養這位活菩薩者，皆能獲得消災免厄、卻病延年、加官晉爵等庇祐。此外，慧約也符合「老宿德望」的條件。慧約比智藏大六歲，而且具備著「菩薩」的德望，有庇祐信徒的感應能力。因此，武帝抉擇授戒的「帝王師」時，就以「慧約德高人世，道被幽冥」因而「允膺闍梨之尊，屬當智者之號」❹ 而聘請他為「智者國師」。天監十八年四月八日，梁武帝就在慧約智者國師擔任菩薩戒法會的「教師」、「證人」之上，從佛菩薩邊得菩薩戒，而正式地、合法地成為「菩薩戒弟子皇帝」❹ 。

二、「皇帝菩薩」理念、地位的形成

梁武帝捨棄家世門第、聲望、學問均優於慧約的第一人選智藏，而選取年齡、形象較適合的第二人選慧約為「智者」，擔任梁國授菩薩戒法會的「國師」。 這一項決策的執行，也帶來各種利弊得失。從不利的方面來看，梁武帝將受到在學

---

❹ 同前注，〈慧約傳〉：「有道士丁德靜，於館暴亡，傳云：山精所斃。乃要大治祭酒居之，妖猶充斥。長山令徐伯超之議，請(慧)約移居，曾未浹旬，而神魅弭息。後畫臥見二青衣女子，從澗水出，禮悔云：凡障深重，墮此水精，畫夜煩惱，即求授戒。自爾災怪永絕。」頁469上。

❹ 同前注，頁469中。

❹ 梁武帝自稱為「菩薩戒弟子皇帝」， 見《廣弘明集》卷二八，梁武帝〈摩訶般若懺文〉、〈金剛般若懺文〉，《大正藏》五十二冊，頁332上-下。

間、聲望出身等方面高於慧約的高僧之杯葛。像光宅法雲是
屬於政教決策內圈的「家僧」，就公開反對從慧約國師受菩薩
戒。《續高僧傳・法雲傳》：

> 帝抄諸方等經，撰受菩薩法。構等覺道場，請草堂寺慧
> 約法師以為智者，躬受大戒以自莊嚴。自茲厥後，王侯
> 朝士，法俗傾都，或有年臘過於智者，皆望風奄附，啟
> 受戒法。法雲曰：「戒終是一，先已同稟，今重受者，
> 誠非所異？有若趣時。」於是固執。帝累勸獎，每加說
> 喻。答曰：「當先發願，若相應，然後從受。」法雲欲發
> 起中表菩提之心，捨己身外嚫施之物。通啟於華林園光
> 華殿，設千僧大會。分此諸物為五種功德。上帝隨喜，
> 警梵從時。鏘金候旭，百和氛氳。眾妓繁會，觀者傾城，
> 莫不稱嘆。❺

　　光宅法雲這位「第一國師」堅持不願從慧約受菩薩戒，
最後在梁武帝累次「勸獎說喻」之下，不得已才有條件地答
應重受菩薩戒。法雲的條件是：先發願並得到佛菩薩的感應
瑞相。換句話說，法雲要直接從佛菩薩得戒，而慧約也僅是
「證人」或「教師」而已。梁武帝不但答應這項條件，而且
公開支持法雲的「菩提願」大會。終於，在華林園光華殿千
僧大會中，在傾城圍觀以及各種祥瑞感應之下，法雲重受菩
薩戒。如果，菩薩戒法會的「智者國師」是法雲「真可伏服」
的智藏法師❺，那麼，梁武帝可能不必這麼大費周章地「勸

---

❺　《續高僧傳》卷五〈法雲傳〉，頁464下。

獎說喻」， 並有條件的勉強法雲去重受菩薩戒了。此外，大僧正慧超是在梁武帝的詔令之下，從慧約受菩薩戒。《續高僧傳・慧超傳》：

> 皇帝御寓，掇採群經，圓壇更造，文義斯構。事類因果，於此載明。有詔令慧超受菩薩戒，恭惟頂禮，如法勤修。❷

雖然，在現實的世界中選擇慧約擔任「智者」職務，不能獲得法雲等幾位聲望、學問等方面較高的僧侶衷心支持。但是，梁武帝捨智藏而選擇慧約，乃因慧約的「活菩薩」形象以及助人「加官晉爵」等特性，才是有助於武帝登上「皇帝菩薩」寶座的最佳人選。

總結梁武帝《菩薩戒法》的理論根據與「智者」人選的抉擇而言，可以得到如下的觀點：

⑴在實然的世界中，梁武帝不得不挑選一位「智者」法師，擔任菩薩戒法會的「教師」或「證人」。 梁武帝在這位有「活菩薩」形象的慧約國師襄助之上，從佛菩薩邊得菩薩戒，而成為合法的、正式的「菩薩戒弟子皇帝」。 也因此梁武帝能以身作則地勸令王侯、朝臣、僧正、一切僧尼庶民，從慧約國師重受菩薩戒。透過全國僧尼士庶普受菩薩戒活動的展開，達到以皇帝為主導的「佛教國家」之理想。

⑵在應然的世界中，《菩薩戒法》的理論規範與「智者」

---

❺¹ 《續高僧傳》卷五〈智藏傳〉，頁466下。

❺² 《續高僧傳》卷五〈慧超傳〉，頁468中。

法師的合作協助，使菩薩戒法會舉辦可以達到神化皇帝的目
的。《菩薩戒法》隱含皇帝具有神聖的「善知識因緣力」。由
於皇帝「善知識因緣力」的作用，才有《菩薩戒法》、戒場、
受戒儀式，乃至「智者」襄助的授戒活動之展開，所有的受
戒者才能憑藉「佛、菩薩、善知識」的神力而得菩薩戒。由
於天監十八年四月八日梁武帝受菩薩戒法會如期、如實的展
開，在個人方面證明武帝是一名真實的「菩薩戒弟子皇帝」，
在活動的意義上彰顯此種法會的崇高性、神聖性。另一方面，
全國法俗士庶隨著武帝受戒之後，從慧約智者這位「證人」
重受菩薩戒，將可在「諸佛本願力、大地菩薩慈悲力、善知
識因緣力」等神力庇祐下，得受菩薩戒。換句話說，受戒者
蒙受皇帝的「善知識因緣力」之庇祐，自然得感謝這位如同
佛菩薩般神聖的「皇帝菩薩」之恩惠。梁武帝經由全國佛教
徒參與的菩薩戒法會受戒之後，從凡人的「菩薩戒弟子皇帝」
躍昇到與諸佛菩薩同列的「善知識」神聖地位。慧約智者在
受戒當日僅委曲地擔任「證人」、「教師」的襄贊職位，卻成
全了皇帝與諸佛菩薩並列的神聖主導地位，使梁武帝從凡人
的「菩薩戒弟子皇帝」變成神聖的「皇帝菩薩」。

　　梁武帝被視為等同於佛菩薩般的神聖情狀，並不是在天
監十八年受戒之後才出現的。早在天監年間，梁武帝領導建
康教團的高僧、佛學專家從事於大規模佛典的整理、編纂，
戒律的訂定，佛經的翻譯，義理的疏解等學術工作時，建康
教團的成員，就以「佛菩薩」、「轉輪聖王」等名號來形容梁
武帝❸。例如：大約在天監十二年(513)之前所編撰完成的《佛

❸　參見拙著〈梁武帝「皇帝菩薩」的理念及政策之形成基礎〉，前引

記》三十篇，沈約(441-513)序曰：「皇帝行成無始，道承曠
劫。十號在躬，三達靡礙。屈茲妙有，同此轉輪。」❺❹「十號」
是佛的十種稱呼，《妙法蓮華經‧序品》：「過去無量無邊不
可思議阿僧祇劫，爾時有佛，號日月燈明，如來、應供、正
遍知、明行足、善逝、世間解、無上士、調御丈夫、天人師、
佛、世尊。……次復有佛，亦名日月燈明，如是二萬佛，皆
同一字，號日月燈明。……初佛、後佛皆同一字，名日月燈
明，十號具足。」❺❺沈約形容梁武帝無始劫以來修行成道，擁
有「佛」的十種稱號「如來、應供、正遍知、明行足、善逝、
世間解、無上士、調御丈夫、天人師、世尊」在自己身上。
此外，在天監十五年(516)僧旻、寶唱所編撰的《經律異相》
五十卷，在〈序〉中強調「皇帝同契等覺，比德遍知。大弘
經教，並利法俗」❺❻。「等覺」菩薩是即將成佛之最高位的菩
薩，「遍知」是佛的十號之一。僧旻等法師歌頌梁武帝已經契
合於最高位的等覺菩薩，武帝的道德也比擬於「正遍知」的
佛，能夠「大弘經教，並利法俗」。中國的政治文化中，皇
帝是「真命天子」、「聖王」擁有神秘的力量，高度的智慧與
德行，是「天帝之子」掌管天、人之間的所有事務。印度的
政治理想，轉輪聖王出世，將以佛菩薩的正法治世，使世界

文。

❺❹ 《廣弘明集》卷一五，沈約〈佛記序〉，《大正藏》五十三冊，頁
201中。

❺❺ 姚秦‧鳩摩羅什譯《妙法蓮華經》卷一〈序品〉，《大正藏》九冊，
頁3下。

❺❻ 梁‧寶唱等集《經律異相‧序》，《大正藏》五十三冊，頁1上。

達到太平安樂之境。佛教傳入中國,這兩種政治理想也逐漸的結合在一起。中印聖王治世的觀念,表現在北朝的是「皇帝即如來觀」與巨大的「帝王如來佛」石窟雕像。南朝則由梁武帝結合建康教團成員,從義理方面建立起「皇帝菩薩」的理念。天監十八年經由受菩薩戒活動的展開,使皇帝合法的菩薩化,成為一位合理、合法、擁有實質內涵的「皇帝菩薩」。 以下從邵陵王奉敕捨棄道教轉受菩薩戒的奏文,其中對「皇帝菩薩」的描述,可以進一步得到證明。

邵陵王綸〈敕捨老子受菩薩戒文〉:

> 皇帝菩薩,應天御物,負扆臨民。含光宇宙,照清海表。垂無礙辯,以接黎庶。以本願力,攝受眾生。故能隨方逗藥,示權顯因。崇一乘之旨,廣十地之基。是以萬邦迴向,俱稟正識。幽顯靈祇,皆蒙誘濟。人興等覺之願,物起菩提之心。莫不翹勤歸宗之境,悅懌還源之趣。共保慈悲,俱修忍辱。……今啟迷方,粗知歸向,受菩薩大戒,戒節身心。❺❼

《梁書・邵陵王傳》:

> 邵陵攜王綸字世調,高祖第六子也。少聰穎,博學善屬文,尤工尺牘。天監十三年,封邵陵郡王。❺❽

---

❺❼ 唐・法琳《辯正論》卷八,邵陵王啟〈敕捨老子受菩薩戒文〉,《大正藏》五十二冊,頁550上。

❺❽ 《梁書》卷二九〈邵陵王傳〉,頁431。

邵陵攜王綸為梁武帝第六子，其生年不詳。但是梁武帝
第五子廬陵威王續生於天監三年(504)，七子元帝繹生於天監
七年(508)，因此，邵陵王綸應生於天監三年至七年之間。所
以，天監十八年武帝受菩薩戒時，邵陵王綸上〈敕捨老子受
菩薩戒文〉的年齡為十一歲至十六歲之間。而且距離天監十
三年始封邵陵王也有六年之久，所上的奏文可能為其親筆或
臣下代撰❺。內藤龍雄〈梁の武帝の捨道の非史實性〉與太
田悌藏〈梁武帝の捨道奉佛について疑う〉兩篇文章，認為
梁武帝的〈捨事李老道法詔〉與邵陵王〈敕捨老子受菩薩戒
文〉為後人所偽作❻。因為這些史料的記載最早出現在唐・
法琳(572–640)《辯正論》與唐・道宣(596–667)《廣弘明
集》、《集古今佛道論衡》等書中。這些史料注明：天監三年
四月八日梁武帝發菩提心，敕寫〈捨事李老道詔〉；　四月十
一日敕公卿百官侯王宗族發菩提心；四月十七日邵陵王綸上
〈敕捨老子受菩薩戒文〉；四月十八日敕答邵陵王啟❻。內藤
與太田兩人認為偽作的主要原因是，天監三年時，文獻中的
部分人物或尚未出世或年幼，而且梁武帝儒釋道三教並重，
不可能獨捨道教專奉佛教。太田更進一步的比對各種文獻，
認為這些史料是北周武帝天保五年(570)滅佛法難前夕，佛教

❺　詳見《梁書》卷五〈元帝紀〉，卷二九〈廬陵王傳〉，頁113、430。

❻　內藤龍雄〈梁の武帝の捨道の非史實性〉，《印度學佛教學研究》
　　第五卷第二號，頁162–163。太田悌藏〈梁武帝の捨道奉佛につ
　　いて疑う〉，《結城令聞教授頌壽紀念論文集》，頁417–432。

❻　詳見《廣弘明集》卷四，頁112上–下。

護法家根據梁武帝大同七年 (541) 重雲殿講經的人物官職等資料偽作的。筆者認為《廣弘明集》等所記載的這些史料，都與天監十八年四月八日梁武帝發菩提心受菩薩戒的史實有關。如果將這些史料時間改為天監十八年四月八日至十八日，似乎較為合理。另外，皈依佛教受菩薩戒，則在皈依的儀式中必須發誓捨棄其他宗教，專門皈依佛教❷。那麼，梁武帝、邵陵王等人發誓捨棄家世相傳的道教而專奉佛教，也是一項自然而且必須公開宣誓的宗教性要求。如果說這些資料是北周武帝天保七年時的佛教護法家偽作的話，其偽作所依據的主題，毋寧是天監十八年四月八日前後，梁武帝發菩提心受菩薩戒所帶來的劃時代之崇佛巔峰的史實；而文獻中的人物官職名稱才是取自大同七年重雲殿講經的史實。總而言之，邵陵王綸〈受菩薩戒文〉所提到「皇帝菩薩」並非完全是子虛烏有，可能是邵陵王綸所親撰，或臣下代撰而為後人收錄。如果是五十一年後的北周武帝時人所偽作，則偽作所依託的「皇帝菩薩」之名詞也可能有所依據，並不一定是完全杜撰的。總而言之，梁武帝受菩薩戒與「皇帝菩薩」理念之間，有相當密切的關係，此點為南朝人所熟悉。「皇帝菩薩」是「應天御物，負扆臨民」。且能「含光宇宙，照清海表」。他能以無礙的智慧，接引萬民，以佛菩薩的本願力來攝受眾生。

---

❷ 歸依佛教，首先必須誓願「歸依佛竟，寧捨身命，終不歸依天魔外道。歸依法竟，寧捨身命，終不歸依外道邪說。歸依僧竟，寧捨身命，終不歸依外道徒眾」。參見釋聖嚴《戒律學綱要》，頁42。一般宗教在歸依或受洗時，通常要求放棄舊有的信仰，以便於新信仰的建立。

且其能力使得化外的邦國，都能稟受佛法的正確認識。「皇帝菩薩」的神力，更能接濟陽間與幽冥世界的鬼神，使他們能發菩提心，受菩薩戒。

另外一項證據是《魏書・蕭衍傳》的記載：

> 蕭衍令其王侯子弟皆受佛戒，有事佛精苦者，輒加以菩薩之號，其臣下奏表上書，亦稱衍為皇帝菩薩。❻❸

《魏書》成於梁武帝的敵國史官魏收(506–572)之手，〈蕭衍傳〉對梁武帝極盡挑剔之能事。因此，所記載有關梁武帝詔令王侯子弟皆受菩薩戒，群臣奏表上書稱衍為「皇帝菩薩」之史實，應該十分可靠。那麼，天監十八年四月八日梁武帝親受菩薩戒之後，被僧俗臣民尊稱為「皇帝菩薩」這一件歷史事實，應該是可以確定的。梁武帝又四次捨身同泰寺，《南史》等正史記載群臣以大量金錢奉贖「皇帝菩薩」清淨大捨。這些不同來源的史料都明確地稱呼梁武帝為「皇帝菩薩」。因此，根據以上的各種探討，可以確定梁武帝透過天監十八年四月八日親受菩薩戒，以及往後的菩薩戒法會等活動，建立了「皇帝菩薩」之神聖地位。

---

❻❸　《魏書》卷九八〈蕭衍傳〉，頁2187。

第三節 「佛教國家」以「受菩薩戒」
為主的政治改革

一、士族政治的敗壞與天監年間的改革

士族門閥把持政治的現象，在魏晉南北朝時歷三、四百年而不衰，我們可以把這個時代的政治稱為「士族門閥政治」。魏晉南北朝的士族，憑藉著九品中正制度做為其保持政治地位的有力工具，又壓抑寒素，劃定婚姻圈，正譜牒，壟斷經濟與教育等權力，使得士族政治成為牢不可破的政治實體❻❹。而南朝的士族政治卻相當的腐敗，到了梁朝可以說是敗壞到極點。《顏氏家訓‧勉學篇》：

> 梁朝全盛之時，貴遊子弟，多無學術，至於諺云：「上車不落則著作，體中何如則秘書。」無不薰衣剃面，傅粉施朱，駕長簷車，跟高齒屐，……明經求第，則顧人答策；三九公讌，則假手賦詩。❻❺

門第子弟的學養、從政能力到了梁朝是相當的微弱。但是「貴仕素資，皆由門慶，平流進取，坐至公卿」❻❻。士族

---

❻❹ 參見毛漢光《兩晉南北朝士族政治之研究》，中國學術著作獎助委員會，民國五十五年。

❻❺ 北齊‧顏之推撰，王利器集解《顏氏家訓集解》，明文書局本，頁145。

的子孫憑藉著良好家世庇蔭，保有政治、社會、經濟等特權，仍然用九品中正制度，譜牒，婚姻等手段，長期高踞政治的重要位置。南朝門第精神業已消失❻❼，但是，仍把持占據統治階層的重要位置。齊梁之際士族政治敗壞已極，梁武帝不得不徹底而根本地作一番大改革。

蕭衍聯結雍州、荊州地區的豪族所組成的革命軍團，在齊中興元年(501)十月，兵臨建康石頭城之後，城內的貴族官僚紛紛向他輸誠。蕭衍為了增強其勢力，不但接受這些貴族官僚的投效，而且努力爭取其他階層人民的支持。十二月消滅東昏侯之後，即大赦天下。「凡昏制、謬賦、淫刑、濫役，外可詳檢前源，悉皆除蕩」❻❽。蕭衍積極的爭取各個階層的擁護之中，最值得注意的是優遇門閥貴族。齊中興二年(502)二月，蕭衍上表曰：

> 譜牒訛誤，詐偽多緒，人物雅俗，莫肯留心。是以冒襲良家，即成冠族，妄修邊幅，使為雅士，……故前代選官，皆立選簿，應在貫魚，自有詮次。……自今選曹宜精隱括，依舊立簿，使冠屨無爽、名實不違，庶人識崖涘，造請自息。❻❾

---

❻❻　《南齊書》卷二三〈王儉傳〉，頁438。

❻❼　參見何啟民〈南朝的門第〉，氏著《中古門第論集》，學生書局，民國六十七年，頁121–137。

❻❽　《梁書》卷一〈武帝紀〉，頁14。

❻❾　《梁書》卷一〈武帝紀〉，頁22–23。

　　儘管東漢以來數百年的發展，士族高門已呈現僵化、腐敗的現象。高門子弟毫無文武才幹，但仍占據中央重要官職。士族雖已失去大部分的軍權，但仍獨占政治社會結構中影響力的半數以上❼⓿。這是客觀社會的事實，梁武帝必須給予尊重，而且為他們「嚴士庶之分」。但是齊梁之際的門閥貴族，業已呈現固定化、形式化、閉鎖性的頹廢景象，想要繼續壓抑、排斥下級貴族（地方豪族、土豪、寒門、庶族），這是與蕭衍所憑藉起義的地方豪族軍團及下級貴族之利益相衝突的。安田二郎指出，梁武帝為了突破傳統的「社會貴族體制」——皇帝與門閥貴族聯合體制，他除了劃定士庶貴賤之分外，還提倡以才學為任官標準的新政策。梁武帝一方面嚴士庶之分，一方面在任命官職上，以個人素養的才學、能力與幹練為依據，而不限於出身的貴賤清濁。換句話說，武帝一方面尊重、維護數百年來的門閥制度，爭取士族高門的擁護來做為自己統治的支柱，給予他們缺乏實權而名譽崇高的官職，另一方面任用真才實幹之士來典掌機要，進行實際而有效率的統治。東漢以來士族係憑藉累代經學而能累代仕宦的，換句話說，士族以「才學」見重於世。齊梁之際，士族雖喪失其「才學」的特質，但仍盤據中央要職。梁武帝以「才學」為任官標準，不分其出身士庶之別。這種一方面「正譜牒」以嚴士庶之限，一方面以「才學」任官突破士庶之限，被稱為新貴族主義。也就是以梁武帝為主導的「國家貴族體制」❼❶。齊中興二年二月，蕭衍同一上表曰：

----

❼⓿　參見毛漢光《中國中古社會史論》第二篇〈中古統治階層的社會成分〉，頁37–44。

且聞中間立格，甲族以二十登仕，後門以過立試吏。求
之愚懷，抑有未達。何者？設官方職，惟才是務。若八
元立年，居皂隸而見抑；四凶弱冠，處鼎族而宜甄。是
則世祿之家，無意為善；布衣之士，肆意為惡。豈所以
弘獎風流，希向後進？此實巨蠹，尤宜刊革。❼❷

　　蕭衍臨登位之際，一方面「正譜牒」尊重士族傳統勢力，
一方面「惟才是務」，企圖打破士庶以及年齡限制之特權習
慣，可見其早有改革現實政治的理想。安田二郎認為，梁武
帝在往後長期的政權運作中，極力實踐禪位過程中的「九錫
文」所標幟的德目。「九錫文」是儒家理想聖王治世境界的具
體德目，可以說是武帝君權思想的重要內容。武帝應用其中
的第五條：「根據尚賢思想，任用正直的官吏」而創立新貴
族主義，並藉以達到皇帝主導的「國家貴族體制」❼❸。儒家
思想為核心的君主政治，強調皇帝的聖明有德，官吏的賢能
有才。「才學」可以說是儒家政治的重要標準。梁武帝在士
族政治趨於僵化、腐化之際，一方面尊重客觀的士族勢力，
一方面以士族的「才學」標準來突破其閉鎖的限制，而從事
政治改革。這是梁武帝「天監之治」吏治清明，政治上軌道

❼❶　參見安田二郎〈南朝の皇帝と貴族と豪族‧土豪層──梁武帝の
　　革命を手がかりに──〉，《中國中世史研究》，東海大學出版會，
　　1980年，頁222–243。

❼❷　《梁書》卷一〈武帝紀〉，頁23。

❼❸　同❼❶。

而為後人所稱讚之處。

梁武帝在培養和選拔人才以進行統治方面，採取各種新措施。《梁書・武帝紀》：

> 天監四年春正月，詔曰：「今九流常選，年未三十，不通一經，不得解褐。若有才同甘、顏，勿限年次。」置五經博士各一人。❼❹

《隋書・百官志》：

> 天監四年，置五經博士各一人。舊國子學生，限以貴賤。帝欲招來後進，五館皆引寒門儁才，不限人數。❼❺

《梁書・武帝紀》：

> 天監七年二月，詔於州郡縣置州望、郡宗、鄉豪各一人，專掌搜薦……天監八年五月壬午詔曰：「學以從政，殷勤往哲，祿在其中，抑亦前事。朕思闡治綱，每敦儒術，軾閭闞館，造次以之。故負袟成風，甲科間出，方當置諸周行，飾以青紫。其有能通一經，始末無倦者，策實之後，選可量加敍錄。雖復牛監羊肆，寒品後門，並隨才試吏，勿有遺隔。」❼❻

❼❹ 《梁書》卷二〈武帝紀〉，頁41。

❼❺ 《隋書》卷二六〈百官志〉，頁724。

❼❻ 《梁書》卷二〈武帝紀〉，頁47、49。

在梁武帝的新政策之下，寒門子弟進入國學和試吏以進入仕途，都得到特別關注。《隋書・百官志》曰：「梁用人殊重，簡以才能，不限資地。」❼梁武帝特別強調：「官以人而清、豈限以甲族。」❽梁武帝注重吏治，不委政於王、謝高門，而重用擁有「才學」與「吏幹」的徐勉、周捨等人進行務實統治❾。此外，天監七年改革官制，將原來的九品改為十八班的新制度，方便於官階的升轉回旋❿。凡此，皆可視為梁武帝以「才學」等為主所進行的「國家貴族主義」新的政治改革。但是，強調官吏的「才學」、「吏幹」以及改革選官標準、官職等制度，還不足以達到吏治清明的境界。要進行全面而徹底的政治改革，仍然必須從官吏個人的品德與才學等方面，做最基本的培養與訓練。而「菩薩戒」的戒條，如能確實的遵守與實踐，則能使每一個人的德行圓滿，達到人間佛國的境界。梁武帝在天監十八年建立其「皇帝菩薩」地位後，即積極的鼓勵王侯子弟、朝臣等受菩薩戒，似乎與官吏的品行改良有關。

---

❼ 《隋書》卷二六〈百官志〉，頁723。

❽ 《梁書》卷四九〈庾於陵傳〉，頁689。

❾ 參見周一良〈論梁武帝及其時代〉，《中華學術論文集》，1981年，頁127–137。

❿ 《隋書》卷二六〈百官志〉，頁729–741。又參見韓國磐《魏晉南北朝史綱》，1983年，頁327–329。

二、菩薩戒的提倡、實踐與政治改革

《魏書・蕭衍傳》：

> 蕭衍崇信佛道，於建業起同泰寺，……衍每禮佛，捨其
> 法服，著乾陀袈裟。令其王侯子弟皆受佛誡，有事佛精
> 苦者，輒加以菩薩之號。其臣下奏表上書亦稱衍為皇帝
> 菩薩。[81]

梁武帝不但虔誠的信奉佛教，而且親受菩薩戒。一方面
自己奉行菩薩戒，禮佛時按佛律規定而脫棄皇袍改穿袈裟；
另一方面詔令王侯子弟受菩薩戒，如果事奉佛教、守戒精嚴
苦切者，則親自授與某某菩薩的稱號。梁武帝大力提倡菩薩
戒，率先奉行菩薩戒的結果，使得臣下等人的奏書，都尊稱
梁武帝為「皇帝菩薩」。有關王侯子弟受菩薩戒的史料，有
丁貴嬪、簡文帝等人[82]。此外，梁武帝也大力敦勸官吏受菩
薩戒。《梁書・江革傳》：

> 時高祖盛於佛教，朝賢多啟求受戒。革精信因果，而高
> 祖未知，謂革不信佛教，乃賜革覺意詩五百字，云：「惟
> 當勤精進，自強行勝脩；豈可作底突，如彼必死囚。以

---

[81] 《魏書》卷九八〈蕭衍傳〉，頁2187。

[82] 《梁書》卷七〈丁貴嬪傳〉，謂丁貴嬪「受戒日，甘露降于殿前，
方一丈五尺」。頁161。又梁簡文帝自稱「菩薩戒弟子蕭綱」，《全
梁文》卷一四，簡文帝〈為諸寺檀越願疏〉，頁3034。

此告江革，並及諸貴遊。」又手敕云：「世間果報，不可不信，豈得底突如對元延明邪？」革因乞受菩薩戒。 **❸**

梁武帝盛弘佛教，朝賢也都附和著請求受菩薩戒。祇有「正直清嚴」的江革等人，雖然虔信佛教，但不願趨時附眾，自動受菩薩戒。梁武帝因作〈覺意詩〉五百字，勸江革及「諸貴遊」受菩薩戒。江革在接到梁武帝的詩以及手敕之後，才啟乞受菩薩戒。另外，光宅寺法雲則在梁武帝累加「勸獎說喻」，以及公開支持其「菩提願」大會等條件之下重受菩薩戒。大僧正慧超，則在梁武帝的詔令之下受菩薩戒。詳見上一節的探討。梁武帝大力提倡菩薩戒，勸令王侯、妃嬪、朝臣、大僧正乃至一切僧尼、庶民受菩薩戒。《續高僧傳・慧約傳》謂「皇儲以下，爰至王姬，道俗庶士，咸希度脫。弟子著籙者，凡四萬八千人」 **❹**，可見梁國受菩薩戒的人數之眾多了。梁武帝為何這樣大費力氣、大肆的提倡菩薩戒，其目的為何？也許可以從他命令蕭昱受菩薩戒的史實中，得到一些認識。《梁書・蕭昱傳》：

> 蕭昱，普通五年(524)，坐於宅內鑄錢，為有司所奏，下廷尉，得免死，徙臨海郡。行至上虞，有敕追還，且令受菩薩戒。昱既至，恂恂盡禮，改意蹈道，持戒又精潔，高祖甚嘉之，以為招遠將軍、晉陵太守。下車勵名跡，除煩苛，明法憲，嚴於姦吏，優養百姓，旬日之間，郡

---

❸ 《梁書》卷三六〈江革傳〉，頁524。

❹ 《續高僧傳》卷六〈慧約傳〉，頁469中。

中大化。俄而暴疾卒，百姓行坐號哭，市里為之諠沸，
設祭奠於郡庭者四百餘人。田舍有女人夏氏，年百餘歲，
扶曾孫出郡，悲泣不自勝。其惠化所感如此。百姓相率
為立廟建碑，以紀其德。又詣京師求贈諡。詔贈湘州刺
史，諡曰恭。[85]

　　蕭昱因盜鑄私錢，被判處徒刑放逐途中，梁武帝下敕追
還，並令受菩薩戒。蕭昱受菩薩戒後，判若兩人，不但持戒
精潔，而且改意修道。梁武帝嘉許蕭昱受菩薩戒之後品德行
為皆悔過遷善，於是任命他為晉陵太守。蕭昱從囚犯變成晉
陵太守之後，勵名跡，明法憲，優養百姓，郡中大治。蕭昱
本是罪人，因受菩薩戒，持菩薩戒，不但本人循禮修道，而
且恩加百姓，吏治清明。這件個案，似乎在說明梁武帝規勸
王侯子弟、朝臣普受菩薩戒的目的，在希望透過菩薩戒行的
修持，達到人人遷過向善，教化大行的境地。探討梁武帝如
何以菩薩戒的提倡、實踐為中心，達到政治改革的理想。此
一問題首先必須先了解「菩薩戒」是什麼？其次再探討梁武
帝如何藉著菩薩戒之推行而達到目的。

　　佛教的戒律可大別為兩種：一為小乘七眾戒，一為大乘
菩薩戒。小乘七眾戒有在家的優婆塞（善男）、優婆夷（信
女）戒、出家的沙彌、沙彌尼、式叉摩尼（正學女）、比丘、
比丘尼戒。菩薩戒是七眾戒之外的波羅提木叉（別解脫戒）。
在家的優婆塞、優婆夷可受菩薩戒；出家的沙彌乃至比丘也
可受菩薩戒；這是存在於七眾之中的加受菩薩戒。菩薩戒的

---

[85]　《梁書》卷二四〈蕭昱傳〉，頁372。

主要內容，可以歸納為三大項，被稱為三聚淨戒。佛經中的
三聚淨戒為：第一攝律儀戒，持一切淨戒；第二攝善法戒，
修一切善法；第三饒益有情戒，度一切眾生。所謂菩薩戒，
就是聚集了持律儀、修善法、度眾生三大門類的一切佛法。
大乘菩薩戒即涵蓋又超勝小乘七眾戒，不但要消極的去惡，
且要積極的行善❿。

梁武帝的《菩薩戒法》對於菩薩戒的具體內容，有詳細
的規範。《菩薩戒法・受攝大威儀戒法五》，說明應轉變小乘
七眾戒為生生世世直至成佛的大乘菩薩戒❿。〈略說罪相九〉
特別舉出菩薩戒最重要的十戒：殺，盜，婬，妄語，酤酒，
自說佛法中罪過，自讚毀他，慳，瞋，謗三寶❿。〈攝善法戒
七〉舉出主要的十條戒相：攝善法，持戒，佈施，忍辱，精
進，禪定，般若，親近善知識，自省，悔過等❿。〈攝眾生戒
八〉主要的十條戒相：攝眾生，四攝，慈心，悲心，喜心，
捨心，隨他心，報恩，畜眾，調伏等❿，此外，梁武帝的《菩
薩戒法・序一》，開宗明義的強調菩薩戒的目的：

> 菩薩戒者，不為一切眾聖，迺為一切凡夫。……庶共以
> 此（菩薩戒），同出生死，清淨戒德，修治地行，發菩
> 提智，開涅槃道，莊嚴一乘，成就十力，佛種相續，法

---

❿ 參見釋聖嚴《戒律學綱要》，頁246–249。

❿ 《菩薩戒法》，第347–505行。

❿ 《菩薩戒法》，第630–685行。

❿ 《菩薩戒法》，第520–558行。

❿ 《菩薩戒法》，第560–599行。

輪常轉，同行無礙，等成正覺。**⑨**

梁武帝推行菩薩戒的目的，是希望受戒者能持一切淨戒，修一切善法，度一切眾生；以持菩薩戒的力量，脫離生死煩惱，啟發菩提智慧，莊嚴一乘作佛的佛法，使眾生的佛性種子相續，佛法的法輪常運轉於世間，同行無礙的法門，眾生一律平等的成佛。梁武帝更進一步指出，由個人的思維抉擇，發菩提心，修菩薩道的全盤過程與重點。《菩薩戒法・請戒三》：

> 自籌量竟，應當懺悔。懺悔竟，應當發菩提心。發菩提心竟，次應受戒。受戒竟，習無礙心，習平等行，隨時作願，隨時迴向，隨時立誓，四等六度，如說修行。**⑫**

梁武帝的《菩薩戒法》，詳細規範菩薩戒的各種戒條，說明菩薩戒的目的與修行菩薩道的各個階段、各個重點。從《菩薩戒法》的內容，可以看出梁武帝提倡菩薩戒有其深遠的理想。梁武帝希望他的臣民都能經由菩薩戒的持守，按部就班的拓展成佛之路，習平等行，隨時作願，隨時立誓，以慈、悲、喜、捨等四無量心，行佈施、持戒、忍辱、精進、禪定、般若等六度萬行，而達到人人成佛的境界。梁武帝有這樣崇高的理想，那麼，他又如何去完成呢？筆者以為梁武帝採取的方法是：自己以身作則履行菩薩戒，並期望國人能

---

⑨　《菩薩戒法》，第2–79行。

⑫　《菩薩戒法》，第128–131行。

效法他，而達到「風行草偃」的德化效果。梁武帝〈金剛般
若懺文〉：

> 菩薩戒弟子皇帝稽首和南，十方諸佛，無量尊法、一切
> 賢聖：……弟子習學空無，修行智慧。早窮尊道，克己
> 行法。方欲以家刑國，自近及遠。一念之善，千里斯應。
> 一心之力，萬國皆歡。恆沙眾生，皆為法侶。微塵世界，
> 悉是道場。❸

　　梁武帝按照懺悔，發菩提心，受戒，持戒等程序，率先
親自實踐。〈梁武皇帝捨道敕文〉：

> 天監（十八年）四月八日，梁國皇帝蘭陵蕭衍，稽首和
> 南十方諸佛，十方尊法，十方菩薩僧：伏見經文玄義，
> 理必須詮云，發菩提心者即是佛心。……弟子經遲迷荒
> 耽事老子，歷葉相承染此邪法，習因善發棄迷知反，今
> 捨舊醫歸憑正覺。……敕旨，神筆自書於重雲殿重閣
> 上，發菩提心。于時黑白二萬人，亦同發心受持禁
> 戒。❹

---

❸　梁武帝〈金剛般若懺文〉，《大正藏》五十二冊，《廣弘明集》卷
二八，頁332下。

❹　唐·法琳《辯正論》卷八，〈梁武皇帝捨道敕文〉，《大正藏》五
十二冊，頁549中。原文為天監三年，筆者認為應改為天監十八
年，詳見本章第二節之討論。

〈梁武皇帝捨道敕文〉雖有部分學者認為是北周時人偽
作，筆者認為可能是天監十八年梁武帝受菩薩戒的史實，詳
見上一節之探討。從梁武帝的敕文中，可以看出他親自懺悔，
捨棄家世奉道的舊教，發菩提心歸依佛教，並受菩薩戒。當
時黑白、僧俗大眾兩萬多人，也跟隨梁武帝發菩提心，受菩
薩戒。有關梁武帝持菩薩戒的史實，《梁書》、《南史》皆有
記載。《梁書·武帝紀》：

> 勤於政務，孜孜無怠。每至冬月四更竟，即敕把燭看事，
> 執筆觸寒，手為皴裂。糾姦摘伏，洞盡物情，常哀矜涕
> 泣，然後可奏。日止一食，膳無鮮腴，惟豆羹糲食而已。
> 庶事繁擁，日儻移中，便嗽口以過。身衣布衣，木綿皁
> 帳，一冠三載，一被二年。常克儉於身，凡皆此類。五
> 十外便斷房事。……不飲酒，不聽音聲，非宗廟祭祀、
> 大會饗宴及諸法事，未嘗作樂。[95]

諏訪義純〈武帝紀に見える──記載について──梁武
帝と十戒について〉一文，詳細的將〈武帝紀〉這段記載與
《梁書·賀琛傳》、〈淨業賦〉、《出家人受菩薩戒法卷第一》
等資料相互比對，認為梁武帝具體的奉持「菩薩的十戒」[96]。
《菩薩戒法·受攝大威儀戒法五》菩薩的十戒即十法，是：
不殺戒，不盜戒，不婬戒，不妄語戒，不飲酒戒，不著香花

---

[95] 《梁書》卷三〈武帝紀〉，頁97。

[96] 諏訪義純〈武帝紀に見える──記載について──梁武帝と十戒
について〉，《東海佛教》第十八卷，頁51–55。

瓔珞戒，不歌舞作唱戒，不坐高廣大床戒，不過中食戒，離
受畜金銀錢寶戒**❾**。梁武帝不但確實的修持菩薩十戒，而且
隨時作願，隨時立誓，廣修菩薩道。《梁書・太宗十一王傳》：

> 高祖素歸心釋教，每發誓願，恆云：「若有眾生應受諸
> 苦，悉衍身代當。」時大球年甫七歲，聞而驚謂母曰：
> 「官家尚爾，兒安敢辭。」乃六時禮佛，亦云：「凡有眾
> 生應獲苦報，悉大球代受。」**❾❽**

有關梁武帝持菩薩戒、菩薩道等史實，尚散見於斷酒肉
法會、捨身同泰寺等史實中，將於下兩章再予探討。梁武帝
提倡、實踐菩薩戒，企圖以身作則，諷勸臣民等實踐菩薩戒，
而藉以達到吏治清明、政治改革的效果。此一論點，可以從
賀琛的〈陳事條封奏〉與梁武帝的回答中，得到進一步的證
明。《梁書・賀琛傳》：

> 是時，高祖任職者，皆緣飾姦諂，深害時政，賀琛遂啟
> 陳事條封奏曰：其一事曰：……鷥困邑宰，則拱手聽其
> 漁獵；桀黠長吏，又因之而為貪殘。縱有廉平，郡猶掣
> 肘。故邑宰懷印，類無考績，細民棄業，流冗者多。……
> 其二事曰：今天下宰守所以皆尚貪殘，罕有廉白者，良
> 由風俗侈靡，使之然也。……其三事曰：……（官吏）
> 但務吹毛求疵，擘肌分理，運摰缾之智，徼分外之求，

---

❾ 《菩薩戒法》，第408–428行。

❾❽ 《梁書》卷四四〈太宗十一王傳〉，頁618。

以深刻為能，以繩逐為務，跡雖似於奉公，事更成其威福。犯罪者多，巧避滋甚，曠官廢職，長弊增姦，實由於此。❾❾

　　賀琛 (482-550-) 大約在大同年間 (540-546) 啟陳事條封奏給梁武帝，指陳政治、社會、經濟等弊病。賀琛直言不諱的指責宰守貪殘，風俗侈靡，吏治敗壞等事。梁武帝本人十分注重吏治，例如天監初年的詔書：「可分遣內侍，周省四方，觀政聽謠，訪賢舉滯。其有田野不闢，獄訟無章，忘公殉私，侵漁是務者，悉隨事以聞。」❿又在公車府謗木肺石傍各置一函，鼓勵「若肉食莫言，山阿欲有橫議，投謗木函。……夫大政侵小，豪門陵賤，四民已窮，九重莫達。若欲自申，並可投肺石函」⓫。唐代史臣對梁武帝早年的統治，給予高度的評價。《梁書・武帝紀》：

　　史臣曰：興文學，修郊祀，治五禮，定六律，四聰既達，萬機斯理，治定功成，遠安邇肅。……征賦所及之鄉，文軌傍通之地，南超萬里，西拓五千。……三、四十年，斯為盛矣。自魏晉以降，未或有焉。⓬

　　梁武帝統治的前三、四十年，雖然達到魏、晉二百餘年

❾❾　《梁書》卷三八〈賀琛傳〉，頁543-545。

❿　《梁書》卷二〈武帝紀〉，頁36。

⓫　《梁書》卷二〈武帝紀〉，頁37。

⓬　《梁書》卷三〈武帝紀〉，頁97。

來未有之盛世，但是梁武帝晚年吏治大壞。史臣接著評論曰：
「及乎耄年，委事群倖。然朱异之徒，作威作福，挾朋樹黨，
政以賄成，服冕乘軒，由其掌握，是以朝經混亂，賞罰無章。
小人道長，抑此之謂也。」⑩梁武帝面對晚年的吏治大壞，以
及賀琛所指陳的流弊，極力辯解曰：

> 夫子言：「其身正，不令而行；其身不正，雖令不從。」
> 朕絕房室三十餘年，無有淫佚。朕頗自計，不與女人同
> 屋而寢，亦三十餘年。至於居處不過一床之地，雕飾之
> 物不入於宮，此亦人所共知。受生不飲酒，受生不好音
> 聲，所以朝中曲宴，未嘗奏樂，此群賢之所觀見。朕三
> 更出理事，隨事多少，事少或中前得竟，或事多至日昃
> 方得就食。日常一食，若晝若夜，無有定時。疾苦之日，
> 或亦再食。昔腰腹過於十圍，今之瘦削裁二尺餘，舊帶
> 猶存，非為妄說。為誰為之？救物故也。書曰：「股肱
> 惟人，良臣惟聖。」向使朕有股肱，故可得中主。今乃
> 不免居九品之下，「不令而行」，徒虛言耳。卿今慊言，
> 便罔知所答。⑩

梁武帝認為他非常努力、認真的統治國家。他相信「其
身正，不令而行；其身不正，雖令不從」的道理。他嚴守菩
薩十戒，例如：不淫佚，不飲酒，不坐高廣大床，不歌舞作
唱，乃至日常一食，不肉食殺生等。梁武帝以身作則，屬行

---

⑩ 同前注。

⑩ 《梁書》卷三八〈賀琛傳〉，頁549。

菩薩戒的目的為救人而已。梁武帝檢討他行菩薩戒以澄清吏治之所以失敗，在於缺乏「股肱」的賢臣。如果，他有股肱良臣，可以得到「中主」的成績；祇因缺乏人才，致使今天的施政成績竟然在九品之下。梁武帝指出雖然他極力的以身作則，勵行菩薩戒，想要達到「不令而行」的德治境界；但是仍未能培養、訓練出行菩薩道的人才，致使「不令而行」的構想，成為一句空言。

天監十八年之後，以「皇帝菩薩」為核心理念的「佛教國家」理想，在士族政治的改革方面，此政教結合政策的執行成果，明顯的遭遇到嚴重的失敗。「皇帝菩薩」政教結合政策，在執行政治改革方面所遭遇失敗的因素相當多。根據林水波〈政策執行之理論探討〉，影響政策執行諸因素可分成三大類：①政策問題的特質。②政策本身所具備的條件。③政策本身以外的條件[105]。「皇帝菩薩」政教結合政策，以菩薩戒的推行，以期達到吏治改革的目標，明顯的缺乏有效而可行的理論與技術。政策規劃的標的團體——官吏，上至王侯、朝臣，下至守宰、屬吏，不但人員涵蓋中央與地方各階層的不同性質官吏，且人數眾多，遍及全國各地。以菩薩戒為中心的政治改革，要求每一個官吏都能懺悔、發上求佛道下化眾生的菩提心，嚴格奉持菩薩的各種戒律，隨時作願、立誓，行六度萬行。這種要求官吏個人行為改變的質與量，幾乎是無限的，也是巨大無比的。能夠奉行菩薩戒的人，一般出家僧侶都難以做到，何況是在家的官吏。「皇帝菩薩」政教結

---

[105]　林水波〈政策執行之理論探討〉，《思與言》第十八卷第六期，1981年3月，頁1–46。

合政策本身也缺少合理的規劃與推行，沒有清楚而具體可評估的政策目標，沒有執行政策的專責機關，也沒有專責的執行人員。雖然，「皇帝菩薩」政教結合政策有深厚的理論基礎，也是一項合法化的政策，但是僅憑皇帝的提倡，甚至以身作則的實踐，在缺乏「股肱賢臣」的協助之下，也不得不傾向失敗。在政策本身以外的條件方面，以菩薩戒為中心的政治改革，缺乏強有力的執行機關來推動，面對魏晉以來數百年業已腐敗的貴族官僚社會，梁武帝個人的努力，也祇是曇花一現而已，終不免全盤失敗。

第六章　斷酒肉法會、僧團改革與「佛教國家」的鞏固

　　天監十八年四月八日梁武帝受菩薩戒之後，在佛教中成為如法的「菩薩戒弟子皇帝」，同時在國家與佛教關係之上成為神格的「皇帝菩薩」。「皇帝菩薩」政教結合政策，在以「菩薩戒」的推行為中心的士族政治改革活動中，雖然梁武帝以身作則屬行菩薩戒，不遺餘力的敦勸朝臣官吏奉行菩薩道，但是到大同末年(535–545)武帝也不得不承認徹底的失敗。雖然，以菩薩戒為中心的吏治改革失敗了，但是從菩薩戒最基本的兩條戒律——不殺生、不飲酒，而以「斷酒肉」為中心對佛教教團的改革活動，卻頗為成功。「皇帝菩薩」主導下的「佛教國家」，應用全國性的佛教領袖集會——斷酒肉法會之舉辦，合法的頒佈「禁斷僧尼飲酒食肉之行為」的詔令。「斷酒肉」運動經過研究、擬訂等妥善的規劃程序，也經過全國性的辯論、推介與形成「詔令」、「文告」等合法化的方式宣佈，在「斷酒肉」政策執行的各種因素方面也配合得相當成功，因此「斷酒肉」政策能成功的達到匡正僧團的目標，對佛教教團的改革有很大的貢獻。

第一節　斷酒肉法會的過程與理論基礎

一、斷酒肉法會的過程

　　唐・釋道宣(596–667)的《廣弘明集》卷二六〈慈濟篇〉收有梁武帝的〈斷酒肉文〉❶。詳細的紀錄武帝為「斷酒肉」問題，召集僧尼領袖一千四百四十八人，於華林園華林殿舉行的第一次論義法會；召集義學僧尼一百九十八人，於華林園華光殿的第二次論戒法會；與周捨論斷酒肉敕文五首。這兩次法會與五首敕文有其淵源甚廣的歷史背景，呈現出武帝當時的僧伽弊病而展開的改革活動。〈斷酒肉文〉以其精微的佛法理論基礎與大乘菩薩的精神，強烈地批判當代的異端沙門。呈現「皇帝菩薩」政策的執行與僧團之間抗衡的微妙關係。

　　有關〈斷酒肉文〉的研究，日本學者道端良秀〈梁武帝の斷酒肉文〉，對第一次法會有詳細的日文翻譯與摘要說明，第二次法會與敕文則僅作簡單的介紹❷。諏訪義純〈中國佛教における菜食主義思想の形成に關する管見──周顒、沈約、梁武帝──〉一文，探討①〈斷酒肉文〉提倡年代，②

---

❶　梁高祖〈斷酒肉文〉收在唐・釋道宣《廣弘明集》卷二六〈慈濟篇〉，《大正藏》五十二冊，頁294–308。

❷　道端良秀〈梁武帝の斷酒肉文〉，收在氏著《中國佛教史全集》第三卷第四章〈放生思想と斷肉食〉，東京，株氏會社書苑，昭和六十年，頁480–496。

梁武帝對於食肉的生活態度，③〈斷酒肉文〉所見梁武帝的菜食主義思想，④針對武帝的提倡僧尼們所做的反駁，並溯源周顒以來的菜食思想，而歸結於武帝集菜食主義論之大成❸。本書將在上述學者研究梁武帝的有關基礎上，以〈斷酒肉文〉為基礎作進一步的探討。

〈斷酒肉文〉被收輯在《全梁文》、《漢魏六朝百三名家集》的〈梁武帝集〉，各種單行本的《廣弘明集》，各種《大藏經》之中，而其中以《大正藏》的校勘各種版本所得的精校本較完備。本書即以《大正藏》本為主，參照其中各種版本之校勘，予以論述。〈斷酒肉文〉記載第一次法會情形如下：

　　寺官三百六十八人，宿德二十五人，義學五百七十四人，導師三十九人。右牒眾僧合一千六人。寺官三百六十九人，義學六十八人，導師五人，右牒合尼僧四百四十二人。並右牒僧尼合一千四百四十八人。並以五月二十二日五更，一唱到鳳莊門。二十三日旦，光宅寺法雲，於華林殿前登東向高座為法師，瓦官寺慧明，登西向高座為都講。唱大涅槃經四相品四分之一，陳食肉者斷大慈種義，法雲解釋。（梁武帝）輿駕親御，地鋪席位於高座之北。僧尼二眾各以次列坐。講畢，耆闍寺道澄，又登西向高座，唱此斷肉之文，次唱所傳之語。唱竟，又禮拜、懺悔，普設中食，竟出。❹

❸　諏訪義純〈中國佛教における菜食主義思想の形成に關する管見——周顒、沈約、梁武帝——〉，《愛知學院大學文學部紀要》第十二號，1982年，頁104-120。

　　第二次法會的過程如下：

> 二十三日會，其後諸僧尼或猶云：律中無斷肉事及懺悔
> 食肉法。其月二十九日，又敕請義學僧一百四十一人，
> 義學尼五十一人。於華林華光殿，使莊嚴寺法超、奉誠
> 寺僧辯、光宅寺寶度等三律師昇高座。御（梁武帝）席
> 地施座。餘僧尼亦爾。制旨（梁武帝）問法超等三律師
> 曰……。法寵奉答事畢，三律師並下。又敕始興寺景猷
> 昇高座，讀楞伽、央掘魔羅經，所用斷肉經文。唱經竟。
> 制（梁武帝）又語諸僧道：諸小僧輩看經未遍，互言無
> 斷肉語，今日此經言何所道。所以唱此革扆文者，本意
> 乃不在此，正為此二十三日法雲法師講涅槃斷肉事。于
> 時僧正慧超、法寵法師難云……制說此語竟。僧尼行道、
> 禮拜、懺悔、設會事畢，出。❺

　　緊接著二十九日的當晚，又連續下五首敕文予員外散騎
常侍太子左衛率周捨，其文詳載於〈斷酒肉文〉之末❻。

　　據諏訪義純的考證，〈斷酒肉文〉提倡的年代為梁武帝
天監十七年(518)至普通四年(523)之間的某一年五月二十三
日、二十九日❼。筆者認為〈斷酒肉文〉應該成立於天監十

---

❹　〈斷酒肉文〉，頁298下－299上。

❺　〈斷酒肉文〉，頁299上、301上、302下、303上。

❻　〈斷酒肉文〉，頁303上－下。

❼　同❸，頁110－111。

八年四月八日梁武帝受菩薩戒之後，至普通四年之間，因為
〈斷酒肉文〉中提到梁武帝誓守菩薩戒斷酒肉的願行等事。
第一次法會舉行的地點在華林殿，第二次在華林園華光殿。
東晉以來，華林園本為後庭遊宴的苑囿。梁武帝「爰建道場，
莊嚴法事，招集僧侶，肅肅神宇」❽，將華林園改建成佛教
道場，高僧駐錫、研習、講著佛理的聖地。華林殿藏經豐富，
武帝於天監十四年(515)敕安樂寺沙門釋僧紹編《華林佛殿眾
經目錄》四卷❾。此外，華林園「重雲殿」是講經、譯經道
場，「寶雲僧省」是僧侶編撰佛典的地方❿。倡導「斷酒肉」
的兩次法會都在此全國佛教中心的華林園舉行，應有其莊嚴、
隆重深遠的含意吧！二十九日晚連續給周捨的五道敕文，應
是在建康的宮城內省，因「(周捨)常留在省內，日夜侍上，
預機密，二十餘年未嘗離左右」⓫。

二、斷酒肉的理論基礎

　　法會訂在二十三日、二十九日舉行，這是佛教的月六齋
日。早在五月二十二日五更，就按「牒」⓬點唱僧尼代表一

---

❽ 梁·陸雲〈御講般若經序〉，《大正藏》五十二冊，《廣弘明集》
　　卷一九，頁235下。

❾ 唐·釋道宣《大唐內典錄》卷四，《大正藏》五十五冊，頁266中。

❿ 唐·釋道宣《續高僧傳》卷六〈明徹傳〉：「天監末年敕入華林園，
　　於寶雲僧省，專功抄撰。」《大正藏》五十冊，頁493中。華林園
　　的講經、編譯佛典等，詳見各僧傳。

⓫ 《梁書》卷二五〈周捨傳〉，頁376。又，周捨生卒年代(469–524)，
　　也與〈斷酒肉文〉成立的時代(518–523)可以互相契合。

千四百四十八人在鳳莊門集合。經過一整天的齋戒，到二十三日早晨即在華林園華林殿前廣場，正式舉行「斷酒肉」法會。東向高座的法師是光宅寺法雲、西向高座的都講是瓦官寺慧明，梁武帝親自坐在高座的北邊南向，面對按名位以次列坐的一千餘名僧尼代表。法會儀式的程序，首先由都講慧明唱《大般涅槃經・四相品》四分之一⓭，並標問「食肉者斷大慈種」主旨，法雲法師解釋其內涵。法雲法師講解後，由耆闍寺道澄法師登西向高座，宣唱〈斷肉之文〉⓮，其次宣讀梁武帝〈所傳之語〉⓯。宣讀完畢，僧尼大眾向華林殿佛像禮拜，懺悔罪業。在用過朝廷準備的中餐之後，禮成解散。

這一次法會的主要中心論題有二：

(1)光宅寺法雲法師講解《大般涅槃經・四相品》的斷肉事項，主題是論述「食肉者斷大慈種」的義理。

(2)宣讀梁武帝的〈斷肉之文〉文告，其次再補充宣唱武帝〈所傳之語〉。主題是「斷酒肉論義」。

第(1)論題光宅法雲所闡述的「食肉者斷大慈種義」，乃

⓬　「牒」可能是記載僧尼名籍的簿錄，或是一種名冊。因為僧尼度牒明文記載，最早出現在唐武后延載元年(694)，但是南北朝已有僧籍，是否「牒」就是「度牒」，尚無旁證。參見田光烈「度牒」，收在藍吉富編《現代佛學大系》第二十五冊〈中國佛教儀軌制度〉，臺北，彌勒出版社，民國七十三年，頁402–406。

⓭　全文刊在〈斷酒肉文〉，頁301上–下。

⓮　全文刊在〈斷酒肉文〉，頁294中–298上第28行。

⓯　全文刊在〈斷酒肉文〉，頁298上第29行–298下。

為第⑵論題梁武帝「斷酒肉論義」做佛經義理的鋪陳奠基工作；而第⑵論題的「斷酒肉論義」是從第⑴論題的「食肉者斷大慈種義」引申而來。並正式向全國僧尼代表們下達詔令，嚴禁一切僧尼從今日起不得飲酒噉肉。

法會上所宣唱的《大般涅槃經‧四相品》經文，在〈斷酒肉文〉中有完整的記錄。然而，光宅法雲的解釋卻沒有記錄留下。雖然如此，我們仍可從武帝的「斷酒肉論義」，即道澄法師所宣唱的〈斷肉之文〉中，得到「食肉者斷大慈種義」的解釋：

> （涅槃）經言：食肉者斷大慈種。何謂斷大慈種，凡大慈者皆令一切眾生同得安樂。若食肉者，一切眾生皆為怨懟，同不安樂。……若食肉者障菩提心，無有菩薩法。……以無菩薩法故，無四無量心。無四無量心故，無有大慈大悲。以是因緣，佛子不續。所以經言：食肉者斷大慈種。❶

飲酒食噉眾生，不但斷滅大慈大悲菩提心的成佛種子，而且殺害其他眾生的生命。使其他眾生受到更大的痛苦，結下更多的怨恨，使成佛的可能性受挫。以飲酒食肉的因緣使「佛子不續」，佛法將面臨滅絕的命運。為了「匡正佛法」，武帝以「佛法寄囑人王」的護法國王身分，本著大慈大悲菩薩的願行，向僧尼下達禁酒肉的指示：

---

❶　〈斷酒肉文〉，頁295下–296上。

> 弟子蕭衍敬白諸大德僧尼、諸義學僧尼、諸寺三官：夫
> 匡正佛法是黑衣人（僧尼）事。迺非弟子白衣（在家信徒）
> 所急。但經教亦云：佛法寄囑人王，是以弟子不得無言。
> 今日諸僧尼開意聽受，勿生疑閉，內懷忿異。……❶

　　《明本大藏經》（1601年刊本）以〈斷肉之文〉的「弟子
蕭衍敬白諸大德僧尼」之發語辭為分辨標準，分全文為三首，
再將〈所傳之語〉列為第四首，合稱〈斷酒肉文〉四首。茲
將全文大意略述如下：

1. 第一首

　　⑴肉食出家人，不及外道與在家人。並分別說明九種不
及外道與在家人之處。

　　⑵肉食障累諸因果。以《涅槃經》為依據說明食肉遠離
菩薩法、佛果、大涅槃。並列舉食肉招致諸苦因與墮三塗（畜
生、餓鬼、地獄）惡果。

　　⑶肉食者因果相互報應，不可不信。

　　⑷肉食者與諸宿親長為怨懟。

　　⑸肉食者的理事二障難。

2. 第二首

　　⑴北山蔣帝菜食，行菩薩道。

　　⑵勒諸廟祀，若有祈報，皆不得薦生類。

---

❶　〈斷酒肉文〉，頁294中。

3.第三首

　　⑴梁武帝於三寶前與諸僧尼共伸約誓。

　　⑵梁武帝於護法龍天鑒觀之下，發誓不飲酒噉食眾生，願行大乘菩薩道，如違誓言，當入阿鼻地獄受苦。

　　⑶禁斷僧尼寺院飲酒噉肉行為，否則「如法治問」。

4.第四首（即〈所傳之語〉）

　　從營養學觀點來說明素食之優點，期勉「相與共為菩提種子」。

　　從〈斷酒肉文〉所記錄之〈斷肉之文〉和〈所傳之語〉這四首大意看來，可以肯定是出自武帝本身的意志與理念。而整個「斷酒肉論義」的形成，光宅法雲法師應有參與襄助的情形，此點可從〈法雲傳〉得到佐證：

> 皇高（武帝）亟延義集。未曾不敕令（法）雲先入，後下詔令。禮為家僧，資給優厚，敕為光宅寺主，創立僧制，雅為後則。……夷陵縣漁人，於網中得經一卷，是泥洹四相品（即大般涅槃經四相品），末題云：宋元徽二年(474)王寶勝敬造奉光宅寺法雲法師。時雲年始十歲（實為八歲），寺無光宅（光宅寺建於502年），而此品（四相品）正則，初云弘法，次斷魚肉。驗今意行，頗用相符。其有機神變化，人莫敢競其類者。雲得此告，彌深弘演云爾。⓲

──────────

⓲　唐·釋道宣《續高僧傳》卷五〈法雲傳〉，《大正藏》五十冊，頁

　　法雲是武帝的「家僧」，又被敕封為彰顯其開國「光宅天下」之表徵的光宅寺主，其針對僧伽問題而創立的僧團制度，為後代所取法。武帝在位的前二、三十年，一般政策的擬定以徐勉、周捨典掌機要，而佛教政策則以法雲、僧旻為主。且據〈法雲傳〉之記載，武帝於擬定佛教政策，及舉辦論義講經法會等活動，未嘗不預先敕令法雲入宮研討擬訂之後，始正式向外發佈詔令。再因為要破除傳統佛教允許進食「三種淨肉」❶的習慣並非易事。為了徹底禁斷梁國僧尼飲酒食肉，由此可推想得知梁武帝與法雲必定事先謹慎地考慮「斷酒肉」法會舉行的時間、地點，及與會的「寺官」、「宿德」、「義學」、「導師」等各類僧尼代表人選，法會進行的儀式與程序等。最重要的是做為法會核心所宣讀的「斷酒肉論義」，及為其奠基的《大般涅槃經・四相品》的「食肉者斷大慈種義」之講解工作。從〈法雲傳〉末尾所引述的漁人網到《大般涅槃經・四相品》，預記奉送給光宅法雲「弘法、斷魚肉」的故事，可以呼應出《大般涅槃經》「食肉者斷大慈種義」與「斷酒肉論義」的神聖意義，亦可見光宅法雲與「斷酒肉」法會關係之密切了。

　　所以我們可推測武帝的「斷酒肉論義」，雖是以武帝的意志撰寫成，但其中的論難文字，光宅法雲亦參與擬稿、修

　　463下–465上。

❶　戒律許噉己所不見、不聞、不疑為已殺的三種清淨肉類，以及印度佛教未徹底持素，詳見〈斷酒肉文〉第二次法會的辯論，頁299上– 301上。

潤的工作。甚至可更大膽地假設：「斷酒肉論義」乃出自武帝的理念，而由光宅法雲撰寫，再經御批核准而頒佈的。總之，第一次法會出自武帝的意志與理念，而在光宅法雲法師等人的襄助下進行的。

　　武帝鑑於二十三日法會時，由法雲講解《涅槃經》斷肉事項，當場有僧正（主管全國僧侶事務之最高沙門領袖）慧超法師、法寵法師等人的問難。法雲法師雖即席答辯，但武帝「恐諸小僧，執以為疑，方成巨蔽」[20]。又，二十三日會後「諸僧尼或猶云：律中無斷肉事，及懺悔食肉法」，乃決定在當月二十九日，舉行第二次的論戒律法會。

　　第二次法會僅敕請義學僧一百四十一人，義學尼五十七人，於華林園華光殿內舉行。法會開始時請莊嚴寺法超、奉誠寺僧辯、光宅寺寶度三位律師昇坐於高座上，其餘僧尼席地施坐。由武帝親自制問三律師：諸律師從來如何教導？使諸僧尼認為戒律中「無有斷酒肉法，又無懺悔食肉法」，致使僧伽不奉行「禁斷酒肉」的詔令。武帝引《涅槃經》：「夫食肉者斷大慈種，我（釋迦牟尼佛）從今日制諸弟子，不得復食一切肉，一切悉斷及自死者（亦不可食）。」[21]的戒律思想，辯正其他戒律可以食肉的規定。經過武帝與三律師及大眾中有意見的道恩、法寵法師等精密而激烈的論辯之後，大眾無復異議，三律師始下高座。武帝又敕始興寺景猷法師昇高座，誦讀《楞伽阿跋多羅寶經》第四卷、《央掘魔羅經》第一、二卷有關斷肉的經文[22]。誦經完畢，武帝對與會僧尼

---

[20]　〈斷酒肉文〉，頁302下–303上。

[21]　〈斷酒肉文〉，頁300中。

再三強調：從今日起，不得再飲酒食肉，並要「諸僧及領徒眾法師、諸尼各還本寺，宣告諸小僧尼，令知此意」❷。武帝宣告完畢，僧尼行道、禮拜、懺悔、設會事畢，退出華光殿。

是日當晚，武帝對白天法會時的論辯心猶未平，意猶未足，故連下五首敕文給留值宮內典掌機要的周捨，再申其義。茲略述其大意如下：

第一首敕文：駁正法寵法師的言論。

第二首敕文：駁正僧辯律師的言論。

第三首敕文：食肉滅慈悲心，增長惡毒，非沙門釋子所應行。

第四首敕文：學問僧人食肉，其罪過最大。解義而不能如說修行，言行相違又誤導他人，必下地獄。

第五首敕文：菩薩人持心戒，無有食眾生之理。乃至一念飲酒食肉之心，亦應絕對禁斷❷。

從以上論述中，可以得到下列的認識：

⑴梁武帝與光宅法雲法師等人，經過謹慎、詳密的會前作業之後，擬訂召開「斷酒肉」法會的時間、地點，與會各類、各階層僧尼代表人選、法會的儀式與程序，並事先撰妥中心論題〈斷肉之文〉。

⑵全體與會人員經過一整天的齋戒，隔日清晨在法會莊嚴的儀式過程中，都講法師誦經、拈題，法雲法師解釋「食

❷　〈斷酒肉文〉，頁301上–302下。

❷　〈斷酒肉文〉，頁302下–303上。

❷　〈斷酒肉文〉，頁303上–下。

肉者斷大慈種義」之後，正式向全國的僧尼代表頒佈〈斷肉之文〉。武帝與法雲法師引用各種佛經義理、佛教信仰等為依據，增強僧尼們必須「斷酒肉」的理論基礎。武帝且不惜以帝王之尊，在僧尼大眾前發誓遵行大乘菩薩戒行，斷一切酒肉，否則願意接受閻王的審判，墮入最卑賤、悲慘的阿鼻地獄中，受盡無量痛苦。

⑶武帝決心這麼堅強，理論準備這麼充分，而儀式這麼莊嚴隆重的法會，仍有高級的僧尼領袖持有反對意見。會後，諸僧尼甚且憑著佛教戒律中沒有斷酒肉的規定，也沒有食肉犯戒之後的處罰或懺悔方法，不服從「斷酒肉」的詔令。

⑷武帝針對這種反對聲浪，立即召集研究佛法義理有成的義學僧尼領袖們，舉行戒律辯論的第二次法會。武帝應用皇帝的權威，引用《大般涅槃經》等佛經的理論，以菩薩「大慈大悲」六度萬行的精神，折服壓制每一個持異議的僧尼。

⑸第二次斷酒肉的戒律辯論法會之後，當晚武帝仍心猶未平，連夜向行政部門，輪值內省典掌機要的周捨下達五首敕文，強調所有僧尼應絕對奉行「斷酒肉」的敕令，乃至一念食肉之心亦不許存在。

梁武帝為何這麼堅決、這麼雷厲風行地要求全國僧尼禁斷酒肉，這與僧團有何關係？又與「佛教國家」的改革理想有何關係？應再深入探討。

第二節　僧團改革與「佛教國家」的鞏固

一、僧團的蕪亂情形

　　根據史籍記載，印度佛教約在前漢哀帝元壽元年（西元前2年）已經傳入中國，到了後漢明帝永平年間(58-75)在洛陽與彭城兩個地區有佛教寺院的建立。江南最早出現的佛寺，是吳赤烏十年(247)康僧會在建業所創立的建初寺❷。此後，佛教寺院的數目急劇增加：西晉(265-316)一百八十所，東晉(317-420)一千七百六十八所，宋(420-479)一千九百一十三所，齊(479-502)二千一十五所，梁(502-557)二千八百四十六所，陳(557-589)一千二百三十二所。居住在佛寺中的僧侶團體也顯著地擴展。僧尼人數：西晉：三千七百餘人，東晉：二萬四千人，宋：三萬六千人，齊三萬二千二百五人，梁：八萬二千七百餘人，陳：三萬二千人❷。魏晉南北朝是一個莊園經濟的時代，作為生產主要憑藉的土地，大部分是集中在大莊園領主的手中。何茲全的研究認為：做為中古莊園領主的，第一是國家，可以統治編戶平民的帝王為代表。第二是大族，指一般稱為士族、豪族，以及王公、貴族等。第三是

❷　詳見拙作〈後漢三國西晉時代佛教寺院之分布〉，《師大歷史學報》第十三期，1985年，頁1-44。

❷　唐・法琳(572-640)《辯正論》卷三，〈十代奉佛篇〉，收在《大正藏》五十二冊，頁502-503。

寺院，寺院之成為莊園領主是晉以後的事，比大族為晚，但
發展甚速，在南北朝時，寺院已領有許多的戶口和土地。國
家、大族、寺院三者在土地、戶口等方面展開激烈的爭奪❷。
佛教寺院的僧侶團體在南北朝時已經不是一個單純的宗教組
織，而成功的成為一個政治的、社會的、經濟的組織。梁代
的佛寺比起東晉時代增加了一點六倍，僧團人數卻高達三十
五倍之巨，比起前一代的蕭齊，僧團人數也多達二點五倍。
隨著寺院僧團勢力的發展，在君主專制的時代裡，無可避免
地會與君權產生衝突。北朝先後在北魏太武帝太平真君七年
(446)，北周武帝建德三年(574)、六年(577)，爆發了兩次激烈
的權勢與租賦等方面的衝突，造成歷史上嚴重的滅佛法難。
反觀整個南朝並無毀滅性的災禍，即使在梁武帝時，寺院與
僧侶人數達到最高峰，也無類似的殺僧毀寺之舉動。至於陳
代的寺院與僧尼人數驟然減少十分之六，當代人已記載為侯
景之亂所破壞❷。那麼，武帝的君權與僧團勢力發展之間的
關係為何？是協同合作，抑相互抗衡？武帝又如何巧妙地避
開武力之對決？而維護君權凌駕於教權之上？湯用彤認為「南
朝人士偏於談理，故常見三教調和之說。內外之爭，常只在
理之短長。辯論雖激烈，然未嘗如北人信教極篤，因教爭相
毀滅也」。北朝爭執的根據在權力，抗爭的結果，往往成為武

---

❷　何茲全〈中古大族寺院領戶研究〉，　收在氏編《五十年來漢唐佛
　　教寺院經濟研究》，北京師範大學出版社，1986年，頁65-99。

❷　法琳引《輿地圖》云：「都下舊有七百餘寺，屬侯景作亂，焚燒
　　蕩盡。」同❷，頁503。侯景之亂的破壞，詳見《梁書》卷五六〈侯
　　景傳〉，頁833-864。

力之毀滅。南方爭執的根據為理論，而其諍論至急切，則用學理謀根本之推翻㉙。根據湯氏的看法，南朝佛教的特性在義理思想的諍論。那麼，武帝的佛教理論在君權與僧伽之間的緊張性上，又呈現出什麼樣的特質？武帝又憑藉怎麼樣的新理論將僧團納入政權的管理、領導之下，而避開了激烈的武力對決。

武帝精通《大般涅槃經》與《大品般若經》，不但經常舉行法會講解，且有注疏等數百卷，此外《維摩經》、《三慧經》也有義記。從保留在《弘明集》、《廣弘明集》、《全梁文》等史籍中，也可以看出武帝於佛法造詣之精湛。武帝除了熱衷於佛法義理的研究外，對於建造寺院，製作佛像，供奉僧侶、佈施、放生，舉行大規模的法會、齋會等更是不遺餘力，是歷史上著名的奉佛天子。武帝積極提倡佛教的影響，使得寺院、僧侶人數急劇增加，相對的，僧伽的弊病也不斷的出現。郭祖深為佛教等事，不惜輿櫬詣闕上封事。〈郭祖深傳〉曰：

> 郭祖深，襄陽人也。梁武帝初起，以客從。……帝溺情內教，朝政縱弛，祖深輿櫬詣闕上封事，其略曰：大梁應運，功高百王，慈悲既弘，憲律如替。愚犛罔識，褫慢斯作。各競奢侈，貪穢遂生。……比來慕法，普天信向，家家齋戒，人人懺禮，不務農桑，空談彼岸。……

㉙ 湯用彤《漢魏兩晉南北朝佛教史》，頁419、462。又有關佛教於南朝與北朝的差別，詳見該書第十三章〈佛教之南統〉、第十四章〈佛教之北統〉以及第十七、十八、十九、二十等章。

說內則有（法）雲、（僧）旻，雲、旻所議則傷俗盛法。❸

　　郭祖深，襄陽人。是梁武帝任雍州刺史，奠定帝王基業時就追隨武帝的。《梁書》將其列入〈循吏傳〉，以公嚴清刻，不避強禦等著名於梁世。郭氏指出武帝「溺情內教」連帶使上下臣民也普遍信佛，「家家齋戒，人人懺禮」的結果，使農業生產減少。由於佛教方面重用法雲與僧旻法師，雖使佛法越來越興盛，但也連帶使俗界受到更大的傷害。其所上封事，其中有一條專談僧伽弊病：

> 時帝大弘釋典，將以易俗，故祖深尤言其事，條以為：都下佛寺五百餘所，窮極宏麗。僧尼十餘萬，資產豐沃。所在郡縣，不可勝言。道人又有白徒，尼則皆畜養女，皆不貫人籍，天下戶口幾亡其半。而僧尼多非法，養女皆服羅紈，其蠹俗傷法，抑由於此。請精加檢括，若無道行，四十已下，皆使還俗附農。罷白徒養女，聽畜奴婢，婢唯著青衣布，僧尼皆令蔬食。如此，則法興俗盛，國富人殷。不然，恐方來處處成寺，家家剃落，尺土一人，非復國有。❸

　　武帝大弘佛法，本意是要使風俗更加良善，吏治更加清明。佛教以寺院為基地，所以武帝即位後就大力建造寺院，影響所及，連帶的使建康附近就有佛寺五百餘所，皆極為宏

---

❸　《南史》卷七〇〈郭祖深傳〉，頁1720–1721。

❸　同前註，頁1721–1722。

偉壯麗。僧尼十餘萬，也都有豐沃的資產，足以弘法利生。但是道人又庇護一般平民，尼師收養平民的女子，都未編入政府的戶籍內，使天下納賦稅、服勞役的戶口幾乎損失一半。郭祖深建議「僧尼皆令蔬食」，寺院僧伽、徒眾若無佛法的行持，則四十歲以下令其還俗歸農。如此，則正法興盛而風俗亦良善。郭祖深上封事約在普通三年(522)❷與〈斷酒肉文〉的年代(519-523)相近，其所言之佛寺與僧尼人數也相近於上述《辯正論》所作的統計。因此，他對佛教弊病的觀察也大體可信。武帝對於郭氏興櫬上疏非但未予責罪，反而「嘉其正直」，擢升官職。郭氏封事中最值得注意的是「僧尼皆令蔬食」，提出徹底改革僧伽的關鍵性辦法。

　　梁武帝一方面大力宏揚佛教，另一方面也了解僧團的蕪亂情形，將使他的政教結合政策收到背道而馳的反效果。因此，全面而徹底的整頓僧團是政教結合政策得以推行的核心工作之一。梁武帝曾經嘗試自己兼任「白衣僧正」親自管理僧團，但卻遭遇智藏法師的反對。智藏不但以佛理駁斥梁武帝以「國王兼任僧王」的決策，而且秉持「沙門不敬王者」的精神，故意坐上皇帝御座，抗議「御座之法，唯天子所升」的規定，充分顯示沙門獨立於王權之外的自主性。

　　智藏法師獨自侵犯寶座，挫辱君王，可能祇是一種個案特例而已，也可能祇給武帝的「君王權威」一個小損傷罷了！但是梁世僧伽寺院的發展，及大量的占有土地與人口，使得寺院僧團不但在理論上足以取代帝王，而在實際上也多少威

❷　郭祖深所上封事曰：「陛下皇基兆運，二十餘載。」依此推算，大約在武帝即位二十年後，約普通三年(522)前後。

脅帝國的存亡，因此使得武帝不得不戒慎恐懼？荀濟的上書：

> （僧）竊盜華典，傾奪朝權，凡有十等。一曰：營繕廣
> 廈，僭擬皇居也。二曰：興建大室，莊飾胡像，僭比明
> 堂宗祀也。三曰：廣譯妖言，勸行流布，轢帝王之詔敕
> 也。四曰：交納泉布，賣天堂五福之虛果，奪大君之德
> 賞也。五：豫徵收贖免地獄六極之謬殃，奪人主之刑罰
> 也。六曰：自稱三寶，假託四依，坐傲君王，此取威之
> 術也。七曰：多建寺像廣度僧尼，此定霸之基也。八曰：
> 三長六紀，四大法集，此別行正朔，密行徵發也。九曰：
> 設樂以誘愚小，俳優以招遠會，陳佛土安樂，斥王化危
> 苦，此變俗移風徵租稅也。十曰：法席聚會，邪謀變通，
> 稱意贈金，毀破遭謗，此呂尚之六韜祕策也，凡此十事，
> 不容有一。萌兆微露，即合誅夷。今乃恣意流行，排我
> 王化。掛旛蓋於長剎，倣充庭之鹵簿。徵玉食以齋會，
> 雜王公之享燕。嘆功德則比陳詞之祝史，受儭施則等束
> 帛之等差。設威儀則效旌旂之文物，凡諸舉措，竊擬朝
> 儀云云。㉝

　　荀濟上書約在大通元年(527)稍後，其中頗多誣佛之詞，
亦多質直、觸犯武帝之處。武帝將誅之，遂奔魏，為高澄所
殺㉞。荀濟的上書，可作為南朝反佛者的代表。以儒家名教

㉝　《廣弘明集》卷七〈辯惑篇〉第二之三，《大正藏》五十二冊，
　　頁130下。

㉞　《北史》卷八三〈荀濟傳〉，頁2786。

者的觀點來看，寺院僧伽的作為：營繕廣廈、莊嚴佛像、大
量譯經、坐傲君王、廣建法會等，實已傾奪朝廷權勢而排斥
君王的教化，又竊據朝廷的禮義，有損帝王的威儀。而非法
沙門聚眾叛亂，史實亦有明確記載。《梁書·陳慶之傳》：

> 會有妖賊沙門僧強自稱帝，土豪蔡伯龍起兵應之。僧強
> 頗知幻術，更相扇惑，眾至三萬，攻陷北徐州，濟陰太
> 守楊起文棄城走，鐘離太守單希寶見害，使陳慶之討
> 焉。(武帝) 車駕幸白下臨餞，謂慶之曰：「江、淮兵勁，
> 其鋒難當，卿可以策制之，不宜決戰。」慶之受命而行。
> 曾未浹旬，斬伯龍、僧強，傳其首。❸

　　沙門僧強之亂，《資治通鑑》記載為中大通元年(529)❸。
妖賊沙門，自稱帝王、天子，結合當地豪強起兵叛亂，眾至
三萬。此種顛覆王朝的實力遠超過武帝雍州起兵時萬餘人的
局面。武帝起用甫率軍直入北魏洛陽，所向無敵的陳慶之以
討伐沙門之亂❸。武帝不僅親自送大軍北伐，且在餞別之時
面授機宜，勉其以策取勝。由此可見，沙門集團對武帝的政

---

❸ 《梁書》卷三二〈陳慶之傳〉，頁463–464。

❸ 宋·司馬光《資治通鑑》卷一五三〈武帝中大通元年條〉，臺北，
　世界書局，民國五十九年三版，頁4770。

❸ 同❸，頁461–463。武帝於大通二年(528)十月以歸降的魏北海王
　顥為魏王，命陳慶送之北還。陳慶之於十四旬間，平三十二城，
　四十七戰，所向無敵的前趨洛陽，迫魏帝奔河北，使北海王即帝
　位，完成任務。

權構成頗為嚴重的威脅，有根本傾覆其帝位的危險，迫使武帝不得不全力應付這場危機。

郭祖深輿櫬上封事，白衣僧正之爭，智藏法師冒犯御座，荀濟上書反佛，沙門僧強之亂等，大都發生於武帝即位二十年代前後。這些說明了僧伽流弊、僧團勢力高漲的情勢，已經迫使武帝必須採取積極手段，來處理全國性的佛教問題，〈斷酒肉文〉也就在這種背景下產生。

二、禁斷酒肉以匡正僧團

面對僧團的蕪雜且擁有社會、經濟的實力而對政權的各種威脅，乃至公開叛亂等情勢；梁武帝「皇帝菩薩」政教結合政策施行之下，決定以要求僧尼實踐基本的禁斷飲酒食肉之戒律，以根本徹底的匡正僧團。

〈斷酒肉文〉主要對象是寺院僧團，此點可從與會代表人選看出。「斷酒肉法會」第一類僧伽代表為僧寺寺官三百六十八人，尼寺寺官三百六十九人。佛教教團構成的基本單位是寺院，寺院是佛教義理、儀式、修行、宏法的所在，也是僧尼居住的場所，僧團的根據地。寺官統轄寺院的一切事務並管理沙門。寺官由「三官」或「三綱」為其首領，即通稱的上座、寺主、維那三種僧職。因此寺官是各個寺院的首領，是各個地方的基層僧團代表❸。武帝在〈斷酒肉文〉四首的每一段發語辭，必稱「諸寺三官」、「今日寺官」，或「一切寺官」，可見〈斷酒肉文〉的主要對象是各個寺院之領導者。

❸ 參見白文固〈晉－唐僧官制度考略〉，《五十年來漢唐佛教寺院經濟研究》，頁323–335。

第二類代表是義學僧五百七十四人，義學尼六十八人。義學是指精通佛教各種經論、宗派理論的學者。他們應該屬於全國性的、學有專精的沙門精英。第三類代表是僧：宿德二十五人、導師三十九人；尼：導師五人。宿德是老宿有道德者，當指梁世的元老耆碩而言。導師梵語nayaka，含義有兩種，一為導引之師，導人入佛道者，佛菩薩之通稱；一為唱導之師，法會中引導一座大眾，申讀願文表白者。這一類代表，可能是武帝所稱的「大德」，屬於全國性的德高望重者，足以領導群倫的代表。從武帝〈斷酒肉文〉的「弟子蕭衍敬白諸大德僧尼、諸義學僧尼、諸寺三官：……今日僧眾還寺已後，各各檢勒使依佛教」。「今日大德僧尼，今日義學僧尼，今日寺官，宜自警戒、嚴淨徒眾」。「願今日二部僧尼，各還本寺，匡正佛法，和合時眾，皆令聽經法者，如說修行，不可復令斷大慈種，使佛子不續」。「諸僧及領徒眾諸法師，諸尼及領徒眾者，各還本寺，宣告諸小僧尼，令知此意」等文句、語氣裡，可以體會出武帝亟盼這些全國性或地方性、基層性的僧尼領袖們，能理解「斷酒肉」的菩薩慈悲戒行等新精神，來匡正僧伽的流弊。

遠在東晉孝武帝(373–396)時，南朝寺院僧侶就有不遵守五戒等墮落現象。許榮上疏曰：

> 僧尼乳母，競進親黨，又受貨賂，輒臨官領眾，……臣聞佛者清遠玄虛之神，以五誡為教，絕酒不淫。而今奉之者，穢慢阿尼，酒色是耽，……尼僧成群，依傍法服。五誡粗法，尚不能遵，況精妙乎！而流惑之徒，競加敬

事，又侵漁百姓，取財為惠，亦未合布施之道也。 **㊴**

戒律是佛法的根本，不守戒律則無從修習禪定與般若智慧，即無所謂佛法。戒律也是佛教教團所以能維繫發展的前提。無戒律則佛教教團必趨腐化、墮落，而使佛教衰敗滅絕。五戒是佛徒戒律中的基礎，也是菩薩戒的根本，包括不殺生、不偷盜、不邪淫、不妄語、不飲酒等。「蔬食」、「斷酒肉」為僧侶最起碼的修持。這也是〈斷酒肉文〉所殫精竭慮，武帝所不惜威脅利誘，期於徹底改革僧徒之流弊。〈斷酒肉文〉第一首一開頭就標明：

> 凡出家人所以異於外道者，正以信因、信果、信經所明，信是佛說。經言：「行十惡者，受於惡報，行十善者，受於善報。」此是經教大意。如是若言，出家人猶嗜飲酒噉食魚肉，是則為行同於外道，而復不及。何謂同於外道，外道執斷常見，無因、無果、無施、無報。今佛弟子甘酒嗜肉，不畏罪因，不畏罪果，即是不信因、不信果，與無施無報者，復何以異。 **㊵**

信仰、虔信是任何宗教所強調的，無信仰則無宗教可能，也無入門之可能，更談不上登堂入室了。佛教徒必須相信教義中所說的因果道理、相信經典、相信佛說的真理，否則與外道邪教的徒眾沒什麼差別。佛經中說：「行十惡者受於惡

㊴　《晉書》卷六四〈司馬道子傳〉，頁1733。

㊵　〈斷酒肉文〉，頁294中。

報，行十善者受於善報。」這是一般佛經、佛教的主要義理所在。出家人應該相信這種基本的「善惡因果報應」之經教大意。十惡是十種惡的意思，與十善相對，又稱為十惡業、十不善業、十不善道，或十善業，十善道、十善業道等❹。《大智度論》卷四六云：

> 十善為總相戒，別相有無量戒。……說十善道則攝一切戒。……十善業道為根本。❷

十善是總相戒，攝一切戒，是根本戒。武帝以「十善」來總括一切戒律，要求沙門守戒，可說十分恰當。又，《優婆塞戒經》卷第六云：

> 善生言：世尊、諸佛如來未出世時，菩薩摩訶薩以何為戒。（佛言）：善男子、佛未出世，是時無有三歸依戒，唯有智人求菩提道，修十善法。……如來初得阿耨多羅三藐三菩提時，分別演說十善之法。因十善故，世間則有善行惡行，善有惡有，乃至解脫。……因是十善，眾生修己，增長壽命及內外物。煩惱因緣故，十惡業增。無煩惱因緣故，十善業增。❸

---

❹ 〈望月佛教大辭典〉，頁2202、2282。

❷ 龍樹菩薩造，姚秦・鳩摩羅什譯《大智度論》卷四六，《大正藏》二十五冊，頁395中－下。

❸ 北涼・曇無讖譯《優婆塞戒經》卷第六，《大正藏》二十四冊，頁1066下－1067上。

十善法是佛法未出現於世間時，菩薩所依的戒律，也是
菩薩求菩提道時所修的戒律。這與〈斷酒肉文〉所強調的「菩
薩道」、「菩提道」、「菩薩行」有密切關係，即菩薩也是以十
善法為根本戒律。修十善則增長壽命，得善報，行十惡則有
煩惱因緣，而十惡業增，得惡報。這一點也與「皇帝菩薩」
政教結合政策所強調的菩薩戒、菩薩道有密切關係。又《優
婆塞戒經》云：

> 戒之果報，亦復如是無量無邊。善男子，一切施中，施
> 無畏最為第一。是故我（佛）說，五大施者，即是五戒。
> 離是五施不能獲得須陀洹果，乃至阿耨多羅三藐三菩
> 提。❹

持戒律就是佈施，如不殺生則使眾生不畏懼於被屠殺，
「施無畏」是一切佈施中的第一種最大佈施。五戒就是五施，
離開五施即不能得羅漢果，乃至佛果。因此持戒的果報是無
量無邊的。我們雖不能找出武帝應用那一部佛經所說的「行
十惡者受於惡報，行十善者受於善報」。但是，透過武帝所
引用的《大智度論》、《優婆塞戒經》❺，來理解〈斷肉之文〉，

---

❹　同前注，頁1064上。

❺　梁武帝〈注解大品經序〉曰：「採釋論（《大智度論》）以注經
　　本。」《大正藏》五十五冊，梁・僧祐《出三藏記集》卷第八，頁
　　54中。引《優婆塞戒經》，見（伯希和第二一九六號）梁武帝《出
　　家人受菩薩戒法卷第一》，黃永武《敦煌寶藏》第一一六冊，臺

可以獲得下面的看法：修菩薩行者，必須修持十善的根本戒律，以此善因才會得到善果。因為持戒是最大的佈施，以此才能圓滿菩薩的六度萬行，才能得到究竟成佛的果報。凡是出家人都應該相信，持戒律本是佛教的經教大意。梁武帝為了要讓僧團實踐菩薩的十戒（即十善法）特別強調其中第一戒的不殺生，即最根本的重戒。另外也強調五戒的最後一戒：不飲酒。因為飲酒則易亂性，而導致毀犯其他禁戒。梁武帝以「禁斷僧尼飲酒食肉之行為」，以求達到僧尼守戒律，而匡正僧團。梁武帝在斷酒肉法會上，親臨頒佈「斷酒肉」的詔令：

弟子蕭衍，又敬白大德僧尼、諸義學者、一切寺官：弟子蕭衍於十方一切諸佛前，於十方一切尊法前，於十方一切聖僧前，與諸僧尼共申約誓。今日僧眾還寺已後，各各檢勒使依佛教。若復飲酒噉肉不如法者，弟子當依王法治問。諸僧尼若披如來衣，不行如來行，是假名僧，與盜賊不異。如是行者猶是弟子國中編戶一民，今日以王力足相治問。若為外司聽察所得，若為寺家自相糾舉。不問年時老少，不問門徒多少。弟子當令寺官集僧眾、鳴揵槌，捨戒還俗著在家服，依涅槃經還俗策使。唯取老舊者，最多門徒者，此二種人最宜先問。何以故，治一無行小僧，不足以改革物心；治如是一大僧，足以警動視聽。推計名德大僧不應有此，設令有此，當依法治問，其餘小僧故自忘言。❹

　　梁武帝這位「皇帝菩薩」在十方一切佛、法、僧等三寶前，與天下一切僧尼約誓。從今日起，如有飲酒噉肉者，當以皇帝的「王法」治問。而且針對門徒最多，又屬於元老耆舊的大僧，特別優先治問，以期驚動視聽，收到匡正僧團的最大效果。梁武帝治問犯戒者，依「佛法」的「集僧眾、鳴捷槌、捨戒、還俗」等辦法處理。天監十八年「皇帝菩薩」地位建立以後的政教結合政策，可以說是「王法」與「佛法」相互結合的政策。

　　梁武帝不但在斷酒肉法會上，下令禁斷僧尼飲酒食肉的行為，而且以「菩薩戒弟子皇帝」行菩薩道的立場，「隨時作願、隨時立誓」的精神，在護法龍天鑒觀下，僧尼大眾之前，發下重誓：

> 今日集會此是大事因緣，非直一切諸佛在此，非直一切尊法在此，非直一切聖僧在此，諸天亦應遍滿虛空，諸仙亦應遍滿虛空。護世四王亦應在此，金剛密跡，大辯天神，功德天神，韋馱天神，毘紐天神，摩醯首羅，散脂大將，地神堅牢，迦毘羅王，孔雀王，……十方二十八部夜叉神王，……一切善神遍滿虛空，……一切菩薩龍王，……八部神王皆應在此，今日土地、山川、房廟諸神，亦應仄塞虛空，如是幽顯，莫不鑒觀。唯無瑕者可以戮人，唯自淨者可以淨人。弟子今日昌言此事、僧尼必當有不平色。設令刳心擲地以示僧尼，丐數片肉，

---

❹⑥　〈斷酒肉文〉，頁297下。

無以取信。古人有言,非知之難,其在行之。弟子蕭衍
雖在居家,不持禁戒,今日當自為誓以明本心。弟子蕭
衍,從今以去至于道場。若飲酒放逸、起諸婬欲、欺誑、
妄語、噉食眾生,乃至飲於乳蜜,及以蘇酪,願一切有
大力鬼神,先當苦治蕭衍身,然後將付地獄閻王與種種
苦,乃至眾生成佛盡,弟子蕭衍,猶在阿鼻地獄中。僧
尼若有飲酒噉魚肉者而不悔過,一切大力鬼神亦應如此
治問。增廣善眾,清淨佛道。若未為幽司之所治問猶在
世者,弟子蕭衍,當如法治問。驅令還俗,與居家衣,
隨時役使。願今日二部僧尼,各還本寺,匡正佛法,和
合時眾,皆令聽經法者,如說修行。不可復令斷大慈種,
使佛子不續。若有犯法破戒者,皆依僧制,如法治問。
若有容受,不相治舉者,當反任罪。❹

　　梁武帝這位「皇帝菩薩」為了匡正僧團,勸令僧尼奉行
基本的不殺生、不飲酒戒,而親自發出「下阿鼻地獄」的重
誓。梁武帝誓行不殺生、不飲酒等菩薩戒,也期望一切僧尼
能做到基本的不殺生、不飲酒的戒律。梁武帝以身作則,以
違犯者將墮入阿鼻地獄的警誡,再以「王法」與「佛法」雙
重權柄的應用,使「斷酒肉」的詔令之執行收到相當的成果,
而有助於僧團蕪亂情形的整頓,達到匡正僧團的目標。

三、「佛教國家」的鞏固

　　構成宗教集團的要素有:①教義,②儀式行事,③信者,

❹　〈斷酒肉文〉,頁297下–298上。

④寺廟等施設，此外還必需經常進行各種活動，發揮其功能❹。佛教教團有經律論龐大精深的教義，有受菩薩戒等儀式行事，有出家僧侶，在家居士的信眾，有寺院的設施，有各種講經、法會等活動，有鎮護國家、沙門敷導民俗等功能。佛教教團的核心是寺院僧侶，分散全國各地的寺院僧侶，可以說是各地區的宗教教化與社會教化的堡壘。僧團的良窳，不但會影響佛教與其他宗教競爭的能力，而且更直接的喪失其做為在家居士模範的作用。梁武帝「皇帝菩薩」政教結合政策推行得成功與否，有賴佛教團的基本團體──僧團之改善。梁武帝認為寺院僧尼若不能持戒律，乃至犯了不殺生戒而「噉食魚肉」、不飲酒戒而「猶嗜飲酒」，則其行為不但與外道邪教沒有兩樣，而且比他們更糟糕。武帝指出九點不及外道邪教之處，來責備當時不守戒律的僧伽。

> 違於師教，一不及外道。……既受戒已，輕於毀犯。……噉食魚肉，於所親者乃自和光，於所疏者則有隱避。……懷挾邪志、崎嶇覆藏。……自行不善，增廣眾惡。……灼然違背經文。……身既有瑕，不能伏物，……在寺者乖違，受道者放逸。……今出家人云：我能精進，我能苦行。一時覆相誑諸白衣。出即飲酒開眾惡門，入即噉肉集眾苦本。此是九不及外道。❹

---

❹　小口偉一、堀一郎監修《宗教學辭典‧宗教集團》，東京大學出版會，1973年，頁305–308。

❹　〈斷酒肉文〉，頁294中–295中。

　　武帝痛責當時僧伽違背師長、佛菩薩的教誨，毀犯戒律。
為了噉食魚肉而懷挾邪志，崎嶇覆藏，自行不善，增廣眾惡，
以致不能有效領導僧團，使寺院徒眾乖違放逸，欺誑提供佈
施的信徒。這些罪行比外道邪教還不如。尤有甚者，僧尼不
僅未能領導在家信徒以興隆佛法，反而率先破壞寺院清規、
毀滅教團。故武帝在「肉食出家人不及在家人」主題下指責
僧尼：

> 犯戒罪，一不及居家人。……仰觸尊像。……吐泄寺
> 舍。……使人輕賤佛法。……臭氣薰蒸一切善神皆悉
> 遠離，一切眾魔皆悉歡喜。……自破善法，破他福田。
> ……若飲酒噉肉，皆（破）他（人）信施。……眾魔外
> 道，各得其便（以毀佛教）。……若多若少皆斷佛種。❺⓿

　　僧伽不持戒律，則褻瀆佛像、沾污寺院，使一般人輕視
佛法。破壞信徒佈施的功德，導致邪魔外道摧毀佛教。因此
而斷滅一切眾生成佛的種子。眾生若不得成佛果，將永墮三
界輪迴苦海中，這是未能遵行佛法的僧伽罪大惡極之處。

　　梁武帝希望透過「禁斷僧尼飲酒食肉的行為」，藉以消
除僧團的蕪亂情形，而使僧團走上持戒修行的正道。「斷酒
肉」的目的，一方面使匡正後的僧團能超勝其他的外道邪教，
確保佛教為國教的地位；另一方面讓僧團確實的成為在家信
徒的榜樣，進而透過各地潛德實修的寺院僧侶去敷導民俗，
而達到教化大行、社會安定的「大同」（武帝年號之一）世

---

❺⓿　〈斷酒肉文〉，頁295中－下。

界。梁武帝所期望於僧尼的理想，並不止於不殺生、不飲酒兩條戒律的持守而已，更期盼能朝向「皇帝菩薩」所主導的菩薩道邁進。〈斷酒肉文〉：

> 若食肉者是遠離菩薩法，若食肉者是遠離菩薩道，若食肉者是遠離佛果。……若食肉者是障六波羅蜜，若食肉者是障四弘誓願，……若食肉者是障十力，若食肉者是障四無所畏，若食肉者是障十八不共法，若食肉者是障一切種智，若食肉者是障無上菩提。何以故，若食肉者障菩提心，無有菩薩法。以食肉故，障不能得初地。以食肉故，障不能得二地，乃至障不能得十地。以無菩薩法故，無四無量心。無四無量心故，無有大慈大悲，以是因緣，佛子不續。所以經言：食肉者斷大慈種。諸出家人雖復不能行大慈悲菩薩行，成就無上菩提，何為不能忍此臭腥修聲聞、辟支佛道。❺¹

梁武帝這位「皇帝菩薩」不但敦勸士族官僚受菩薩戒修菩薩道，希望能改革業已敗壞的士族政治；而且詔令僧尼斷酒肉進而持菩薩行，以教化百姓，使梁朝成為佛化王國。更有甚者，為了徹底禁斷酒肉，早在天監十六年(517)就去掉宗廟犧牲，改祭以蔬果。《梁書·武帝紀》：

> 天監十六年夏四月甲子，初去宗廟牲。……冬十月，去宗廟薦脩，始用蔬果。❺²

---

❺¹ 〈斷酒肉文〉，頁295下–296上。

《南史・武帝紀》：

天監十六年三月丙子，敕太醫不得以生類為藥。於是祈
告天地宗廟，以去殺之理，欲被之含識。郊廟牲牷，皆
代以麵，其山川諸祀則否。時以宗廟去牲，則為不復血
食，雖公卿異議，朝野喧囂，竟不從。冬十月，宗廟薦
羞，始用蔬果。❺

《隋書・禮儀志》：

十六年十月，詔曰：「今雖無復牲腥，猶有脯脩之類，
即之幽明，義為未盡。可更詳定，悉薦時蔬。」左丞司
馬筠等參議：「大餅代大脯，餘悉用蔬菜。」帝從之。……
自至訖於臺城破，諸廟遂不血食。❺

梁武帝不但自己以身作則不飲酒食肉，而且也斷宗廟犧
牲，代之以蔬菜水果。雖然群臣重申歷代皇帝宗廟制度，「公
卿異議，朝野喧囂」，仍然詔命「宗廟不復血食」。從這種空
前絕後的「宗廟去牲」之決策，可以看出梁武帝屬行菩薩戒，
禁斷酒肉，創建「佛教國家」的決心與意志了❺。因此，「皇

---

❺　《梁書》卷二〈武帝紀〉，頁57。

❺　《南史》卷六〈武帝紀〉，頁196。

❺　《隋書》卷七〈禮儀志〉，頁134。

❺　《廣弘明集》卷二六〈慈濟篇〉尚記載梁武帝禁斷丹陽、瑯琊二

帝菩薩」政策下，「禁斷酒肉」的詔令執行得相當成功，不但梁國境內僧尼不敢飲酒食肉，而且稍後的北齊文宣帝（551–559在位）即位之後，也下令齊國境內「禁斷酒肉」。《續高僧傳‧義解篇》論曰：

> 齊宣受禪，權用不思。……宗敬佛理，師承戒護。每布髮於地，令上統踐之。又能率土之內，禁斷酒肉。放捨鷹犬，叹漁屠殺，普國不行。年三月、月六日，勸民齋戒。公私葷菜，悉滅除之。㊻

梁與北齊全國佛教教團「禁斷酒肉」之影響所及，隋唐僧侶亦多「禁斷酒肉」的記載。例如：《續高僧傳‧玄鑒傳》：

> 釋玄鑒，俗姓焦，澤州高平人也。天性仁慈，志樂清潔，酒肉葷辛，自然厭離。……隋運未齡，賊徒交亂，佛寺僧坊，並隨灰燼。眾侶分散，顛仆溝壑，鑒守心戒禁，曾無衍犯，食唯蔬菜，衣則蘊麻。㊼

境水陸打獵、捕魚之事。群臣雖反對此事，武帝仍堅決執行。《大正藏》五十二冊，頁293下。

㊻ 《續高僧傳》卷一五〈義解篇〉論，頁548下–549上。

㊼ 《續高僧傳》卷一五〈玄鑒傳〉，頁542上。又參見諏訪義純《中國中世仏教史研究》第一章〈中國仏教徒の生活倫理規範の形成序說──肉、葷辛の禁忌を中心として──〉，大東出版社，1988年，頁39–201。

此外，「敦煌殘卷」也有關於「斷酒肉」的記載，斯坦因第一三六號《救諸眾生一切苦難經》：

> 黑風西北起，東南興鬼兵，永常天地闇，何得心□□，先須斷酒肉，貪嗔更莫生，人能慎此事，佛道一時□，救諸眾生一切苦難經一卷。❺⑧

「敦煌殘卷」的「斷酒肉」記載，其時代可能是隋唐之時，因為其中提到「天台山」一老僧，而天台宗創於隋初，盛於唐代。隋唐以後，「禁斷酒肉」為中國僧團所奉行，間有「酒肉和尚」如濟顛禪師者，必為活菩薩，否則被視為異端而遭排斥。民間佛教也盛行「禁斷酒肉」的習俗，例如：明清流行的「戒殺放生」也強調梁武帝時代的「斷酒禁肉」。清·周安士(–1679–)〈戒殺四十八問〉：

> 問曰：梁武帝以麵為犧牲，作史者論為不血食之兆，故知祀用素，非禮也。答曰：……按梁武帝即位後，斷酒禁肉，休民息兵。❺⑨

「斷酒肉」政策執行情形，可分成三方面說明。

(1)政策問題的特質方面：此一政策標的團體之僧團較為具體，人數也較少。僧尼所需要改變的行為僅限於不飲酒、不食肉，較容易接受改變。

---

❺⑧ 《大正藏》八十五冊《救諸眾生一切苦難經》，頁1461下。

❺⑨ 清·周安士《萬善先資集》，頁10。

　⑵政策本身所具的條件：「斷酒肉」法會經過合理的規劃與推介；〈斷肉之文〉經過梁武帝與光宅法雲的研擬、定稿；〈斷酒肉文〉有健全的理論基礎，以《大般涅槃經》「食肉者斷大慈種義」為主旨；「斷酒肉」有清楚而具體的政策目標，執行的機關是分散在各地的寺院，由寺官及大德負責，權責分明。

　⑶政策本身以外的條件：梁武帝建立「皇帝菩薩」地位後，以「王法」與「佛法」雙重權柄，責成僧尼禁斷酒肉容易收效。梁代推行政教結合政策，加上大乘菩薩思想的傳佈，有助於僧尼持守不飲酒、不殺生的基本戒律。

　　從以上的敘述、分析中，吾人可以確認「皇帝菩薩」政教結合政策，推動「禁斷僧尼飲酒食肉之行為」的決策執行得頗為成功，有助於佛教教團的改革，更有助於「佛教國家」的鞏固。

第七章　「佛教國家」的理想與幻滅

　　梁武帝生命歷程的第一個階段中，是一個儒生、文人，是一位兼通玄、儒、文、史的標準士大夫典型；但是由於父親冤死，使他轉向隱逸的學道者，也開始接觸佛教，更因緣際會在齊明帝的重任下，兩次率軍抵抗北魏孝文帝的入侵；之後建立雍州革命軍團，在齊東昏侯亂政情勢下，革命成功而開國稱帝。梁武帝三十九歲即位的第一天就因應國家與佛教等客觀環境的需要，施行政教結合政策，展開建寺、禮遇僧侶、重新整理佛典等事業。梁武帝生命歷程第二個階段中最重要的成就，除了政治改革所造成的「天監之治」以外，最重要的是主導「建康教團」的僧侶、學者研擬出以「皇帝菩薩」為核心理念的政教結合政策。天監十八年四月八日梁武帝親受菩薩戒而建立了「皇帝菩薩」的地位，並且以「皇帝菩薩」神聖的身分積極的要求王侯子弟、朝臣官吏等奉持菩薩戒，希冀透過官吏本身倫理道德的改變，達到吏治清明的境界。此外，梁武帝生命歷程的第三階段中最巨大的成就是，舉行斷酒肉法會強烈的要求全國僧尼屬行菩薩戒中根本的兩條戒律──不殺生、不飲酒，這種以「皇帝菩薩」之身分，擁有王法與佛法雙重權柄的威勢，對當時佛教僧團的改革乃至後世僧團的遵守禁酒肉之戒律，產生相當大的影響力。但是，梁武帝六十八歲時昭明太子的死以及其後的諸子不肖

等家族悲劇之影響，武帝生命歷程逐漸走入晚年的昏庸時期。
「皇帝菩薩」政策之推展，也從現實的、具體的政教改革之
作為，逐漸轉折到個人的信仰上，理想的象徵作用等方面。
武帝晚年一連串的捨身同泰寺與阿育王崇拜，可以說明「皇
帝菩薩」理念與「佛教國家」幻滅的演變情形。

第一節　捨身同泰寺與「皇帝菩薩」的理想

一、捨身同泰寺的史實與相關問題

《隋書・經籍志》記載：「《皇帝菩薩清淨大捨記》三卷，
謝吳撰，亡。」❶可惜有關「皇帝菩薩」捨身的最原始記錄已
經亡佚，無從查考。其他有關捨身同泰寺的史實，分散在「正
史」等資料中。《梁書・武帝紀》記載梁武帝三次捨身，而
《南史・武帝紀》則為四次，且記述得較詳盡。茲以《南史・
武帝紀》為主，敘述如下：

1. 第一次捨身同泰寺

《南史・梁本紀》：

大通元年(527)，初，帝創同泰寺，至是開大通門以對寺
之南門，取反語以協同泰。自是晨夕講義，多由此門。
三月辛未（8日）幸寺捨身，甲戌（11日）還宮，大赦，

---

❶ 唐・魏徵撰《隋書》卷三四〈經籍志〉三，頁1010。

改元大通，以符寺及門名❷。《梁書・武帝紀》、《資治通鑑》、《建康實錄》也都有類似的記載。❸

2.第二次捨身同泰寺

《南史・梁本紀》：

> 中大通元年(529)秋九月癸巳（十五日），幸同泰寺，設四部無遮大會。上釋御服，披法衣，行清淨大捨，以便省為房，素床瓦器，乘小車，私人執役。甲午（十六日），升講堂法坐，為四部大眾開涅槃經題。癸卯（二十五日），群臣以錢一億萬奉贖「皇帝菩薩」大捨，僧眾默許。乙巳（二十七日），百辟詣寺東門奉表，請還臨宸極，三請乃許。帝三答書，前後並稱頓首。冬十月己酉（一日），又設四部無遮大會，道俗五萬餘人。會畢，帝御金輅還宮，御太極殿，大赦，改元（中大通）。❹

《梁書》、《建康實錄》也有類似記載。而《資治通鑑》除了引用《南史》之記載外，又加上「癸卯，群臣以錢一億

---

❷ 《南史》卷七〈梁本紀〉，頁205。

❸ 《梁書》卷三〈武帝紀〉，頁71。《資治通鑑》卷一五一〈大通元年條〉，頁4723。唐・許嵩撰張忱石點校《建康實錄》卷一七〈高祖武皇帝〉，中華書局，1986年，頁681。

❹ 《南史》卷七〈梁本紀〉，頁206。

萬祈白三寶，奉贖「皇帝菩薩」」 ❺。此外，《陳書·杜之偉傳》與《南史·杜之偉傳》曰：「中大通元年，梁武帝幸同泰寺捨身，敕徐勉撰定〈儀注〉，勉以臺閣先無此禮，召杜之偉草具其儀。」 ❻《歷代三寶紀》曰：「中大通元年九月十五日，帝幸同泰寺，遜位為僕，地震，百僚請復位。凡十五日，十月一日駕還宮。」 ❼《隋書·天文志》則記載梁武帝這兩次的捨身為災變。

> 普通七年正月癸卯，太白歲星在牛相犯。占曰：「其國君凶，易政。」明年(527)三月，改元，大赦。大通元年八月甲申，月掩填星。閏月癸酉，又掩之。占曰：「有大喪，天下無主，國易政。」其後中大通元年九月癸巳，上又幸同泰寺捨身，王公一億萬錢奉贖。十月己酉還宮，大赦，改元。 ❽

3.第三次捨身同泰寺

《南史·梁本紀》：

---

❺　《梁書》卷三〈武帝紀〉，頁73。《建康實錄》，頁682。《資治通鑑》卷一五三〈中大通元年條〉，頁4768。

❻　唐·姚思廉《陳書》卷三四〈杜之偉傳〉，頁454。《南史》卷七二〈杜之偉傳〉，頁1787。

❼　隋·費長房《歷代三寶紀》卷三，《大正藏》四九冊，頁45。

❽　唐·魏徵撰《隋書》卷二一〈天文志〉，頁594。

中大同元年(546)三月庚戌（八日），幸同泰寺講金字三
慧經，仍施身。夏四月丙戌（十四日），　皇太子以下奉
贖，仍於同泰寺解講，設法會，大赦，改元（中大同）。
是夜，同泰寺災。❾

《建康實錄》曰：「中大同元年三月庚戌，幸同泰寺，
講三慧經，乃捨身為奴。」❿雖然《梁書・武帝紀》記載此一
事實而未明言捨身，但《資治通鑑》引用《梁書》之外，又
在《通鑑考異》中引《典略》證明了第三次捨身同泰寺。《典
略》云：

> 癸卯，詔「以今月八日於同泰寺設無遮大會，捨朕身及
> 以宮人並王所境土，供養三寶」。四月，丙戌，公卿以
> 錢二億萬奉贖。⓫

4. 第四次捨身同泰寺

《南史・梁本紀》：

> 太清元年(547)三月庚子（三日），幸同泰寺，設無遮大
> 會。上釋御服，服法衣，行清淨大捨，名曰「羯磨」。以

---

❾　《南史》卷七〈梁本紀〉，頁218。

❿　《建康實錄》卷一七〈高祖武帝〉，頁689。

⓫　《資治通鑑》卷一五九〈中大通元年條〉，《考異》引《典略》，頁
　　4937。

五明殿為房，設素木床、葛帳、土瓦器，乘小輿，私人執役。乘輿法服，一皆屏除。甲辰（七日）遣司州刺史羊鴉仁率土州刺史桓和、仁州刺史湛海珍等應接侯景。……乙巳（八日），帝升光嚴殿講堂，坐師子座，講金字三慧經，捨身。夏四月庚午（四日），群臣以錢一億萬奉贖「皇帝菩薩」，僧眾默許。戊寅（十二日），百辟諧鳳莊門奉表，三請三答，頓首，並如中大通元年故事。丁亥（二十一日），服袞冕，御輦還宮。幸太極殿，如即位禮，大赦，改元（太清）。是月，神馬出，皇太子獻寶馬頌。⓬

《梁書・武帝紀》曰：「三月庚子（三日），高祖幸同泰寺，設無遮大會，捨身。」則捨身日期提前五日。此外《資治通鑑》、《建康實錄》也有第四次捨身的簡略記載⓭。

總結以上各種史料，可歸納梁武帝捨身同泰寺的史實與相關問題如下：

⑴捨身的動機：梁武帝可能因為星象災變，或政治、宗教等因素而前往同泰寺捨身，可以探討。

⑵捨身的儀式過程：整個捨身的前後過程，有一定的儀式程序。梁武帝曾於中大通元年第二次捨身之前，敕令徐勉、杜之偉撰定〈儀注〉。可惜〈儀注〉久佚失傳，無法了解全盤的捨身儀式與過程。從以上引用的史料中可以推定，整個

⓬　《南史》卷七〈梁本紀〉，頁218。

⓭　《資治通鑑》卷一六〇〈太清元年條〉，頁4951。《建康實錄》卷一七，〈高祖武皇帝〉，頁689。

捨身過程是在一種「四部無遮大法會」中進行。所謂無遮大
會是不分道俗，貴賤均無差別地、平等地施行財施與法施的
行事（禮儀），就在這無遮大會時講經或行捨身 ❹。梁武帝幸
同泰寺開無遮大會，首先詔令「以某月某日於同泰寺設無遮
大會，捨朕身及以宮人並王所境土，供養三寶」❺，然後脫
下皇袍，穿上袈裟，施行清淨大捨，捨棄自身的皇位、宮人，
以及一切國土，用來供養三寶，這稱為「羯磨」。

⑶捨身的行為與內容：梁武帝在無遮大法會上行羯磨法
捨身之後，就住在同泰寺內的別殿中。武帝睡的是樸素木床，
用葛布帷帳，使用土瓦器，乘小車，私人執役，乘輿時祇穿
法服，除此以外的物件一概屏除。梁武帝捨身期間主要的工
作，係以「皇帝菩薩」或「法王」的身分，登大殿法堂為四
部大眾講《涅槃經》或《般若經・三慧品》等佛經。在這一
段期間也同時處理軍國大事，例如第四次捨身期間就派遣司
州刺史羊鴉仁等地方長官，將兵三萬趣懸瓠，運糧食應接侯
景 ❻。

⑷群臣奉贖「皇帝菩薩」：梁武帝詔告臣民捨棄皇位及
一切國土以供養三寶，離開皇宮而居住在寺廟中。國不可一
日無君，皇帝遜位為僕是一件大事，況且武帝「三寶之奴」、
「皇帝菩薩」的身分又身居帝位，由皇太子及群臣以巨額金
錢祈白三寶，奉贖「皇帝菩薩」清淨大捨等舉動是必要的。

---

❹ 參見鎌田茂雄《中國仏教史》第三卷〈南北朝の仏教〉（上），東
京大學出版會，1984年，頁215。

❺ 同❶。

❻ 《資治通鑑》卷一六〇，〈太清元年條〉，頁4951。

奉贖「皇帝菩薩」的程序是：首先群臣以錢一億萬或二億萬的巨額代價祈白三寶贖帝身事，並得到僧眾的默許。百僚再擇期前往寺院大門奉奏表文，請武帝回皇宮復天子位視事，先後經過三次的奉請表文之後才得允准。武帝三次的答書中均用頓首的字樣，以表示對上表請復位的百官們尊敬、謙讓的意思。

(5)再行即位禮復位：梁武帝決定離開同泰寺回宮復位的那一天，特別擴大舉辦四部無遮大會，與會道俗士庶等人有高達五萬餘人之眾。無遮大會結束後，武帝脫卻袈裟，服袞冕，御金輅而還宮。金輅是天子輿輦禮制的一種，係使用在賓禮時的「齋車」❼。服袞冕係指穿戴天子的袞服冕冠❽。梁武帝使用天子的「金輅袞冕」登太極殿，行即位禮，大赦天下，改年號，如同「開國皇帝」般，一切與民更始。武帝復位之後，有神馬祥瑞出現，皇太子因此獻上「寶馬頌」歌頌武帝捨身又復位的功德。

梁武帝每一次捨身都勞師動眾，動用無數的人力、物力，進行各種繁瑣的儀式。從捨身活動的各種過程中，例如：講經，群臣奉贖「皇帝菩薩」與行即位禮復位的過程等方面，可以說是經由這些繁複的儀式，一再的使梁武帝更神化，其

---

❼ 《隋書》卷一〇〈禮儀志〉，頁191云：天監七年，梁武帝曰：「據禮『玉輅以祀，金輅以賓』，而今大祀，並乘金輅。」詔下詳議。周捨以為「金輅以之齋車，本不關於祭祀」，於是改陵廟皆乘玉輅，大駕則太僕卿御，法駕則奉車郎馭。

❽ 《隋書》卷六〈禮儀志〉，頁216云：天監七年，周捨議：「詔旨以王者袞服，……皆以衣定名，猶如袞冕，則是袞衣而冕。」

中的意義與作用應進一步探討。

二、同泰寺與大通門的象徵意義

首先就四次捨身的地點 —— 同泰寺，就其中的象徵意義，先加以探討。同泰寺與大通門是梁武帝捨身的場所與必經之門，兩者皆含有深遠的象徵意義。《續高僧傳・寶唱傳》：

> 大通元年，於臺城北，開大通門，立同泰寺。樓閣臺殿，擬則宸宮。九級浮圖，迴張雲表。山樹園地，沃蕩煩積。其年三月六日，帝親臨幸，禮懺敬接，以為常准。即捨身之地也。 [19]

《資治通鑑・大通元年條》：

> 上作同泰寺，又開大通門以對之，取其反語相協（同泰反為大，大通反為同，是反語相協也）。上晨夕幸寺，皆出入是門。 [20]

《南史・梁本紀》：

> （普通八年）三月辛未，幸（同泰）寺捨身，甲戌還宮，大赦，改元大通，以符寺及門名。 [21]

---

[19]　《續高僧傳》卷一〈寶唱傳〉，頁427。

[20]　《資治通鑑》卷一五一〈大通元年條〉，頁4723。

[21]　《南史》卷七〈梁本紀〉，頁205。

梁武帝所居的臺城北邊開大通門，與新建造的同泰寺之
南門相對。大通門是梁武帝「晨夕幸寺」，所出入臺城與同
泰寺之間的門戶。同泰寺與大通門之命名，取其反語相協，
同泰反為大，大通反為同；更有甚者，梁武帝第一次捨身同
泰寺而還宮之時，大赦天下，並改元大通，以符同泰寺及大
通門之名。梁武帝捨身時，必須由臺城大通門通向同泰寺，
被百僚奉贖回宮時，則由同泰寺經大通門而通入皇宮。梁武
帝緊接著改年號為「大通」，似乎在向全國宣告因為皇帝經由
捨身的儀式，而大大的打通皇宮寺院的兩個世界，而「大通」
新的年號是符合這兩個世界之名的，由「普通」的年號到「大
通」這是一個新紀元的開始。《續高僧傳》曰：「立同泰寺，
樓閣臺殿，擬則宸宮。」同泰寺的建造格局是模倣世俗的、政
治中心的宮城之格局的，那麼同泰寺又做為「政教合一」的
梁武帝之捨身、講經等法會之場所，則同泰寺的規劃除了與
皇宮相類似、相通之外，應該也有另一種宗教性的格局。《建
康實錄》卷一七〈高祖武皇帝〉引《輿地志》曰：

（同泰寺）在北掖門外路西，寺南與臺隔，抵廣莫門內
路西。梁武普通中起，是吳之後苑。晉廷尉之地，遷於
六門外。以其地為寺，兼開左右營，置四周池塹、浮圖
九層、大殿六所、小殿及堂十餘所。宮各像日月之形，
禪窟禪房山林之內，東西般若臺各三層，築山構隴，互
在西北，柏殿在其中。東南有璇璣殿，殿外積石種樹為
山，有蓋天儀，激水隨滴而轉。❷

　　山田慶兒〈梁武の蓋天說〉一文的研究，認為同泰寺的建造是根據梁武帝「蓋天說」的宇宙論來建造的。梁武帝的「蓋天說」上承周代、兩漢的蓋天說，再結合印度佛教的宇宙論而構成。梁武帝在當代「渾天說」宇宙論盛行之世，成為「蓋天說」的最後信奉者，且把蓋天的世界形象具現在同泰寺與蓋天儀上，有其獨特的、深遠的意義在[23]。《全梁文》梁武帝〈天象論〉：

> 四大海之外，有金剛山，一名鐵圍山。金剛山北，又有黑山。日月循山而轉，周迴四口。一晝一夜，圍繞環匝。於南則見，在北則隱。……黑山在北，當北彌峻，東西連峰，近前轉下。……金剛自近天之南，黑山則近天之北極，雖於金剛為偏，而於南北為心。[24]

　　山田慶兒認為同泰寺的規劃與〈天象論〉的宇宙構造相對應。同泰寺的四周池塹是佛教宇宙觀的四大海。浮圖九層是《楚辭・天問》中的九天，或許是須彌山。象徵日月星辰的宮殿配置在各處。環繞在西北的山丘是黑山。「柏殿在其中」或許是北極，而以此柏殿象徵天竺聖邦的印度；東南的璇璣殿則象徵中國之地。殿外積石種樹為山則視為金剛山，

---

[22]　《建康實錄》卷一七〈高祖武皇帝〉，頁681。

[23]　山田慶兒〈梁武の蓋天說〉，《東方學報》第四十八冊，京都，昭和五十二年，頁99–134。

[24]　《全梁文》卷六，梁武帝〈天象論〉，頁2982。

而其中心設置著水運蓋天儀。同泰寺的蓋天儀比起華林園重雲殿前實際觀測天象用的渾天儀來說，勿寧是一種應然世界的模型而已。換句話說，同泰寺的規劃與蓋天儀在彰顯梁武帝的宇宙觀或世界構造。同泰寺在宮城北而與宮城相對立，是另外一個世界。宮城是徹底之世俗的、政治的、外的世界。但是，同泰寺的規劃既模倣宮城又倣照佛教的宇宙觀，則同泰寺不祇是神聖的、宗教的、內的世界而已。換句話說，伴隨著同泰寺內的世界之外還有一重外的世界，它含有內、外，宗教與政治的雙重世界。梁武帝於普通元年(527)三月，同泰寺竣工後施行捨身，改年號為大通。這是從宮城外的世界移到另一個兼具內、外的世界，而通過這樣的儀式，意味著開始投身於同泰寺的雙重世界❷。

山田慶兒認為捨身在同泰寺這個象徵蓋天世界像的舞臺上，進行著梁武帝這一信仰者的表演，是一種象徵世界裡面的象徵行為。通過宮城北的大通門進入同泰寺的南門之際，政治家的武帝成為信仰者的武帝。武帝的捨身是一種徹底的象徵行為，不是斷絕一切退路的「絕對捨身者」之行為。表演者結束他的演技時，必須走下舞臺。三寶之奴蕭衍、信仰者武帝再一次的回到政治世界，必須通過同泰寺的南門與宮城的大通門。但是具有象徵行為的意涵，必須重複的演出來強化其作用。因此，梁武帝有接二連三，四次捨身同泰寺的象徵舉動。從政治的世界進入信仰的世界，又從信仰的世界回到政治的世界，這兩個世界之間有可以往復的通路，這就是蓋天的世界，也是「大通」的世界❷。筆者認為梁武帝通

❷ 山田慶兒前引文，頁124–125。

過大通門，進入同泰寺蓋天的世界為四部大眾講經、設無遮法會並處理軍國大事，他不袛是成為一位三寶奴、信仰者的武帝而已。由於皇太子以及群臣以巨額金錢奉贖「皇帝菩薩」清淨大捨之舉動，使梁武帝在同泰寺之神聖的、宗教的、內的世界與世俗的、政治的、外的世界之雙重世界結構的道場中，具足了「皇帝菩薩」所享有的皇帝與菩薩之雙重身分，王法與佛法之雙重權柄，能同時統治臣民與沙門。梁武帝從同泰寺的無遮大會上御金輅經大通門回到宮城太極殿，再行登位禮，大赦，改元等政治舉動時，他已經不袛是一位政治家的武帝而已，而是一位同時掌有王法、佛法權柄的「皇帝菩薩」。《魏書‧蕭衍傳》記載梁武帝在世俗世界裡的臣下們，他們的奏表上書也稱呼蕭衍為「皇帝菩薩」。這樣的「皇帝菩薩」有權為持菩薩戒者，授予某某菩薩封號的權柄❷。蓋天說的理論具象化到同泰寺的規劃與大通門之建造上，為梁武帝的捨身行為，提供了演出奉贖「皇帝菩薩」等政治性活動的舞臺；使「皇帝菩薩」更充滿了神聖化的、偶像化的、權威化的象徵意義。

三、捨身的儀式化意義

一般而言，佛教裡所謂捨身，是指供養於佛，或是為求法、護法而捨棄部分身體、生命的修行方式。梁武帝敕編《經律異相》卷八〈自行菩薩部〉、〈為聞半偈捨身〉引自《大般涅槃經》的捨身求法故事。釋迦佛前生在雪山修行時，為了

❷ 同前注，頁130。

❷ 《魏書》卷九八〈蕭衍傳〉，頁2187。

聽聞「諸行無常，是生滅法」的下半偈「生滅滅已、寂滅為樂」的偈子，而甘願捨身給羅剎以求這下半偈❷⓼。《經律異相》編錄了許多捨身的故事，例如：卷八〈自行菩薩部〉、〈賣身奉佛聽涅槃一偈割肉無痛〉，卷二五〈行菩薩道諸國王部〉、〈虔闍尼婆梨王為聞一偈剜身以然千燈〉，卷三一〈行菩薩道諸國太子部〉、〈乾陀尸利國王太子投身餓虎遺骨起塔〉等，都是在讚嘆行菩薩道者能夠為法或為眾生而捨身的事蹟❷⓽。

　名畑應順〈支那中世に於ける捨身に就いて〉一文，探討中國中古時期的各種捨身行為，例如捨身施與、捨身供養、捨身護法、捨身往生等各種類型。且分析捨身的方法大體可分為八類：①焚軀，②施身（將身體的全部或一部分施與人、畜、蟲、魚等），③降損（把身分下降、抑損生活享受而表示懺悔），④投身（從高樹或懸崖上投身），⑤割斷（以刀切割斷截身體），⑥絕食，⑦絞縊，⑧入水等八種❸⓪。梁武帝的捨身行為是一種佈施僧眾、供養三寶，講經宏法的舉動，而捨身的方法則採取降損自己皇帝身分的辦法。梁武帝的捨身方式，是一種佈施齋戒修行，祈求功德的南朝貴族捨身之模式，捨身佈施可以祈求國家安寧，皇祚長遠，含有鎮護國家的功能。梁武帝以皇帝至尊的身分施行捨身，則其功德應超乎一般臣民之上。《南史・梁本紀》記載第四次捨身同泰寺後，

---

❷⓼　梁・寶唱等集《經律異相》卷八〈自行菩薩部〉，《大正藏》五十三冊，頁43上-下。

❷⓽　同前注，頁44、136、162。

❸⓪　名畑應順〈支那中世に於ける捨身に就いて〉，《大谷學報》第十二卷第二號，頁209-2510。

梁武帝的大功德感召到轉輪聖王七寶之中的馬寶出現**❸**。皇太子蕭綱特別為此捨身的功德所感應到的神馬，獻上〈馬寶頌〉，其序曰：

> 皇帝應百姓之心，副四海之願。復履玉衡，還臨億兆。天地交泰，日月貞明。至理維新，隆平方始。遐邇一體，中外禔福。含生欣欣，若耘耰之逢夏雨。懷情坎坎，譬草木之值春風。帝王之道，超邁開闢。睿聖之功，殫歷遼古。軒羲不足鑿枘，堯舜不足憲章。至哉大哉，無得而稱也。五月丁酉朔，絲竹會於德陽之堂，於時日進內宮，星次鶉首，……詔以馬寶示群臣，……況乎馬寶，義實踰之，方當鳳沙自歸，滑橋屈膝。款關入塞，偃武修文。（霍）去病無出師之勞，（趙）充國罷議邊之略。五律成珍，九河如鏡。臣謹按瑞應經，彌勒成佛經、中阿含經、賢愚經，並稱第三之馬者三千歲。華子云：堯漢皆得者，堯漢皆火德。正斗南方，乘德而至也。豈非聖德汪濊，皇風洋溢。研幾洞元，備禮達義。是以天不愛道、白馬嘶風。王澤效祥，朱鬣降社。**❷**

梁武帝捨身後群臣奉贖「皇帝菩薩」還位，是「應百姓

---

❸　《南史》卷一一一〈梁本紀〉曰：「太清元年 (547) 三月庚子，幸同泰寺（行清淨大捨），……（回宮城後）幸太極殿，如初即位，大赦，改元。是月，神馬出，皇太子獻寶馬頌。」頁218。

❷　梁・簡文帝〈梁簡文帝集〉，收在《漢魏六朝百三名家集》第四冊，頁3414–3415。

之心，副四海之願」的事跡，也是「含生欣欣」普天同慶的
大事。梁武帝捨身又復位，這種「帝王之道」、「睿聖之功」
超邁天地開闢以來黃帝、堯舜等帝王之上。況且，隨著梁武
帝捨身功德的感召，有轉輪聖王推行十善道的道德教化以平
治天下表徵的寶馬出現，那麼武帝的國家將會達到不費一兵
一卒，不必有霍去病、趙充國的武功，就可以偃武修文，一
統天下。武帝捨身而得寶馬，又可以彰顯梁國運曆的火德也
如同堯、漢時代的火德同樣得到神馬。梁武帝時代寶馬出現，
一方面證明他將如同轉輪聖王般以道德平治天下，一方面也
應證他火德而王的「真命天子」之地位。皇太子蕭綱更進一
步的歌頌云：

> 帝廣運，德欽明。儀郊升，道形聲。德為軌，仁作經。
> 璇璣正，天階平。割五禮，和六英。開四攝，行八政。
> 轉輪皇，飛行聖。愍含識，資惠命。引蒼生，歸法性。
> 菩提真，般若淨。七寶均，萬邦寧。逖悖史，覿陳詩。
> 域中大，惟聖期。聞玄妙，復孝慈。解流澤，隨因時。
> 刊已措，績咸熙。三農盛，九穀滋。萬祇悅，八神怡。
> ……珠為月，醴為泉，民何幸，值皇年。乾道應，坤馬
> 來。度玉關，升玉臺。……九夷款，四表清。盹胥樂，
> 與頌興。❸

　　皇太子的頌辭中直接讚美梁武帝為「轉輪皇，飛行聖」，
同時也達到中國聖王般的「九夷款，四表清」「聞玄妙，復

---

❸　同上注，頁3415。

孝慈」的理想境界。可見梁武帝的捨身已經將中國、印度文
化中理想的聖王境界融合一體。換句話說，經由捨身可以將
凡人的梁武帝神化到「皇帝菩薩」聖王治世的神人境界。

四、捨身、講經說法與「皇帝菩薩」的理想

梁武帝四次捨身，除了第一次，捨身僅三天未有說法記
錄之外，其餘三次都有大規模的講經法會。例如：第二次捨
身「為四部大眾開涅槃經題」，第三次捨身「講三慧經」，第
四次捨身「講金字三慧經」。這些捨身講經的情形，未曾留
下更詳盡的資料，故無從查考。但是，蕭子顯〈御講摩訶般
若波羅蜜經序〉記載梁武帝捨身與講經的活動，茲摘錄如下：

> 皇帝體至道而揚盛烈，亶聰明而作元后。十地斯在，俯
> 應人王。……超國城而大捨，既等王宮之時，量珍寶於
> 四天，又同轉輪之日。輕之若鴻毛，去之如脫屣。故以
> 道駕皇王，事高方冊。若非蘊生知之上德，蓄機神於懷
> 抱。洞比三明、齊功二智，孰能與於此者哉。金字摩訶
> 般若波羅蜜經者，蓋法部之為尊，乃圓聖之極教。開宗
> 以無相明本，發軫與究竟同流。奧義雲霈，深文淨富。
> 前世學人，鮮能堪受。皇上愛重大乘，遨遊法藏。道同
> 意合，眷懷總持。親動王言，妙踰綸綍。導明心之遠筌，
> 標空解之奇趣。……以中大通五年太歲癸丑己未朔二
> 十六日甲申，輿駕出大通門，幸同泰寺發講，設道俗無
> 遮大會。……既而龍袞輟御，法服尊臨。……自皇太子
> 王侯以下，侍中司空袁昂等六百九十八人，其僧正慧令

等義學僧鎮座一千人。畫則同心聽受，夜則更述制義。
其餘優婆塞眾、優婆夷眾、男冠道士、女冠道士、白衣
居士、波斯國使、于闐國使、北館歸化人，講肆所班、
供帳所設，三十一萬九千六百四十二人。……外國道人
沙呵耶奢，年將百歲，在檀特山中坐禪，聞中國應有大
講，故自遠而至。機感先通，咫尺萬里……所以知是皇
上化力之所到，百姓善根之有成。❹

梁武帝「體至道而揚盛烈」所以能「超國城而大捨」，捨
棄帝位江山「輕之若鴻毛，去之如脫屣」。武帝之所以能夠
這麼豁達，是因為他洞明契入般若智慧的緣故。《般若波羅
蜜經》是佛教經典部類中最尊貴的經典，最究極的教義。「奧
義雲霏，深文淨富」不是一般人所能理解接受的。但是，武
帝愛好大乘佛教，能標舉出般若深義。在中大通五年幸同泰
寺，設道俗無遮大會，脫下皇袍，穿上法服（袈裟）開講《般
若經》。聽眾自皇太子，王侯以下的官吏約七百人，僧侶千
人，善男信女、男女道士、外國使節等三十一萬餘人。「捨
身」而「講經」的法會能結集王侯、百僚、僧俗、佛道信徒，
乃至外國高僧使節、歸化人等三十餘萬人，可見其影響之大。
這些捨身、講經宏法活動，能喚起全國上下，乃至外國人對
「皇帝菩薩」的宗教虔誠感情，以及政治認同。例如：皇太
子蕭綱多次結合其他的王侯上啟，請武帝講經說法。〈請御
講啟〉：

---

❹ 梁・蕭子顯〈御講金字摩訶般若波羅蜜經序〉，《大正藏》五十二
冊，頁236中-237下。

伏希躬降晬容，施灑甘露。油然慧雲，霈然慈雨。光斯
盛業，導彼蒼生。履天居而說（般若）無相，同真也。
建佛事而被率土，化俗也。同真化俗，至矣哉，一舉而
三美顯。

〈重請御講啟〉：

伏願以平等慧，行如來慈。為度蒼生，降希有事。使朝
滿一乘，情皆十善。智珠法炬，人人並持。四忍五明，
家家可望。

〈又請御講啟〉：

伏願樂說大慈，特重矜許。放光動地，不以法好俗。隨
機逗藥，不以人廢言。俾茲含生，凡厥率土。心花成樹，
共轉六塵。鏡裡得珠，俱開三障。❸

皇太子等王侯朝士，再三的祈請梁武帝開講佛經，認為
皇上說法，將如同佛陀在世般「同真化俗」。武帝講經法會
的舉行，將可超度眾生，使登上安樂國土。皇太子蕭綱更進
一步的將武帝捨身、講經的作用，形容成中國、印度政治理
想結合後的更美好的聖（法）王治世之境界。〈上大法頌表〉：

❸ 梁・蕭綱〈請御講啟〉、〈重請御講啟〉、〈又請御講啟〉，《大正藏》
五十二冊，頁234上-下。

伏惟陛下，天上天下，妙覺之理獨圓。三千大千，無緣
之慈普被。慧舟匪隔，法力無垠。躬紆尊極，降宣至理。
澤雨無偏，心田受潤。是以九圍共溺，並識歸涯。萬國
均夢，一日俱曉。佛法之勝事，國家之至美。稽之上古，
未有斯盛。

〈大法頌〉序曰：

皇帝以湛然法身，不捨本誓。神力示現，降應茲土。……
天子內韜無生之至慧，外應體乾之弘跡，將欲改權教、
示實道。遺方便之說，導化城之迷。……視萬乘如脫屣，
斯蓋示至公之要道。……於是莊嚴國界，建立道場。廣
行利益，開闡佛事。驅彼眾生，同濟仁壽。引茲具縛，
俱入大乘。……以為般若經者，方等大法。……種覺可
生，允茲佛母。群典弗逮，是號經王。乃欲振一音，雨
法雨。示五眼，引重昏。將幸同泰，大轉法輪。……出
乎大通之門，天子降彫輦之貴。行接足之禮。頂拜金山，
歸依月面。……於是乃披如來之衣，登師子之座。啟真
慧之深宗，明度彼之弘教。二諦現空有之津、二智包權
實之底。……除黑闇於四生，遺無明於三界。……惡道
蒙休，泥犁普息。莘莘學侶、濟濟名僧。……將令一一
佛性，逢了因而俱出。一一佛土咸遺二而除三。比夫歌
南風、尚黃老。臨辟雍、講孔宅，什麼安足而語哉。……
豈非聖主，同諸佛身，降茲妙相。等諸佛力，若符契焉。

〈大法頌〉：

> 我有無礙，共向圓常。玉鑾徐動，金輪曉莊，……峨峨
> 寶座，郁郁名香。法徒學侶、塵沙堵牆。慈雲吐澤、法
> 雨垂涼。三密不限，四辨難量。猶茲海寶，譬彼山王。
> 慧流總被，藥木開芒。佛日出世，同遣惑霜。帝釋歌詠，
> 幽祇贊揚。[36]

梁武帝能捨身「視萬乘如脫屣」而「披如來之衣，登師
子之座。啟真慧之深宗，明度彼之弘教」，使「惡道蒙休，
泥犁普息」，「帝釋歌詠，幽祇贊揚」。梁武帝以一位中國的
「皇帝」因為能實踐印度佛教的捨身，講經宏法等事業，而
轉變成為一位「皇帝以湛然法身，不捨本誓。神力示現，降
應茲土（中國）」的佛菩薩。這樣的一位「皇帝菩薩」「豈非
聖主，同諸佛身，降茲妙相。等諸佛力，若符契焉」。梁武
帝經過屢次的捨身，講經說法的大規模活動之推展，使他在
中國「皇帝」的身分之外，再加上印度佛教的「菩薩」身分。
換句話說，在中國政治理想的「聖王」、「真命天子」身分之
外，再加上印度政治理想的「轉輪聖王」、「法王」等身分。
「皇帝菩薩」理念乃是植基於中印政治、宗教等文化融合的
基盤上之「政教合一」的高層次之整合理念。

梁武帝不斷的運用隆重、繁複的捨身儀式與莊嚴、肅穆

---

[36] 梁・蕭綱〈上大法頌表〉、〈大法頌并序〉，《大正藏》五十二冊，
　　頁240上－242上。

的講經法會，不僅使自己成為一位能闡揚正法以治世的佛教「法王」，「佛菩薩」而已，更進一步的藉著捨身儀式與儒家孝道文化的實踐與提倡，企圖使自己成為一位實行儒、佛，聖王、法王治世境界的「皇帝菩薩」。《續高僧傳・寶唱傳》：

> 自武帝膺運，時年三十有七，在位四十九載。深以庭蔭早傾，常懷哀感。每嘆曰：雖有四海之尊，無由得申罔極。故留心釋典，以八部般若為心，良是諸佛由生。又即除災滌累故，收採眾經，躬述注解。親臨法座，講讀敷弘。用此善因，崇津靈識。頻代二皇（父母），捨身為僧給使。洗濯煩穢，仰資冥福。每一捨時，地為之震。相繼齋講，不斷法輪。為太祖文皇，於鍾山北澗，建大愛敬寺。……又為獻太后，於青溪西岸建陽城門路東，起大智度寺，……寺成之日，帝顧謂群后曰：建斯兩寺，奉福二皇，用表罔極之情，以達追遠之思。……又作聯珠五十首以明孝道。又制孝思賦，廣統孝本。至於安上治民，移風易俗，度越終古，無得而稱。故元帝云：伏尋我皇之為孝也，……蓋虞舜、夏禹、周文、梁武，萬載論孝，四人而已。又以大通元年，於臺城北，開大通門，立同泰寺，……即捨身之地也。雖億兆務殷，而卷不輟手，披閱內外經論典墳，恆以達曙為則。自禮記、……論語、孝經，往哲所未詳悉，皆為訓釋。又以國學員限，隔於貴賤，乃更置五館，招引寒俊。故使孔釋二門，榮茂峙列。❸❼

---

❸❼ 《續高僧傳》卷一〈寶唱傳〉，《大正藏》五十冊，頁426下–427

　　梁武帝注解《般若經》、《涅槃經》,「親臨法座,講讀敷弘」除了「除災滌累,崇津靈識」之外,更大的心願是為了祈求親生父母的冥福。屢次代替「二皇」(父母)「捨身為僧給使。洗濯煩穢,仰資冥福」。 梁武帝一生的建寺、講經、捨身等佛教事業是為了「奉福二皇,用表罔極之情,以達追遠之思」。武帝除了自行孝道以外,還親自為《孝經》作注,造《制旨孝經義》。《梁書・武帝紀》曰:「中大通四年三月庚午,侍中、領國子博士蕭子顯上表置制旨孝經助教一人,生十人,專通高祖所釋孝經義。」❸❽《廣弘明集》卷二九上收有武帝作〈孝思賦並序〉❸❾。《廣弘明集》與《續高僧傳》的作者釋道宣認為武帝「捨身」、「講經」、「建寺」除了「明孝道」之外,「又制孝思賦、廣統孝本」,是有助於「安上治民,移風易俗」。武帝四十八年的宏揚佛法與儒學,「故使孔釋二門,榮茂峙列」。

　　梁武帝的「捨身」、「講經說法」不但與佛教的「法王治世」有關,而且捨身為父母祈福以明孝道,也是在推展儒家孝道傳統。因此捨身同泰寺與「皇帝菩薩」理念的結合,不僅使「皇帝菩薩」理念具有「政教合一」的色彩,而且使儒、佛兩家文化藉著儒家的孝道與佛教菩薩的慈悲等概念有更進一步融合的契機,彰顯「儒佛合一」的特色以及「皇帝菩薩」的理想。

中。

❸❽ 《梁書》卷三〈武帝紀〉,頁76。

❸❾ 梁高祖〈孝思賦〉,《大正藏》五十二冊,頁336下-338上。

第二節 阿育王、轉輪聖王與「佛教國家」的理想

梁武帝統治期間的政教結合工作與印度阿育王一生的思想、行為很類似。阿育王被視為轉輪聖王的一個典範，梁武帝也被尊稱為金輪轉輪聖王，那麼梁武帝的「皇帝菩薩」理念與「佛教國家」理想又與阿育王、轉輪聖王的典範有何關係？梁武帝晚年大規模的阿育王崇拜又顯示出何種意義？

一、阿育王與轉輪聖王

阿育王(Asoka)的祖父犍陀羅笈多(Chandragup)大約在亞歷山大離開印度之後，於西元前324年頃創建了孔雀王朝。犍陀羅笈多的兒子毘陀沙羅(Bindusāra)統治時期大約是西元前300年到西元前273年。阿育王是毘陀沙羅王的諸多兒子之一，當他的父親死後，就獨攬王城的政權，而且殺害他的大哥與幾位弟弟。阿育王一直到父親死後四年才正式即位，他統治孔雀王朝約三十七年，約於西元前232年逝世。

根據R. C. Majumdar: *An Advanced History of India*（李志夫譯《印度通史》） 有關阿育王的事蹟如下：阿育王即位後繼續執行他祖先的征服政策，連年不斷的戰爭擴展了帝國大量的版圖。阿育王即位後的第八年，征服凱靈伽(Kalingas)之戰，是他一生的轉捩點。他領悟到戰爭的殘酷，引起他的懺悔而留心治道，並立志做一位寬儉、仁愛的國王。凱靈伽戰役以後，阿育王逐漸受到佛教的影響，信奉佛教而成為一位

在家居士。他與佛教僧伽的長者建立了親密關係，並且在他的倡導下組織了居士會(The Pious Fraternity)，以及在各方面促進了佛教的發展。他深研佛教經典、戒律，到處參訪佛教聖地，並教導民眾學習佛法。阿育王命令他的官員：將他所頒倫理道德之詔書、敕令刊石立碑，給民眾施以道德上之教育，而且視教化民眾與一般政令之推行一樣重要。阿育王以佛法倫理(Dharma-Vijaya)治國，獲得罕見的成功；並且更進一步的將此種佛法倫理傳播到鄰近諸國。在一件碑銘中，阿育王公開承認他是皈依佛(Bnddha)、法(Dharma)、僧(Sangha)的三寶弟子，他稱佛陀為法王。他說，凡是佛陀所宣化的，也都是他所要說的。阿育王常被人們視為佛陀的轉世。雖然阿育王正式信奉佛教，但並不歧視其他的宗教。阿育王是言行一致的人，甚至言出必行。他規定不殺生，自己亦持素食，禁止王室狩獵活動並且禁止以動物為犧牲的祭祠行為。阿育王是一位政治家、軍事家，也是一位偉大的人道主義者。他藉著佛教宣傳他的寬恕、和平、慈悲的教化。阿育王推行佛教教化政策影響及周圍鄰國的結果，使原本為恆河流域一個地方教派的佛教擴大為世界性宗教。但是由於阿育王促使官員熱衷於宗教之宣傳，使武備不修，防禦工事廢弛，逐漸招致鄰國的窺伺。阿育王晚年的政權也陷入司法官員、祭師、軍人等之傾軋中。阿育王晚年時，他的帝國就分裂了，他的兒子們各據一方。孔雀王朝的政治也逐漸腐化，到了阿育王死後四十五年的西元前187年也就覆亡了 ❹。

---

❹ 參見R. C. Majumdar: *An Advanced History of India*。李志夫譯《印度通史》第七篇〈孔雀王朝〉，臺北，國立編譯館，民國七十年，

阿育王信奉佛教，以佛化政策治國，推行佛教倫理到鄰
近各國等事蹟，被後來的佛教徒乃至於政治思想家，不斷的
添加各種理想因素，使阿育王被神化為印度政治理想中的「轉
輪聖王」。有關阿育王或轉輪聖王的故事，也被編撰成佛教
的經書，而被佛教徒所崇奉、信仰。遠在西晉時代的安法欽
就譯有《阿育王傳》七卷以及苻秦‧曇摩難提譯《阿育王息
壞目因緣經》等有關阿育王的經典❹。梁武帝早年接觸佛教，
對於阿育王這位以「正法治世」的轉輪聖王應當有所了解。
梁武帝統治的四十八年間，大力提倡佛教，禮遇僧侶，自己
也深研佛教經典，奉持戒律，一生的事蹟與阿育王頗為類似。
尤其要求臣民、僧尼奉行菩薩戒或斷酒肉，更類同於阿育王
以佛法倫理所進行的政教改革。或許阿育王轉輪聖王治世的
境界，正是梁武帝「佛教國家」的理想。

二、梁武帝與《阿育王經》的思想

《歷代三寶紀》：

> 阿育王經十卷，天監十一年六月二十六日於揚都壽光
> 殿，初翻日，帝躬自筆受，後委僧正慧超合繼訖，見寶
> 唱錄。❷

頁147–168。

❹ 西晉‧安法欽譯《阿育王傳》，《大正藏》五十冊，頁99–130。苻
秦‧曇摩難提譯《阿育王息壞目因緣經》一卷，《大正藏》五十
冊，頁172–183。

❷ 《歷代三寶紀》卷一一，《大正藏》四十九冊，頁98中。又見《大

《續高僧傳‧僧伽婆羅傳》：

> 僧伽婆羅，扶南國人也。大阿育王經，初翻經日，於壽
> 光殿，武帝躬臨法座，筆受其文，然後乃付譯人，盡其
> 經本。敕沙門寶唱、慧超、僧智、法雲及袁曇允等，相
> 對疏出。華質有序，不墜譯宗。天子禮接甚厚，引為家
> 僧，所司資給，道俗改觀。❸

梁武帝於天監十一年(512)敕令扶南國人僧伽婆羅重譯
《阿育王經》，在六月二十六日於首都壽光殿譯場上，武帝
親自筆受經文，然後再交付由大僧正慧超，家僧法雲，佛教
學者寶唱、僧智、袁曇允等人所組成譯經團審慎的重譯。《阿
育王經》十卷的重譯十分莊嚴隆重，經文「華質有序，不墜
譯宗」，主譯的僧伽婆羅雖為外國人，也因此被禮聘為梁武帝
八大家僧之一。從以上的事實，可見梁武帝對《阿育王經》
的重視程度，吾人可以推測他必定對阿育王的思想與行為頗
為欣賞，甚至做為其主導的「佛教國家」所效法之對象。

僧伽婆羅譯的《阿育王經》十卷與西晉‧安法欽譯的《阿
育王傳》七卷是同本異譯。《阿育王傳》早在西元306年之前
就已經譯出而留傳至今。在梁武帝時代有關阿育王的經典尚
有《阿育王於佛生大敬信經》、《阿育王獲果報經》、《阿育王

　　唐內典錄》卷四，《大正藏》五十五冊，頁265下，以《阿育王經》
　　為第二次翻譯本。

❸　《續高僧傳》卷一〈僧伽婆羅傳〉，《大正藏》五十冊，頁426上。

供養道場樹經》、《阿育王作小兒時經》、《阿育王施半阿摩勒果經》、《阿育王息壞目因緣經》、《阿育王太子壞目因緣經》等❹。以上有關阿育王經典，大都與梁武帝重譯的《阿育王經》十卷有類似或重複之處。梁武帝重譯的《阿育王經》梵本來自於天監二年(503)扶南國曼陀羅所獻。因此，梁武帝敕命僧伽婆羅、大僧正慧超、家僧法雲等人所組成的譯場，將曼陀羅所呈獻的梵本與其他有關的阿育王經典「相對疏出」，而「華質有序，不墜譯宗」。那麼，天監十一年《阿育王經》的新譯本可能是有關阿育王經典之總匯、校疏與整理之結集。

《阿育王經》十卷：卷一，生因緣品第一；卷二，見優波笈多因緣品第二；卷三，供養菩提樹因緣品第三；卷四，鳩摩羅因緣品第四；卷五，半菴摩勒施僧因緣品第五；卷六，佛記優波笈多因緣品第六；卷七、卷八，佛弟子五人傳授法藏因緣品第七；卷九、卷一〇優波笈多弟子因緣品第八。卷一的〈生因緣品〉當與《阿育王於佛生大敬信經》、《阿育王獲果報經》、《阿育王作小兒時經》類似。卷三的〈供養菩提樹因緣品〉與《阿育王供養道場樹經》類似。卷四的〈鳩摩羅因緣品〉與《阿育王息壞目因緣經》、《阿育王太子壞目因緣經》類似。卷五的〈半菴摩勒施僧因緣品〉與《阿育王施半阿摩勒果經》類似。《阿育王經》為梁武帝時代有關流行在當代的阿育王思想與事蹟之集其大成。《阿育王經》所記載阿育王的事蹟或思想，應該是與梁武帝的思想、行為等關係最為密切。

❹ 參見小野玄妙編《佛書解說大辭典》第一卷，頁1–3。

《阿育王經》卷一〈生因緣品第一〉： 敘述釋迦牟尼佛
在世時，在王舍城大路上遇見兩小兒。第一小兒「以沙為糗
內佛缽」中以供養佛，釋迦牟尼預言其功德云：

> 此兒者我入涅槃百年後，當生波吒利弗多城，王名阿育，
> 為四分轉輪王，信樂正法。當廣供養舍利，起八萬四千
> 塔，饒育多人。於是如來復說偈言：我入涅槃後，當生
> 孔雀姓，名阿育人王，樂法廣名聞。以我舍利塔，莊嚴
> 閻浮提，是其功德報，施沙奉於佛。❹

接著敘述阿育王的誕生、奪取王位、殺害哥哥以及殘暴
的統治，被稱為栴陀阿輸柯王（可畏阿育王）。 後來受到比
丘的感化、歸依佛法，廣造八萬四千佛塔散佈各國，被人民
尊稱為「阿育法王」。《阿育王經·生因緣品第一》指出阿育
王的事蹟，並以「阿育法王」為「轉輪聖王」之一。

《阿育王經》卷二〈見優波笈多因緣品〉敘述阿育王禮
拜優波笈多為國師，並接受優波笈多的教化，且在釋迦牟尼
誕生、悟道、傳法、涅槃等地，建塔供養。卷三〈供養菩提
樹因緣品〉記載阿育王供養菩提樹，以及佛世時未入涅槃的
賓頭盧尊者，敘述佛陀在世時的事蹟。賓頭盧再度強調佛的
預言「阿輸柯為四分轉輪主領法王，當供養舍利起八萬四千
法王塔」。此外，還記載阿育王捨身事蹟：

> 阿育王向賓頭盧說道：「大德，我今唯除七庫寶藏。一

---

❹ 《阿育王經》卷一，頁131中–132中。

切大地、宮人、大臣、并以我身及鳩那羅（王子）悉施
眾僧。」……阿育王於五眾中已作功德，復於一一人悉
施三衣。又以四十萬金佈施眾僧，復以無數金銀贖此大
地宮人大臣、并以本身及拘那羅。❹

《阿育王經》經常強調阿育王是釋迦佛授記的「轉輪聖
王」，阿育王又廣造八萬四千法王塔，捨身予眾僧又以金銀贖
回，這些當與梁武帝被稱為「金輪轉輪聖王」、建造「法王
寺」等寺塔、捨身同泰寺等行為有關。《阿育王經》卷四〈鳩
摩羅因緣品〉敘述阿育王的兒子鳩摩羅被王妃陷害失去雙眼
的故事。卷五〈半菴摩勒施僧因緣品〉記載阿育王晚年時期
得病困篤卻仍佈施眾僧、護持佛法，但是大臣及太子反對他
的崇佛政策，禁斷他的物用。阿育王將僅有的半個菴摩勒果
佈施給僧侶而命終。《阿育王經》卷六至卷一〇，記載有關釋
迦牟尼至阿育王時代佛法的傳承情形，和阿育王時代優波笈
多國師與弟子們的傳法情形，及強調正確的佛法，修行戒律，
宏揚佛法的倫理等事蹟。

梁武帝除了親自筆受、重譯《阿育王經》以外，還在天
監十五年 (516) 敕編的《經律異相》中，大量引用《阿育王
經》。例如：《經律異相》卷六引用兩則，卷一三引用一則，
卷一六引用七則，卷一七引用兩則，卷一八引用六則，卷二
四引用一則，卷三三引用兩則，共計引用二十一則❹。

從以上各種阿育王經典的流傳與梁武帝親自筆受、重譯

❹ 同上註，頁140下–141中。

❹ 詳見《經律異相》卷一至五〇，《大正藏》五十三冊，頁1–268。

《阿育王經》，以及《阿育王經》內容的分析，《阿育王經》
的引用，如果進一步將這些與以上各章節對梁武帝的研究作
比較時，吾人當可認識到梁武帝精研佛法，嚴持戒律，推行
「皇帝菩薩」以菩薩戒為中心的政教改革，都與阿育王的事
蹟非常類似。尤其梁武帝被尊稱為「轉輪聖、飛行帝」、「金
輪王」都與阿育王的「轉輪聖王」身分類似。也許梁武帝堅
持以「菩薩戒」、「斷酒肉」的佛教倫理進行吏治與僧團的改
革，其理念來自於阿育王的啟示。

三、梁武帝與「轉輪聖王」的理想

　　梁武帝敕編的《經律異相》五十卷，其中的第二四卷〈轉
輪聖王諸國王部〉，二五卷、二六卷為〈行菩薩道諸國王部〉。
以「轉輪聖王諸國王」與「行菩薩道諸國王」為全書的中心，
透露著梁武帝一生的理想與實踐方法。梁武帝以轉輪聖王治
下的「佛教國家」為其理想、以行菩薩道為其手段的兩個旨
趣，被《經律異相》的編輯方式刻意的凸顯明示著。《經律
異相・序》：

> 如來應跡投緣，隨機闡教。兼被龍鬼，匪直天人。化啟
> 憍陳，道終須跋。文積巨萬，簡累大千。自西徂東，固
> 難得而究也。若乃劉向校書，玄言久蘊。漢明感夢，靈
> 證彌彰。自茲厥後，傳譯相繼。三藏奧典，雖已略周，
> 九部雜言，通未區集。皇帝同契等覺，比德遍知。大弘
> 經教，並利法俗。廣延博古，旁採遺文。於是散偈流章，
> 往往復出。今之所獲，蓋益多矣。聖旨以為，像正侵末，

信樂彌衰。文句浩漫，尠能該洽。以天監七年，敕釋僧
旻等，備鈔眾典。顯證深文，控會神宗。辭略意曉，於
鑽求者已有太半之益。但希有異相，猶散眾篇。難聞秘
說，未加標顯。又以十五年，敕寶唱鈔經律要事，皆使
以類相從，令覽者易了。又敕新安寺釋僧豪、興皇寺釋
法生等，相助檢讀。於是博綜經籍，擇採秘要。上詢神
慮，取則成規，凡為五十卷，又目錄五卷。分為五秩，
名為經律異相。將來學者，可不勞而博矣。❹

　　有關這一篇序的背景分析，詳見本文第四章。此外，梁
武帝從天監七年(508)敕令僧旻等三十名才學之士編撰《眾經
要抄》開始至天監十五年(516)《經律異相》的完成為止，計
時九年之久，可見這是一項頗具規模且有完備計劃的工程。
《經律異相》參考了從佛典傳譯以來的一切經籍，以上定林
寺「經藏」加上「寶雲經藏」的藏書，可說是梁國境內最豐
富且最完備的佛典寶庫。《經律異相》由梁武帝親自主持、
規劃，其編輯旨趣似乎圍繞著「深文」、「神宗」、「異相」、「秘
說」、「要事」、「秘要」等特殊意涵上來進行。抄集佛典中的
「神宗」、「異相」、「秘要」歸納分類，顯然與政教結合政策
之理念的形成，有密切的關係。而「於鑽求者已有太半之
益」、「令覽者易了」等，無非是企圖使一般人在閱讀《經律
異相》之後，能迅速接受此種政教結合政策的理論。
　　《經律異相》大類分為：①天地部、②佛部、③菩薩部、
④聲聞部、⑤國王部、⑥太子部、⑦長者部、⑧優婆塞優婆

---

❹　《經律異相・序》，頁1。

夷部、⑨外道仙人部、⑩居士庶人部、⑪鬼神部、⑫畜生部、⑬地獄部。這十三大部又各自再細分若干小部，每一小部各載幾十條細目摘要，合計七百八十二條細目摘要。這十三大部的分類，國王、太子、長者、優婆塞優婆夷的目次居中，且緊接在佛、菩薩、聲聞羅漢等聖者之後，似乎是梁武帝的特殊安排，欲凸顯國王、太子、貴族、佛教徒的重要性。《經律異相》的編輯是「博綜經籍，擇採秘要。上詢神慮，取則成規」完成五十卷的巨著。那麼，這五十卷的卷名，類別次序必然經過梁武帝的「神慮」，而編定的。五十卷之中，以〈轉輪聖王諸國王部〉、〈行菩薩道諸國王部〉分居二四、二五、二六，顯然梁武帝要凸顯自己所屬國王部，使居於核心、中間的部位。梁武帝的理想是成為一位「佛教國家」的轉輪聖王，其實踐的方法是行菩薩道，這也許就是《經律異相》編輯旨趣所強調的「異相」、「神宗」、「深文」、「秘說」、「要事」、「秘要」之一部分吧！以下試著針對「轉輪聖王」、「行菩薩道」諸國王這三卷的內容進一步分析，以探討梁武帝與「轉輪聖王」的思想。

〈轉輪聖王諸國王部〉其內容為：劫初人王始原第一，大王致輪之初第二，金輪王王化方法第三，燈光金輪王捨臂第四，蓋事金輪王有大利益第五，轉輪王為半偈剜身然千燈第六，摩調金輪王捨國學道第七，無諍念金輪王請佛僧第八，堅固金輪王失輪出家第九，文陀竭金輪王遊四天下第十，頂生金輪王愛別離苦第十一，阿育四分王始終造業第十二。

劫初人王始原第一，說明世界形成的經過，又為了平息紛爭乃共立人王。人王以法治國，奉行十善，因而人壽長久。

大王致輪之初第二，說明轉輪聖王所以致金輪的原因，係國王以十善、四等治天下，憂勤人物，心蹈慈父的緣故。此外說明四種轉輪聖王的德性、層次、統治天下的大小為：①道種堅德，乘金輪，王四天下；②性種性王，乘銀輪，王三天下；③習種性王，乘銅輪，王二天下；④以上十善得王，乘鐵輪，王一天下。金輪王王化方法第三：說明轉輪聖王成就七寶，有四種神德。七寶：一金輪寶，二白象寶，三紺馬寶，四神珠寶，五玉女寶，六居士寶，七主兵寶。四神德：一者長壽不夭，二者身強無患，三者顏貌端正，四者寶藏盈出。金輪寶轉到之國，皆聽命於金輪王，奉行十善。十善即不殺、不偷盜、不邪婬、不兩舌、不惡口、不妄言、不綺語、不貪取、不邪見。象寶、馬寶能周行四海。神珠寶光明照耀。玉女寶為賢內助。居士寶為大臣，能致諸寶藏，使國家富強。主兵寶則能征善戰，保國衛民。轉輪聖王以七寶、四德治民，無有阿枉，自修亦使人民修十善行。燈光金輪王捨臂第四，說明燈光金輪王為求法、度眾生的原因，能捨棄王位，捨棄手臂的事蹟。蓋事金輪王有大利益第五、轉輪王為半偈剜身然千燈第六、摩調金輪王捨國學道第七、無諍念金輪王請佛僧第八、堅固金輪王失輪出家第九等，皆在說明轉輪聖王能修持佛法，以十善行教化人民，能為求佛法而身燃千燈或捨國求道。文陀竭金輪王遊四天下第十、頂生金輪王愛別離苦第十一，說明即使是金輪轉輪聖王若生惡念，不修十善，則立即墮落受苦。阿育四分王始終造業第十二，節錄《阿育王經》第一卷，敘述阿育鐵輪轉輪聖王一生的事蹟❹。

---

❹　參見《經律異相》卷二四，頁128下–136中。

　　《經律異相》卷二五〈行菩薩道上諸國王部〉的細目摘要：虔闍尼婆梨王為聞一偈剜身以然千燈第一，毗楞竭梨王為請一偈以釘釘身第二，大光明王捨頭施婆羅門王第三，尸毗割肉代鴿第四，慧燈王好施捨身血肉第五，大力王好施不悋肌膚第六，慈力王刺血施五夜叉第七，須陀須摩王為鹿足王所錄聽還佈施事畢獲免第八，薩惒檀王以身施婆羅門作奴第九，衢樓婆王為聞一偈捨所愛妻子第十，善宿王好施令鬼王移信第十一。《經律異相》卷二六〈行菩薩道下諸國王部〉的細目摘要：惒黑王因母疾悟道大行惠施第一，二王裂裳上佛得立不退之地第二，薩和達王佈施讓國後還為王第三，日難王棄國學道濟三種命第四，仙豫王護法殺婆羅門第五，普明王誦般若偈得免班足王害第六，阿闍世王從文殊解疑得於信忍第七，大光明王始發道心第八，多福王事梵志增福太子奉佛兩師角術第九❺⓿。

　　〈行菩薩道諸國王部〉記載十九個國王行菩薩道的事蹟，他們屬行菩薩的戒律，又勤修佈施、持戒、忍辱、精進、禪定、般若的六度萬行；為了求佛法或衛護佛法，可以捨棄自己的生命；他們可以說都是發菩提心，上求佛道、下化眾生的菩薩。梁武帝於天監十八年四月八日發菩提心、受菩薩戒之後，就以身作則奉行菩薩道。有關梁武帝《在家出家受菩薩戒法》的菩薩思想以及梁武帝作為「菩薩戒弟子皇帝」的事實，詳見本書第五章之探討，不再贅述。

　　梁武帝被尊稱為「金輪轉輪聖王」，史料可考的是早在昭明太子時，蕭綱上皇太子〈玄圃園講誦〉序曰：

❺⓿　《經律異相》卷二五、二六，頁136中–145中。

> 皇上（梁武帝）託應金輪，均符玉鏡，……於是正化潛
> 通，法輪常轉，類空境之傳虛，猶懸河之瀉潤。❺

此外，武帝晚年時期皇太子蕭綱所作的〈菩提樹頌〉、〈馬寶頌〉等也一再的尊稱武帝為金輪轉輪聖王❺。梁武帝這位「金輪王」與現實政治仍有密切關係。例如，中大通四年(532)蕭綱、蕭綸、蕭紀連續三次，三人聯名上書請梁武帝講經，而三次被武帝以國事為重加以拒絕，其後才決定在中大通五年(533)舉行大規模講經法會，會後皇太子蕭綱所上的〈大法頌〉也尊稱梁武帝為「金輪王」。〈大法王頌并序〉：

> 皇帝以湛然法身，不捨本誓，神力示現，降應茲土。……
> 於今三十有二載也。……將幸同泰，大轉法輪。……金
> 輪燭日，妙臨淄之地下，……豈非聖主，同諸佛身，降
> 茲妙相，等諸佛力，若符契焉。……玉鑾徐動，金輪曉
> 莊，……。❺

---

❺ 《廣弘明集》卷二〇，蕭綱〈玄圃園講頌并序〉，《大正藏》五十二冊，頁242中。

❺ 〈馬寶頌〉，《梁簡文帝集》，收在《漢魏六朝百三名家集》第四冊，頁3414–3415。〈菩提樹頌〉，收在《大正藏》五十二冊，《廣弘明集》卷一五，頁204下。

❺ 《廣弘明集》卷二〇，蕭綱〈大法頌并序〉，《大正藏》五十二冊，頁240上–242上。

〈大法頌并序〉所描寫的梁武帝不但是一位「金輪轉輪聖王」、「皇帝菩薩」，而且是一位「佛陀」之再世。值得注意的是在講經法會的啟請中，這一位「皇帝菩薩」、「金輪王」仍以實際政務為重，而以為宏法並不切實際，例如：中大通四年第一次拒絕講經的要求曰：「數術多事，未獲垂拱。兼國務靡寄，豈得坐談。須道行民安，乃當議耳。」第二次敕答曰：「緣邊末入，國度多乏。如是等事，恆須經討。其餘繁碎，非可具言。……」第三次敕答曰：「汝等未達稼穡之艱難，安知天下之負重。……但知講說不憂國事，則與彼人異術同之。」❺❹ 從中大通五年(533)講經法會的前後史實中，會前梁武帝以現實政務的處理為第一優先，認為宣講佛經是「坐談」、「講說」為「道行民安」之後的事；而講經法會之後，卻接受「金輪轉輪聖王」的歌頌。筆者初步假定梁武帝晚年仍以政權的掌握為本，在維護政權的前提下，仍勉力處理繁碎的政治工作，儘管在主客觀條件下喪失以菩薩戒的推行為中心之政教改革熱誠，但是仍然不放棄塑造自己為「金輪轉輪聖王」的理想。有關這一假定，即晚年時期梁武帝的政教結合政策之推展，由現實、具體的行菩薩道，轉折到純理想的「轉輪聖王」、「皇帝菩薩」之理想，還可以從晚年大規模的阿育王崇拜，獲得另一項有力的佐證。

四、阿育王崇拜與「佛教國家」的理想

有關阿育王崇拜的史實，大都發生在梁武帝的晚年，尤其是七十三歲以後有大規模的阿育王崇拜活動出現，茲列舉

❺❹ 《廣弘明集》卷一九，〈梁武帝敕答請御講啟〉，頁234上－下。

事實如下，《梁書・扶南國傳》：

> （大同）二年(536)改造會稽鄮縣（阿育王）塔，開舊塔
> 出舍利，遣光宅寺釋敬脫等四僧及舍人孫照暫迎還臺，
> 高祖禮拜竟，即送還縣入新塔下。……（大同）三年八
> 月，高祖改造阿育王寺塔，出舊塔下舍利及佛爪髮，……
> 至其月二十七日，高祖又到寺禮拜，設無礙大會，大赦
> 天下。是日，以金鉢盛水泛舍利，其最小者隱鉢不出，
> 高祖禮拜數十拜，舍利乃於鉢內放光，旋回久之，乃當
> 鉢中而止。高祖問大僧正慧念：「今日見不可思議事不？」
> 慧念答曰：「法身常住，湛然不動。」高祖曰：「弟子欲
> 請一舍利還臺供養。」至九月五日，又於寺設無礙大會，
> 遣皇太子王侯朝貴等奉迎。是日，風景明和，京師傾屬，
> 觀者百數十萬人。所設金銀供具等物，並留寺供養，并
> 施錢一千萬為寺基業。至四年(538)九月十五日，高祖又
> 至寺設無礙大會，豎二剎，各以金罌，次玉罌，重盛舍
> 利及爪髮，內七寶塔中。又以石函盛寶塔，分入兩剎下，
> 及王侯妃主百姓富室所捨金、銀、鐶、釧等珍寶充積。
> 十一年(545)十一月二日，寺僧又請高祖於寺發般若經
> 題，爾夕二塔俱放光明，敕鎮東將軍邵陵王綸製寺大功
> 德碑文。㊵

大同三年(537)改造阿育王寺塔，出佛舍利佛髮爪，設無
礙法喜食法會，並且下詔大赦天下。梁武帝〈出古育王塔下

㊵　《梁書》卷五四〈扶南國傳〉，頁790–792。

佛舍利詔〉：

> 大同四年八月。月犯五車。老人星見。改造長干寺阿育
> 王塔。出舍利佛髮爪。阿育鐵輪王也。王閻浮一天下。
> 一日夜役鬼神造八萬四千塔。此其一焉。乘輿幸長干寺。
> 設無礙法喜食。詔曰。天地盈虛與時消息。萬物不得齊
> 其蠢生。二儀不得恆其覆載。故勞逸異年歡慘殊日。去
> 歲失稔斗粟貴騰。民有困窮遂臻斯濫。原情察咎或有可
> 矜。下車問罪。聞諸往誥。貴歸元首寔在朕躬。若皆以
> 法繩則自新無路。書不云乎。與殺不辜寧失不經。易曰。
> 隨時之義大矣哉。今真形舍利復現於世。逢希有之事。
> 起難遭之想。今出阿育王寺設無礙會者年童齒莫不欣
> 悅。如積飢得食。如久別見親。幽顯歸心遠近馳仰。士
> 女霞布冠蓋雲集。因時布德允叶人靈。凡天下罪無輕重
> 皆赦除之。**❺❻**

　　大同四年(538)九月，梁武帝又到阿育王寺塔前舉行無礙
大會，皇太子蕭綱捐錢一百萬共襄盛舉，並呈上〈奉阿育王
寺錢啟〉：

> 臣綱言。臣聞八國同祈。事高於法本。七區皆蘊。理備
> 於涌泉。故牙床白氎無因不覩。金瓶寶函有緣斯出。伏
> 惟陛下。懸天鏡於域中。運大權於宇內。三有均夢。則

---

❺❻　《廣弘明集》卷一五，梁高祖〈出古育王塔下佛舍利詔〉，頁203
下。

臨之以慧日。百藥同枯。則潤之以慈雨。動寂非己行住
因物。無能名矣。臣何得以而稱焉。故以昭光赤書賤前
史之為端。珥芝景玉。嗤往代之為珍。難遇者乃如來真
形舍利。昭景寶瓶浮光德水。如觀鈎鎖似見龍珠。自非
聖德威神。無以值斯希有。天人頂戴遐邇歸心。伏聞阿
育王寺方須莊嚴。施巨萬金檀豐十藏。實陳河府，泉出
水衡。比丘持土，大廈方搆。羅漢引繩高塔將表，不勝
善折。謹上錢一百萬。雖誠等散花心符不盡。而微均滴
瀝陋甚鄰空。輕以塵聞。伏啟悚汗謹啟。❺❼

　　梁武帝在大同二年、三年、四年乃至十一年，耗費大量
的金錢改造阿育王寺，舉行無礙大法會，表揚阿育轉輪聖王
的事蹟，以及佛舍利的殊勝奇蹟，並大赦天下，這些似乎是
在強調自己的「金輪王」統治「佛教國家」的理想。

　　梁武帝生命歷程的第二階段，主導「建康教團」的高僧
與才學之士，實行各種政教結合政策工作，也經過佛典的整
理、譯注等工作，研擬、創造出「皇帝菩薩」政教結合理念。
武帝生命歷程第三階段，就以「皇帝菩薩」的理念為核心，
勸令臣民、僧尼重受菩薩戒的新佛法倫理規範，並且在僧團
之中厲行「禁斷酒肉」的詔令，施行大規模的政教改革。武
帝生命歷程二、三階段的政教結合工作，類似於阿育王的以
正法治國，推展佛法倫理於國家的典範。但是，武帝第四階
段的政教結合工作之推展卻有重大的轉折，失去了阿育轉輪
王典型的推行佛教倫理之實際成效，也未走向佛典中的金輪

---

❺❼　《廣弘明集》卷一六，蕭綱〈奉阿育王寺錢啟〉，頁209上。

轉輪聖王捨王位出家修道的典範;祇是大力的改建阿育王寺塔,舉行無礙法會,大赦天下,強調自己形式上類同於阿育轉輪王治理「佛教國家」的理想之一面而已。

第三節 禍起蕭牆、政治敗壞與「佛教國家」的幻滅

一、昭明太子憂死與骨肉相殘

六朝政局的動亂與宗室子弟的政治鬥爭,傾軋或循環砍殺有直接的關係,梁武帝的政治也不免於此種困厄。梁武帝蕭衍屬於蕭齊王室一族,父親蕭順之是蕭齊的佐命功臣卻不見容於齊武帝,卒因政爭的波及而憂死。蕭衍的長兄蕭懿因功高受忌,為東昏侯所殺,四弟蕭融走避不及被誅,其餘弟姪亡匿得免。蕭衍也因東昏侯派人襲殺之下,藉機興兵起義,滅齊而創梁。

梁武帝有八子,十兄弟,除了長兄、四弟早死外,這些家族成員、宗室骨幹仍不免於政治的無情鬥爭。

昭明太子(501-531),以三十一歲之英年憂死,不但是梁國的一大損失,也使得王室之間的爭鬥惡化,促使武帝轉入晚年的消沉與政刑弛紊的最後階段。《梁書‧昭明太子傳》:

> 昭明太子統字德施(小字維摩),高祖長子也。太子生而聰叡,三歲受孝經、論語,五歲遍讀五經,悉通諷誦。……太子美恣貌,善舉止。讀書數行並下,過目皆憶。

每遊宴祖道，賦詩至十數韻。或命作劇韻賦之，皆屬思
便成，無所點易。高祖大弘佛教，親自講說；太子亦崇
信三寶，遍覽眾經。乃於宮內立慧義殿，專為法集之所。
招引名僧，談論不絕。太子自立二諦、法身義，並有新
意。……太子自加元服，高祖便使省萬機，內外百司奏
事者填塞於前。太子明於庶事，纖毫必曉，每所奏有謬
誤及巧妄，皆即就辯析、示其可否，徐令改正，未嘗彈
糾一人。平斷法獄，多所全宥，天下皆稱仁。引納才學
之士，賞愛無倦。恆自討論篇籍，或與學士商榷古今；
閒則繼以文章著述，率以為常。于時東宮有書幾三萬卷，
名才並集，文學之盛，晉、宋以來未之有也。……（中
大通）三年四月乙巳薨，時年三十一。……太子仁德素
著，及薨，朝野惋愕。京師男女奔走宮門，號泣滿路。
四方氓庶，及疆徼之民，聞喪皆慟哭。**❺⓼**

　　昭明太子洞達儒、玄，又擅於文學，在佛法方面有很精
湛的造詣**❺⓽**。明於庶事、斷獄仁恕是一位難得的國君人選，
是梁武帝的最佳繼承人。昭明太子不但擁有宋、晉以來未有
的名才之士，也深得百姓的擁戴；如果他不英年早逝，而順
利繼承王位，則梁武帝的佛教王國或許能倖免於悲劇的敗亡。
但是，卻因為昭明太子生母丁貴嬪墓地風水問題，導致武帝

❺⓼　《梁書》卷八〈昭明太子傳〉，頁165–171。

❺⓽　詳見《廣弘明集》卷二一〈昭明太子解二諦義章〉以及王侯、朝
　　臣、高僧二十一人的〈諸二諦義〉，〈昭明太子解法身義〉以及高
　　僧六人的〈諸法身義〉，《大正藏》五十二冊，頁247下–251中。

猜忌其有奪權之意，使昭明太子無由自明而慚憤以終；武帝
也「以心銜故」改立三子蕭綱為皇太子，而種下諸子、諸孫
爭奪皇位的禍端❻。昭明太子的死是武帝晚年的一大悲劇，
而不立嫡長孫，改立庶子為皇儲的結果，是武帝家族悲劇的
肇端。

　　武帝次子豫章王綜 (502-528) 懷疑自己為齊東昏侯的遺
腹子，而叛逃北魏，卒為魏人所殺❻。武帝三子簡文帝蕭綱
(503-551)於長兄昭明太子薨後，為武帝擇取為皇儲。魏徵論
曰：「文艷用寡，華而不實，體窮淫麗，義罕疏通，哀思之
音，遂移風俗。」❻侯景之亂時沒能力應變，始為侯景之傀儡，

---

❻　《南史》卷五三〈昭明太子傳〉曰：「初，丁貴嬪薨，太子遣人
　　求得善墓地，將斬草，有賣地者因閹人俞三副求市，若得三百萬，
　　許以百萬與之。三副密啟武帝，言太子所得地不如今所得地於帝
　　吉，帝末年多忌，便命市之。葬畢，有道士善圖墓，云『地不利
　　長子，若厭伏或可申延』。乃為蠟鵝及諸物埋墓側長子位。有宮
　　監鮑邈之密啟武帝云：『雅為太子厭禱。』帝密遣檢掘，果得鵝等
　　物。大驚，將窮其事。徐勉固諫得止，於是唯誅道士，由是太子
　　迄終以此慚慨，故其嗣不立。……（昭明太子長子）歡既嫡孫，
　　次應嗣位，而遲疑未決。帝既新有天下，恐不可以少主主大業，
　　又以心銜故，意在晉安王，猶豫自四月上旬至五月二十一日方決。
　　歡止封豫章王還任。」頁1312-1313。《資治通鑑》卷一五五〈大
　　通三年條〉，司馬光曰：「以昭明太子之仁孝，武帝之慈愛，一染
　　嫌疑之跡，身以憂死，罪及後昆，求吉得凶，不可湔滌，可不戒
　　哉！」頁4809。

❻　《梁書》卷五五〈豫章王綜傳〉，頁823-825。

❻　《梁書》卷六〈敬帝紀〉，頁151。

終為其所廢弒。武帝四子南康簡王績(507–531)「寡玩好，少
嗜慾，居無僕妾，躬事儉約」在州著稱，吏治清明。但是這
位賢明僅次於昭明太子的兒子，竟然以二十五歲之英年與昭
明太子同年而病死，可以說是六十八歲的梁武帝之家庭慘
事❸。武帝五子廬陵威王續 (?–547)「多續馬仗，蓄養趫雄，
耽色愛財，極意收斂，倉儲庫藏盈溢」。蕭續先於武帝之前
而死時，帝方知其「財多德寡」❹。武帝六子邵陵王綸(?–551)
甚為殘暴，《梁書·邵陵王綸傳》：

> 普通五年(524)，以西中郎將權攝南兗州，坐事免官奪爵。
> 七年(526)，拜侍中。大通元年(527)復封爵，……中大
> 通四年(532)為侍中、宣惠將軍揚州刺史。以侵漁細民，
> 少府丞何智通以事啟聞，綸知之，令客戴子高於都巷刺
> 殺之。智通子訴於闕下，高祖令圍綸第，捕子高，綸匿
> 之、竟不出。坐免為庶人。頃之，復封爵。❺

邵陵王綸兩次坐殺人免官奪爵，但很快就又升官封爵，
顯示梁武帝護短與優容皇族子弟的缺點。武帝七子元帝蕭繹
(508–554)則猜忌殘虐更甚，《南史·梁本紀》：

> (元帝)性好矯飾，多猜忌，於名無所假人。微有勝己
> 者，必加殺害。……忌劉之遴學，使人鴆之。如此者甚

---

❸ 《梁書》卷二九〈南康簡王績傳〉，頁427–428。

❹ 《南史》卷五三〈廬陵威王續〉，頁1321–1322。

❺ 《梁書》卷二九〈郡陵王綸傳〉，頁432。

眾，雖骨肉亦偏被其禍。❻

　　梁元帝在侯景之亂時，不急於派遣大軍援救父兄，反而
「擁眾逡巡，內懷觖望，坐觀國變，以為身幸」❻。元帝不
但不討伐侯景，反而賣國稱臣於西魏，攻殺六兄邵陵王綸、
八弟武陵王紀。元帝又派兵攻殺長兄昭明太子的第三子河東
王譽；但是其後反而被昭明太子第二子岳陽王詧引西魏兵所
敗，元帝被執處死。岳陽王蕭詧賣國投敵的結果，在西魏的
監視下憂憤而死。梁武帝的子孫在侯景之亂危急存亡之秋，
不但不能聯兵勤王，反而循環砍殺，相互爭奪王位，禍起蕭
牆的結果，梁國覆滅，陳朝得以代興。武帝八子武陵王紀
(508-553)在侯景之亂時，坐擁四川天府之國，卻毫無出兵救
援之意，卒為其七兄元帝所截殺❻。綜觀梁武帝的八子，英
明的長子，四子在武帝六十八歲時早夭；而不肖的諸子卻橫
行非法，貪賄，殺人於都巷，然武帝卻不斷親愛，縱容不究，
為之復官封爵。但是這些兒子卻企盼其早日退位，且預謀爭
奪王位。牧田諦亮認為晚年的梁武帝，在捨身同泰寺的背後，
隱藏著子孫不肖的寂寥之家庭生活❻。晚年家族的悲劇是武
帝消沉與政刑弛素的原因。

---

❻　《南史》卷八〈梁本紀〉，頁243。

❻　同前註，頁252。

❻　參見王仲犖《魏晉南北朝史》第六章第四節〈侯景亂梁與南朝的
　　再削弱〉，頁441-457。

❻　牧田諦亮《中國佛教史研究》第一冊第六章〈梁の武帝──信仏
　　と家庭の悲劇──〉，大東出版社，昭和五十六年，頁217-233。

梁武帝的弟姪輩也橫行非法，而未加裁制，例如：武帝的六弟臨川王宏本傳曰：

> 蕭宏以介弟之貴，無位量能，恣意聚斂。庫室垂有百間，在內堂之後關篇甚嚴。有疑是鎧仗者，密以聞。……（武帝）徑往屋所。宏恐上見其賄貨，顏色怖懼。上意彌信是仗，屋屋檢視。宏性愛錢，百萬一聚，黃牓標之，千萬一庫，懸一紫標，如此三十餘間。見錢三億餘萬，餘屋貯布絹絲綿漆蜜紵蠟朱沙黃屑雜貨，但見滿庫，不知多少。帝始知非仗，大悅，謂曰：「阿六，汝生活大可。」方更劇飲，至夜舉燭而還。兄弟情方更敦睦。宏都下數十邸出懸錢立券，每以田宅邸店懸上文券，期訖便驅卷主，奪其宅。都下東土百姓，失業非一。……宏又與帝女永興公主私通，因是遂謀弒逆，許事捷以為皇后。……（事敗）公主恚死，帝竟不臨之。❼

武帝六弟蕭宏貪賄聚斂至三億萬錢，庫室百間，祇因不是圖謀不軌的武器，不但不治其罪，反而大加讚揚。梁武帝以政權的穩固為主，其優容宗室子弟固然有助於政權的維護，但是袒護宗族的結果不但造成政刑的紊亂，且導致亡國慘劇。《南史・臨賀王正德傳》：

> （臨賀王正德，臨川王宏三子）少而凶愿，招聚亡命，破冢屠牛，兼好弋獵。齊建武中，武帝胤嗣未立，養以

---

❼　《南史》卷五一〈臨川王宏傳〉，頁1278。

為子。及平建康，生昭明太子，正德還本。正德自謂應
居儲嫡，心常怏怏，每形於言。頃之奔魏，至魏稱是被
廢太子。魏既不禮之，又自魏逃歸。見於文德殿，至庭
叩頭。武帝泣而誨之，特復本封。正德志行無悛，常公
行剝掠。……多聚亡命，黃昏多殺人於道，謂之「打
稽」。時勳豪子弟多縱恣，以淫盜屠殺為業，父祖不能
制，尉邏莫能禦。……太清二年秋，侯景反，知其有姦
心，與正德書（勸以內應，許以天子之位）。及景至，
正德潛運空舫，詐稱迎荻，以濟景（過江）。朝廷未知
其謀，以正德為平北將軍，屯朱雀航。景至，正德乃引
賊入宣陽門。[71]

　　梁武帝的姪兒臨賀王正德曾過繼為嗣，其後因昭明太子
誕生，才被送還本支。蕭正德以為被奪去皇太子之位，心懷
怨恨，叛逃北魏後又回國，梁武帝非但不治罪還「泣而悔之，
特復本封」。蕭正德其後與勳豪子弟，以淫盜屠殺為業，武
帝不能有效制止，最後，造成蕭正德接侯景渡江，引賊入城，
釀成侯景之亂的慘劇。史家認為武帝「仁愛不斷，親親及所
愛愆犯多有縱捨，故政刑弛紊」[72]。《資治通鑑・大同十一年
條》：

　　上敦尚文雅，疏簡刑法，自公卿大臣，咸不以鞫獄為意。
　　姦夫招權弄法，貨賂成市，枉濫者多。大率二歲刑已上

────────
[71]　《南史》卷五一〈臨賀王正德傳〉，頁1279–1282。

[72]　《南史》卷七〈梁本紀〉，頁224。

至五千人;徒居作者具五任,其無任者升械;若疾病,權解之,是後囚徒或有優、劇。時王侯子弟,多驕淫不法。上年老,厭於萬幾。又專精佛戒(菩薩戒),每斷重罪,則終日不懌;或謀反逆,事覺,亦泣而宥之。由是王侯益橫,或白晝殺人於都街,或暮夜公行剽劫,有罪亡命者,匿於王家,有司不敢搜捕。上深知其弊,溺於慈愛,不能禁也。❼

二、政治敗壞、侯景之亂與「佛教國家」的幻滅

梁武帝優容自己不肖的子姪橫行妄法,不能以刑典裁抑,影響所及王侯子弟也多驕淫不法,破壞綱紀。晚年時期的梁武帝雖然「深知其弊」,但是仍被自己個性上的護短、溺愛子弟所圍,不能有效的禁止。家庭的悲劇、子孫的不肖、王侯子弟的橫行,再加上早年「政教結合政策」主要成員的凋零,股肱人才的缺乏,梁武帝也不免於晚年的「委事群倖,小人道長」的昏庸時期。

「建康教團」政教結合政策的主要成員大都卒於梁武帝晚年階段之前,例如:寶誌卒於514年,僧祐卒於518年,智藏卒於522年,法寵卒於524年,法超、慧超卒於526年,僧旻卒於527年,法雲卒於529年等,詳見表一:「建康教團」政教結合工作摘要表。此外「預機密二十餘年」的周捨卒於524年,「盡心奉上,知無不為」的徐勉卒於535年❼。梁武帝大

---

❼ 《資治通鑑》卷一五九〈大同十一年條〉,頁4935-4936。

同十一年(545)答辯賀琛啟陳事條封奏曰:「向使朕有股肱,故可得中主,今乃不免居九品之下。」❼❺《梁書》史臣評論梁武帝晚年「委政小人」的後果,曰:

> 及乎耄年,委事群倖。然朱异之徒,作威作福,挾朋樹黨,政以賄成,服冕乘軒,由其掌握,是以朝經混亂,賞罰無章。「小人道長」,抑此之謂也。賈誼有云:「可為慟哭者矣。」遂使滔天羯寇,承間掩襲,鷙羽王屋,金契辱乘輿,塗炭黎元,黍離宮室。嗚呼!天道何其酷焉。雖曆數斯窮,蓋亦人事然也。❼❻

《南史》史臣評論梁武帝縱容子弟,弛於刑典的惡果,曰:

> 然先王文武遞用,德刑備舉,方之水火,取法陰陽,為國之道,不可獨任;而帝留心俎豆,忘情干戚,溺於釋教,弛於刑典。既而帝紀不立,悖逆萌生,反噬彎弧,皆自子弟,履霜弗戒,卒至亂亡。自古撥亂之君,固已多矣,其或樹置失所,而以後嗣失之,未有自己而得,自己而喪。追蹤徐偃之仁,以致窮門之酷,可為深痛,可為至戒者乎!❼❼

---

❼❹ 《梁書》卷二五〈周捨、徐勉〉,頁375–389。

❼❺ 《梁書》卷三八〈賀琛傳〉,頁549。

❼❻ 《梁書》卷三〈武帝紀〉史臣曰,頁97–98。

❼❼ 《南史》卷七〈梁本紀〉史臣曰,頁226。

晚年時期的梁武帝縱容子弟、弛於刑典、缺乏股肱人才、委政群小的結果導致「帝紀不立，悖逆萌生」，「小人道長，朝經混亂」的局面，也促使武帝從壯年時期的政教改革之熱誠退向消極的、消沉的轉折。《資治通鑑・大同十一年條》曰：「上年老，厭於萬幾。」梁武帝撰的〈摩訶般若懺文〉曰：

> 菩薩戒弟子皇帝，稽首和南十方諸佛及無量尊法一切賢聖。觀夫常樂我淨，蓋真常之妙本。無常苦空，乃世相之累法。而苦樂殊見，……弟子頗學空無，深知虛假。主領四海，不以萬乘為尊。攝受兆民，彌覺萬幾成累。❼❽

晚年的梁武帝在喪失了最佳繼承人選的昭明太子之後，其餘諸子皆不肖，無法承繼他所開創的「皇帝菩薩」之理想王國。梁武帝的個性護短，溺愛諸子姪，導致刑典廢弛、帝紀不立；在客觀環境方面，「建康教團」政教結合政策的主要成員凋零，也缺乏後起的股肱人才；因此在群小環伺、朝經混亂之下，「皇帝菩薩」政教結合政策的發展不得不由改革政教的熱誠轉折到消極的路線。梁武帝生命歷程最後階段的「皇帝菩薩」理念與「佛教國家」理想，逐漸偏離現實的、具體的政教環境，而走向理想的、應然的世界中。

梁武帝太清元年(547)，侯景在東西魏的夾擊下，以河南

---

❼❽ 《廣弘明集》卷二八，梁高祖〈摩訶般若懺文〉，《大正藏》五十二冊，頁332中。

地十三州來降，請求蕭梁出師援助。此時，武帝已經八十四歲高齡，在位有四十六年之久，聽到侯景來投降，認為有生之年，朝夕夢想的統一中原之機會到了。因此，不顧群臣的反對，一方面接受侯景投降，封他為河南王，一方面派他的姪兒蕭淵明率領南朝主力軍隊進攻東魏，支援侯景。《資治通鑑‧武帝太清元年》：

> （侯景降）上召群臣廷議。尚書僕射謝舉等皆曰：「頃歲與魏通和，邊境無事，今納其叛臣，竊謂非宜。」上曰：「雖然，得景則塞北可清，機會難得，豈宜膠柱！」上夢中原牧守皆以其地來降，舉朝稱慶。……朱异揣知上意，對曰：「聖明御宇，南北歸仰，正以事無機會，未達其心。今侯景分魏土之半以來，自非天誘其衷，人贊其謀，何以至此！」上乃定議納景。❼❾

　　蕭淵明主力軍，幾乎為東魏全部殲滅，主帥亦被俘。侯景亦為東魏所敗，退守壽陽。東魏為了離間梁武帝與侯景，表示祇要南朝消滅侯景，北朝就可釋放蕭淵明。武帝覆信：「淵明旦至，侯景夕返。」逼使侯景叛梁。武帝認為「長江天塹」，侯景是渡不過來的，就下令蕭正德都督京師諸軍事，擔任保衛建康都城任務。侯景利用蕭正德不滿武帝未立他為皇儲，藉口擁護他為皇帝，促使他接應過江並長驅直入都城，進而作長圍包圍臺城。太清二年十月二十四日臺城被圍，到太清三年三月十二日城破，臺城前後被圍長達一百三十多天

---

❼❾　《資治通鑑》卷一六〇〈武帝太清元年〉，頁4949-4950。

之久。梁武帝諸子雖集結各地勤王軍二、三十萬人，但皆忙於相互爭鬥、卡位、競相搶掠資源，共同坐視跛鴨皇帝早日歸天。梁武帝在臺城被圍困時，仍不忘情菩薩的誓願。《梁書・建平王大球傳》：

> 初，侯景圍京城，高祖素歸心釋教，每發誓願，恆云：「若有眾生應受諸苦，悉衍身代當。」時大球年甫七歲，聞而驚謂母曰：「官家尚爾，兒安敢辭。」乃六時禮佛，亦云：「凡有眾生應獲苦報，悉大球代當。」❽

臺城初被圍時，城內男女十餘萬人，甲士二萬餘人。被圍既久，死者十之八九「棋尸滿路，爛汁滿溝」。 城破時，生存的祇有二、三千人。城外居民二十餘萬戶，在侯景蹂躪下，更是悲慘，「存者百無一二」。「南朝四百八十寺，多少樓臺煙雨中」的建康，在侯景之亂中被毀了。梁武帝在城破之後，被侯景軟禁起來，在臺城陷落後二月，老病餓死。《資治通鑑・武帝太清三年》：

> 上所求多不遂志，飲膳亦為所裁節，憂憤成疾。五月，丙辰，上臥淨居殿，口苦，索蜜不得，再曰：「荷！荷！」遂殂。年八十六。❽

建康陷落，引發侯景與梁諸王的大戰，對南朝的「糧庫」

❽ 《梁書》卷四四〈建平王大球傳〉，頁617。

❽ 《資治通鑑》卷一六二，頁5017。

三吳、會稽等地，大肆破壞，造成江南大饑荒。《資治通鑑·
梁簡文帝大寶元年》：

> 時江南連年旱蝗，江、揚尤甚，百姓流亡，所在皆盡，
> 死者蔽野。富室無食，皆鳥面鵠形，衣羅綺，懷珠玉，
> 俯伏牀帷，待命聽終。千里絕烟，人迹罕見，白骨成聚，
> 如丘隴焉。❷

　　梁武帝八十六年的生命，在位四十八年的歲月，他努力
創造的「皇帝菩薩」理念，極力推行的政教結合政策，以生
生世世的菩薩誓願而建造的「佛教國家」，在因緣聚散無常
中，復歸於幻滅。也許，梁武帝生命終了最後一口氣的「荷！
荷！」是他理想中「佛教國家」的「佛！佛！」吧！

---

❷ 《資治通鑑》卷一六三，頁5039。

結　語

　　中國傳統君主集權時代的帝王政治之統治中，往往將政治與宗教做某種程度的結合，而對當時的政治、社會、文化等方面產生種種影響。政治的目的在制定及推行良好的理念與政策，使大多數的人民享有安定幸福的生活。宗教的目的在使人們理解人生的意義，解脫人間的痛苦，使人們達到最究極的最圓滿的境界。政治與宗教共同具有消除人們的痛苦，領導人們走向光明、快樂之世界的理想。但是，政治與宗教也有截然不同之處。統治階層的政治人物必須獲得與運用適當的權力，方能制定及推行良好的理念與政策。權力的獲得與運用是最具體的、最現實的，為了爭奪權力或維護既得權力，往往是不擇手段、不顧倫常道德、不理會他人的痛苦。君主集權時代帝王的權力缺乏適當的法制規範，往往使君權易流於腐化或濫用。宗教徒為了解脫現世的苦痛，追求究極、圓滿的境界，必須奉行各種道德、戒律，不執著迷戀世間的名位與權力，隨時抱持著犧牲、奉獻的精神。偏於政治的結果，往往是極端的現實，成為權力的追逐者。偏於宗教的結果，往往是極端的狂熱，成為理想的犧牲者。政治與宗教在理念或政策等方面的結合而施行於現實的統治中，有可能領導人們走向人間的樂土，也有可能因統治者的現實權力與理想目標之矛盾等因素，而帶來統治者乃至被統治者的悲劇。

梁武帝是魏晉南北朝時代中梁朝的開國皇帝，也是一位虔誠的佛教徒。梁武帝統治的四十八年中，推行了政治與佛教結合的新理念與新政策，對於政治、社會、宗教、文化等方面產生不小的影響，也受到後人毀譽參半的評價。有些人認為他是現實政治權力的追逐者，也有些人認為他是宗教理想的犧牲者，這兩者說法都言之成理，很難論斷。梁武帝與「建康教團」的成員共同創造出「皇帝菩薩」這一名詞，做為梁武帝的尊稱，也做為梁武帝政教結合的新理念與新政策之象徵，其深層的願景，在創建一個理想的「佛教國家」。

梁武帝生長在長期分裂、政局動盪的亂世裡；也生活在中國本土的儒、道文化與外來的佛教文化激烈衝突與融合的時代。梁武帝的生命內容多元、多層次，又不斷的轉換，由儒生、文人、隱逸修道者，而軍人、政客乃至高居九五之尊成為「開國皇帝」，卻又轉向佛教的信仰、鑽研與實踐而成為虔誠的宗教徒。他扮演了截然不同的各種角色，不但成功認真的扮演，而且全心、全力的投入。每個角色、身分轉變之後，他的生命又剝去了一層，深入了一層。如果不是走向開國皇帝之路，他可能是一名卓越的文人、學者。但是，成為一位開國皇帝又傾向佛教的信仰，他一方面要維護、擴展其現實的政治權力，一方面又要追求人生究極的理想，這是難以兼顧也很難統合的大矛盾。梁武帝在這種大矛盾中創造出「皇帝菩薩」的新理念與新政教結合政策，從理想方面來看是結合中國文化的「皇帝」與印度文化的「菩薩」概念，是中國的「聖王思想」與印度的「轉輪聖王」思想的合一；也可以說是儒、釋、道的「三教合一」；也可以說是政治與佛

教的「政教合一」，甚至可以「皇帝菩薩」的身分一統僧俗，進而統一南北長期的分裂狀態到「南北合一」的「佛教帝國」。這是順應魏晉南北朝長期分裂，以及思想未定於一尊而衍生出的「合一」之時代需求的產物。如果把這看做是時代價值與潮流的體現，則梁武帝不愧為「時代之子」、「時代之父」、「六朝士大夫的典型」❶。

然而，梁武帝死後四十年，由隋文帝完成了中國南北的統一，開啟隋唐盛世的文化與帝國，這不是一個皇帝，或少數英雄人物所能做到的。北朝歷經胡漢二十幾個國家的統治，一波波的鐵騎血洗山河，一個個國家建立又被殘酷的毀滅。胡漢分治、胡漢合治、全盤漢化、全盤胡化，各種制度、政策，不斷的被實驗著，人民成為小白老鼠不斷的被犧牲。在黑暗、撕裂的年代裡，惟有縈根於腳下的土地，才能立穩腳跟；惟有徹底實行照顧人民的制度，才能凝聚更多的資源。北魏、西魏、北周屬行「均田制」、「三長制」、「府兵制」等制度，累積數百年的血汗經驗，他們縈根關中地區，凝聚關隴集團，實行關中本位政策。北周、隋、唐繼往開來，破舊立新，終於突破六朝的黑暗，邁向隋唐的光明，建立「儒、釋、道」為基礎的新國家。

但是，梁武帝企圖將宗教上最美好的「聖王」理想，在封建時代現實的政治等事務上具體的實踐開來，其結果是一場大悲劇。君主集權時代缺乏有效率的制衡體系與法制規模，官僚乃至於君王都不免於走上腐敗、僵化、濫權的困境。儘

---

❶　森三樹三郎《梁の武帝——仏教王朝の悲劇——》，京都，平樂寺書店，1985年，頁3–5。

管塑造「皇帝菩薩」救世主的形象，推行倫理道德，從人的心靈與行為上做徹底的改革，但不是每一個人都能自覺、自發的行菩薩道，自動的持守菩薩戒。因此「皇帝菩薩」理念的形成及政策的推展，最大的貢獻是順著僧團最基本的戒律規範，以「禁斷酒肉」為中心，完成中國佛教僧團「持素清修」的制度化改革工作。然而以菩薩戒為中心要求全國人民奉行菩薩道，仍然祇是一個理想而已。那需要教化千千萬萬個菩薩，生生世世實踐菩薩道，或許才能轉變濁惡的塵世，成為莊嚴的「佛教國家」之「淨土」吧！

　　梁武帝在傳統中國君主集權時代中，耗盡了他八十六年的生命，秉持最光明圓滿的佛教理想，奮力不懈的企圖在現實政治世界中實踐開來，即使傾全力推行「皇帝菩薩」的新理念與新政策，創建他誓願中想要達成的「佛教國家」，仍不免於侯景之亂的慘劇，落得個淒苦的身死國亡之下場。也許，留傳至今的《梁皇寶懺》藉著千百年來佛教徒懺悔的淚水所洗滌的清淨心靈，以及無數寺廟十八羅漢中「梁武帝君」的信仰，還有「菩薩」持戒宏法的實踐願力，有朝一日能完成梁武帝「皇帝菩薩」的「佛教國家」之理想吧！但是，如果能活在當下，隨時隨地棄除貪瞋痴煩惱，以願力消除業障的制約，或許更能清淨圓滿！總之，梁武帝一生給予後人的啟示，值得更深入的探討。

參考書目

一、專　著

㈠正史及古籍類

1. 《晉書》唐・房玄齡等撰　臺北　鼎文書局標點本，以下正史引用版本相同
2. 《宋書》梁・沈約
3. 《南齊書》梁・蕭子顯
4. 《梁書》唐・姚思廉
5. 《陳書》唐・姚思廉
6. 《隋書》唐・魏徵
7. 《魏書》北齊・魏收
8. 《南史》唐・李延壽
9. 《北史》唐・李延壽
10. 《舊唐書》後晉・劉昫
11. 《新唐書》宋・歐陽修
12. 《資治通鑑》宋・司馬光　臺北　世界書局點校本　民國五十九年
13. 《通典》唐・杜佑　臺灣商務印書館　民國七十六年重印
14. 《高僧傳》梁・慧皎　《大正藏》五十冊

15.《續高僧傳》唐·道宣　《大正藏》五十冊

16.《比丘尼傳》梁·寶唱　《大正藏》五十冊

17.《弘明集》梁·僧祐　《大正藏》五十二冊

18.《廣弘明集》唐·道宣　《大正藏》五十二冊

19.《出三藏記集》梁·僧祐　《大正藏》五十五冊

20.《二十二史箚記》清·趙翼　臺北　華世出版社　民國六十六年

21.《金樓子》梁·蕭繹　收在《知不足齋叢書》第九集

22.《梁武帝集》梁武帝　明·張溥編　《漢魏六朝百三名家集》第四冊　臺北　文津出版社

23.《梁簡文帝集》梁簡文帝　《漢魏六朝百三名家集》第四冊　臺北　文津出版社

24.《任中丞集》梁·任昉　《漢魏六朝百三名家集》第五冊　臺北　文津出版社

25.《沈隱侯集》梁·沈約　《漢魏六朝百三名家集》第五冊　臺北　文津出版社

26.《全上古三代秦漢三國六朝文》清·嚴可均校輯　中文出版社

27.《顏氏家訓》北齊·顏之推　中華書局

28.《金石萃編》清·王旭　收在《石刻史料新編》㈠　臺北　新文豐出版社

29.《八瓊室金石補正》清·陸增祥　收在《石刻史料新編》㈥

30.《建康實錄》唐·許嵩　張忱石點校本　北京　中華書局　1986年

31.《六朝事跡編類》宋·張敦頤編　臺北　廣文書局　民國五

十九年

32.《大智度論》龍樹菩薩造、鳩摩羅什譯　《大正藏》二十五冊

33.《妙法蓮華經》姚秦・鳩摩羅什譯　《大正藏》九冊

34.伯希和第二一九六號〈出家人受菩薩戒本卷第一〉《敦煌古寫經》　法國巴黎國民圖書館

35.《經律異相》梁・寶唱等集　《大正藏》五十三冊

36.《梵網經盧舍那佛說菩薩心地戒品》姚秦・鳩摩羅什譯　《大正藏》二十四冊

37.《普曜經》西晉・竺法護譯　《大正藏》第三冊

38.《維摩詰所說經》姚秦・鳩摩羅什譯　《大正藏》十四冊

39.《維摩詰經集注》李翊灼校輯　臺北　老古文化公司　民國七十五年

40.《無量壽經》曹魏・康僧鎧譯　《大正藏》十二冊

41.《大方廣佛華嚴經》東晉・佛馱跋陀羅譯　《大正藏》九冊

42.《釋迦方志》唐・道宣　《大正藏》五十一冊

43.《阿育王經》梁・僧伽婆羅譯　《大正藏》五十冊

44.《優婆塞戒經》北涼・曇無讖譯　《大正藏》二十四冊

45.《釋迦譜》唐・僧祐　《大正藏》四十九冊

46.《妙法蓮華經義記》梁・法雲　《大日本續藏經》第四十二套

47.《歷代三寶紀》隋・費長房　《大正藏》四十九冊

48.《大唐內典錄》唐・釋道宣　《大正藏》五十五冊

49.《阿育王傳》西晉・安法欽譯　《大正藏》五十冊

50.《菩薩瓔珞本業經》姚秦・竺佛念譯　《大正藏》二十四冊

51.《摩訶般若婆羅蜜經》姚秦·鳩摩羅什譯　《大正藏》八冊

52.《大般涅槃經》北涼·曇無讖譯　《大正藏》十二冊

㈡民國後之著作

53.《漢魏兩晉南北朝佛教史》湯用彤　臺北　鼎文書局本

54.《兩晉南北朝士族政治之研究》毛漢光　臺北　中國學術著作獎助委員會　民國五十五年

55.《中國中古社會史論》毛漢光　臺北　聯經出版社　民國七十七年

56.《魏晉思想與談風》何啟民　臺北　學生書局　民國六十五年

57.《中古門第論集》何啟民　臺北　學生書局　民國六十七年

58.《西周史》許倬雲　臺北　聯經出版社　民國七十三年

59.《魏晉南北朝佛教論叢》方立天　北京　中華書局　1982年

60.《五十年來漢唐佛教寺院經濟研究》何茲全編　北京師範大學出版社　1986年

61.《涅槃思想研究》張曼濤　《現代佛學大系》第三十四冊　臺北　彌勒出版社　民國七十二年

62.《戒律學綱要》釋聖嚴　臺北　東初出版社　民國七十六年

63.《中國思想通史》侯外廬等著　北京　人民出版社　1980年

64.《魏晉南北朝史綱》韓國磐　人民出版社　1983年

65.《魏晉南北朝史》王仲犖　仲信出版社影印本

66.《政治理論與研究方法》易君博　臺北　三民書局　民國七十七年

67.《歷代興業帝王政治謎思之研究》吳彰裕　中山大學中山學

術研究所碩士論文　民國七十四年

68.《戰國諸子的古聖王傳說及其思想史意義》王健文　臺大歷史研究所碩士論文　民國七十五年

69.《南朝詩研究》王次澄　東吳大學中文研究所博士論文　民國七十一年

70.《齊梁麗詞衡論》陳松雄　文化大學中文研究所博士論文　民國七十二年

71.《支那中世佛教の展開》山崎宏　東京　清水書店　1942年

72.《魏書釋老志の研究》塚本善隆　京都　佛教文化研究所出版部　昭和三十六年

73.《北朝仏教史研究》塚本善隆　東京　大東出版社　昭和四十九年

74.《中國佛教史研究》牧田諦亮　東京　大東出版社　1981年

75.《中國仏教史全集》第三卷道端良秀　昭和六十年

76.《六朝思想の研究》中嶋隆藏　京都　平樂寺書店　1989年

77.《中國仏教史》第三卷〈南北朝の仏教〉（上）　鎌田茂雄　東京　東京大學出版會　1984年

78.《仏教の根本真理》宮本正尊　東京　三省堂　昭和四十九年

79.《魏晉南朝の人と社會》越智重明　東京　研文出版　1985年

80.《梁の武帝——仏教王朝の悲劇——》森三樹三郎　京都　平樂寺書店　1985年

81.《大乘菩薩道の研究》西義雄　京都　平樂寺書店　1968年

82.《菩薩思想的研究》神林隆淨　許洋主譯　藍吉富編　《世界佛學名著譯叢》第六十五冊

83.《宗教學》岸本英夫　東京　大明堂　昭和四十五年

84.《宗教學辭典》小口偉一、崛一郎監修　東京大學出版會　1973年

85.《中國中世仏教史研究》諏訪義純　東京　大東出版社　1988年

86.R. C. Majumdar: *An Advanced History of India.*　李志夫譯　《印度通史》　臺北　國立編譯館　民國七十年

87. Kenneth K. S. Ch'en: *Buddhism in China.* Princeton University 1963年

二、論　文

1.張光直　〈商周神話與美術中所見人與動物關係之演變——中國古代神話研究之三〉《中央研究院民族學研究所集刊》第十六期　民國五十二年

2.周一良　〈論梁武帝及其時代〉《中華學術論文集》　北京　中華書局　1981年

3.方立天　〈梁武帝蕭衍與佛教〉氏著《魏晉南北朝佛教論叢》　北京　中華書局　1982年

4.孫述圻　〈菩提達摩與梁武帝〉《南京大學學報哲社版》第三期　1984年

5.雷海宗　〈皇帝制度之成立〉收在韓復智編《中國通史論文選集》　東昇出版公司

6.何茲全　〈中古時代之中國佛教寺院〉收在氏編《五十年來漢唐佛教寺院經濟研究》　北師大出版社　1986年　以下三

篇論文亦同此出處

7.何茲全　〈中古大族寺院領戶研究〉

8.金家端　〈南朝的寺院和僧侶〉

9.簡修煒、夏毅輝　〈南北朝時期的寺院地主經濟初探〉

10.周伯戡　〈慧遠「沙門不敬王者論」的理論基礎〉《臺大歷史系學報》第九期　民國七十一年

11.林久稚　〈北魏雲岡石佛藝術的基礎與形成〉《歷史月刊》第九期　民國七十七年

12.顏尚文　〈沈約的宋書與史學〉《師大歷史學報》第十期

13.顏尚文　〈後漢三國西晉時代佛教寺院之分布〉《師大歷史學報》第十三期　民國七十四年

14.顏尚文　〈梁武帝的君權思想與菩薩性格初探──以「斷酒肉文」形成的背景為例〉《師大歷史學報》第十六期　民國七十七年

15.林水波　〈政策執行之理論探討〉《思與言》第十八卷第六期　1981年3月

16.白文固　〈晉─唐僧官制度考略〉《五十年來漢唐佛教寺院經濟研究》

17.安藤圓秀　〈梁武帝の佛教〉《東亞研究》第三卷第四期　1913年

18.安藤圓秀　〈梁武帝の著書〉《東亞研究》第三卷第十一期

19.內藤龍雄　〈梁の武帝の捨道の非史實性〉《印度學佛教學研究》第五卷第二號　1957年

20.內藤龍雄　〈梁の武帝と「般若經」〉《印度學佛教學研究》第二十二卷第一號　1973年

21. 太田悌藏　〈梁武帝の捨道奉佛について疑う〉《結城令聞教授頌壽紀念論文集》　1964年

22. 春日禮智　〈梁の武帝と三慧經〉《印度學佛教學研究》第二十一卷第一號　1972年

23. 新田雅章　〈梁の武帝と佛教〉《松阪女子短大論叢》第三號　1976年

24. 橫超慧日　〈梁の武帝の佛教觀〉《森三樹三郎博士頌壽東洋學論集》　1979年

25. 伊藤隆壽　〈梁武帝「神明成仏義」の考察〉《駒澤大學佛教學院研究紀要》第四十四號　1986年

26. 山田慶兒　〈梁武の蓋天說〉《東方學報》　京都　第四十八冊　1975年

27. 諏訪義純　〈梁武帝の蜀地經略と佛教〉《大谷史學》第十二號　1970年

28. 諏訪義純　〈梁天監十八年敕寫「出家人受菩薩戒法卷第一」試論〉《敦煌古寫經》續　1972年

29. 諏訪義純　〈武帝紀に見える——記載について——梁武帝と十戒について〉《東海學教》第十八卷　1973年

30. 諏訪義純　〈梁代佛教と武帝〉㈠、㈡　《三藏》一九一、一九二號　1929年

31. 諏訪義純　〈中國佛教における菜食主義思想の形成に關する管見——周顒、沈約、梁武帝——〉《愛知學院大學文學部紀要》第十二號　1982年

32. 諏訪義純　〈梁武帝仏教關係事蹟年譜考〉㈠、㈡《佛教史學研究》第二十六卷第一、二號　1982–1983年

33.諏訪義純　〈梁代仏教と武帝㈠──武帝の仏寺建立〉《三藏》
一九一號　1979年

34.諏訪義純　〈敦煌本「出家人受菩薩戒法卷一序一」につい
て〉《禪研究所紀要》第一期

35.安田二郎　〈南朝の皇帝と貴族と豪族・土豪層──梁武帝
の革命を手ガかりに──〉京都大學中國中世史研究會編
《中國中世史研究》　東京東海大學出版會　1970年第一
刷，1980年第五刷

36.安田二郎　〈蕭道成の革命軍團〉《愛知縣立大學文學部論
集》第二十一號　1970年

37.藤堂恭俊　〈江南と江北の仏教──菩薩戒弟子皇帝と皇帝
即如來觀──〉《仏教思想史》第四號　昭和五十六年

38.綱祐次　〈南齊竟陵王の八友に就いて〉《お茶の水女子大
學人文科學紀要》第四

39.小笠原宣秀　〈南齊佛教と蕭子良〉《支那佛教史學》三之
二

40.土橋秀高　〈ペリオ本「出家人受菩薩戒法」について〉
龍谷大學佛教學會編《佛教文獻の研究》　昭和四十三年

41.鈴木啟造　〈梁代佛徒の性格──白衣僧正論爭を通して
──〉《史觀》四十九冊

42.菅野博史　〈「大般涅槃經集解」の基礎研究〉《東洋文化》
六十六卷　東大東洋文化研究所　1986年

43.道端良秀　〈梁武帝の斷酒肉文〉　收在氏著《中國佛教史
全集》　東京　株氏會社書苑　昭和六十年

現代佛學叢書

為你介紹佛學常識，探討今日佛學的新意義

禪宗六變

顧偉康 著

本書將禪宗史分為達摩禪、東山禪、曹溪禪、南禪、宋元明清禪和當代禪六個階段，系統地描述了這「禪宗六變」的沿革，並力圖從禪宗發展的內在來探索其演化的理由。本書的最大特色，在對禪宗史上大量偽託的故事、著作的考證和「還原」，對禪宗史的追溯和詮釋，更迥異於以往的禪史成說。

禪淨合一流略

顧偉康 著

禪宗和淨土宗，由合而分、由分而合，幾乎可以涵蓋二千年中國佛教史的主流。本書從淨禪兩宗的共同出發點開始，從各自立宗到合流互補，分成六期，一一道來。除了分析其合分、分合的過程和依據外，對禪淨合一史上的重點人物和事件，都有翔實的闡述。

佛教史料學

藍吉富 著

面對難以數計的佛教文獻，一個佛教研究者該如何入門？如何應用？本書是專為佛教研究者所設計的史料學專書，先將各種常見的大藏經作實用性的分析，然後分別論述印度、中國（含西藏）等系佛教文獻的內容及特質；最後以實例說明佛典翻譯、版本、偽經與遺跡等項在佛教研究過程中的重要性。

現代佛學叢書

為你介紹佛學常識，探討今日佛學的新意義

臺灣佛教與現代社會　　江燦騰 著

　　作者以深入淺出的筆法，介紹臺灣佛教在現代社會中的變遷與適應，以及各種相關的佛教人物所扮演的角色。全書共分三輯：第一輯是佛教人物與社會變遷；第二輯是佛教信仰與文學創作；第三輯是佛教思想與現代社會生活，讓讀者接觸到當代臺灣佛教富饒的思想內涵，是兼顧知識性和趣味性的最佳佛教讀物。

菩提道上的善女人　　釋恆清 著

　　二千多年來的佛教史中，佛教婦女的努力和成就令人刮目相看，而近年來臺灣佛教蓬勃發展，佛教婦女扮演了舉足輕重的角色，更是有目共睹的事實。本書探究佛教的傑出善女人在男尊女卑的社會意識形態下如何力爭上游，克服百般障礙，發揮慈悲和智慧的特質，最後達到解脫自在。

人間佛教的播種者　　釋昭慧 著

　　本書是被譽為「玄奘以來不作第二人想」的一代高僧印順長老之傳記。長老畢生專力研究佛法，好學深思，睿智過人，發表質精而量多的論文著作，常獨發人之所未議；其思想一以貫之，不外乎是「人間佛教」四字。時至今日，推展「人間佛教」已是佛教界大多數人的共識，長老可謂是踽踽獨行的先知。

現代佛學叢書

為你介紹佛學常識，探討今日佛學的新意義

中村元 著
江支地 譯

慈 悲

本書以佛教觀念「慈悲」為中心，探討慈悲的歷史發展、行動性格等相關問題。視野廣闊，沒有時空、宗派限制及冗長的個人「說法」，是一部佛學的研究者、佛教徒研究「慈悲」觀念的好書。

佛學新視野

周慶華 著

本書旨在指出「對治現代化」是再度開展佛學研究最有遠景的取向。書中各章，有的直接表露用佛教對治現代化可以最見力道，有的先強化佛教本身的「功能」而間接導向對治現代化的道路，充分顯示作者對佛教未來發展的期望，而總題為「佛學新視野」。

道教與佛教

蕭登福 著

本書於道教對佛教的各種影響均加以論述：在哲理方面，如道教太極圖被唐代的宗密拿來解釋佛教唯識學、清代的行策用來說明禪宗的曹洞宗，甚至唐代禪宗的明心見性、頓悟成佛等，也都與老莊的思想有關；在儀軌及習俗方面，道教的符印、星斗崇拜、安宅、葬埋等，也都曾對佛經有所影響，常被佛經所襲用。

現代佛學叢書

為你介紹佛學常識，探討今日佛學的新意義

宋儒與佛教

蔣義斌 著

本書由山林佛教的建立，討論宋儒在山林間講學、建立書院的現象；從佛教與宋儒賦予蓮花、芭蕉的意含，說明宋儒受到佛教影響，而又不同於佛教的複雜情況；並比較佛教的「大雄」、「大丈夫」與二程的「豪雄觀」，展現儒佛理想人格的差異，呈現出宋儒與佛教對話的「錯綜複雜」關係。

唐代詩歌與禪學

蕭麗華 著

本書選取中國文學精華代表的唐詩，配合禪宗發展的歷史，分析詩歌與禪學交互作用下的唐代文學面貌。全書以詩禪交涉為主要路線，以重要禪法及重要詩人如王維、白居易等為觀察重點，並分別突顯唐詩在禪學影響下的多層側影，特別是宴坐文化、維摩信仰、宦隱朝隱觀念及以禪入詩、以詩示禪或以禪喻詩等問題。

禪與美國文學

陳元音 著

美國文學中有禪嗎？美國有禪文學嗎？本書提供了嶄新且有學術根據的答案，所涉獵的作家有愛默生、梭羅、惠特曼、霍桑、梅爾維爾、馬克吐溫、海明威，以及近代禪文學作家如史耐德、與沙林傑等人。採「以觀釋經」觀照實相之法解讀美國文學與禪學之間的因緣，是本書絕無僅有的特色，相當值得一讀。

現代佛學叢書

為你介紹佛學常識，探討今日佛學的新意義

學佛自在

林世敏 著

佛學的卷帙浩繁，理論深奧，初學者常只能徘徊在佛學門外，不能一窺它的富麗。本書從佛學的觀點，活用佛學的內容，試圖提出一條用佛學來做人處世、來品嚐生活、來揭示生命意義的方法。其文筆輕鬆，禪意盎然，深入淺出，最適合一般社會大眾閱讀。

濟公和尚

賴永海 著

濟公的傳奇事跡，早已廣為流傳並為世人所熟知，但以往有關濟公的作品，多側重於描述其「酒中乾坤」、「瘋顛濟眾」的一面，未能揭示出其中所蘊涵的禪學思想。本書不但對濟公富傳奇色彩的一生及其禪學思想，進行了生動的描述和深入的剖析，更揭示了濟公在其「顛僧」背後所蘊涵的深刻禪意。

達摩廓然

郗家駿 著

本書係解析禪宗公案之書，每篇先以白話簡譯逐行導入禪公案的心靈世界，繼而對於公案人物的對話，作前後有序、首尾一貫的解說，更希望能讓讀者全盤了解。解說內容除了釋、儒、道的理念，也引用密宗及武術的概念。所使用的文字有高深的經論，也有俚語、俗語，甚至英語，以求容易了解，為本書最大特色！

現代佛學叢書

為你介紹佛學常識，探討今日佛學的新意義

佛性思想

釋恆清 著

佛性（如來藏）思想由印度流傳至中國，經過千餘年發展，對中國佛教有深遠的影響，如天台宗、華嚴宗、禪宗等都是建立在佛性的思想上。本書包括印度佛教中有關佛性思想之經論研究、《大乘起信論》的心性說探討、初唐性宗和相宗關於「一性」、「五性」的爭辯，最後則從天台宗主張草木有性談到現代深層生態學，以論證佛性說可為現代生態學的哲理基礎。

天台性具思想

陳英善 著

本書是唐宋天台學的專著，扣緊著性具思想來論述，以「具」來凸顯唐宋天台學的特色；亦以「具」來顯示宋代山家山外論爭之所在；更以「具」來呈現山家徒子徒孫對其師祖知禮思想的反省；同時也點出了天台智者的「緣起中道實相」思想至唐宋時已轉變為「性具」思想。書中對唐宋天台宗重要人物之思想皆有詳備的論述，尤其注重彼此思想間的關連性來探索問題。

中國華嚴思想史

木村清孝 著
李 惠 英 譯

本書是深入淺出的華嚴研究之入門書，由思想史的觀點，來探討《華嚴經》在中國的傳播，內容包括華嚴經類的翻譯與研究，思想史的變遷及最新資料的介紹。作者並在文中詳加區分「華嚴思想」和「華嚴教學」的不同，並進一步探討兩者在中國的流變，此為全書最大特色。

現代佛學叢書

為你介紹佛學常識，探討今日佛學的新意義

淨土概論　　　　　　　　　　　　　釋慧嚴 著

　　本書分教理、教史兩篇：上篇教理是根據般若系統的經論及淨土三經，介紹淨土的原義、淨土與極樂世界等方面；下篇教史則循繹彌陀淨土教在中國流傳的經緯，說明它是在漢族文化土壤上衍生出的信仰。行文深入淺出，必有助於讀者對淨土宗思想的認識與了解。

佛學與當代自然觀　　　　　　　　　李日章 著

　　本書以當代物理學與哲學印證佛學對世界的一貫看法，如「緣起性空」、「萬法唯識」、「諸行無常」等等。而懷德海與羅素的論述，則可視為佛學在宇宙論與認識論上的同調。兩人的論述除了與佛學互相發明，更可彌補其不足。

中國末代禪師　　　　　　　　　　　陳慧劍 著

　　虛雲老和尚向被中國佛教界尊為「民國四大高僧」的首座。他雖非鳩摩羅什、玄奘三藏因譯經、取經為中國佛教綻出繁花碩果，也非道生、達摩能為中國佛教思想建立一片新天地；但他在中國佛教的末法時代肩負興滅繼絕的大任，堪稱出乎其類、拔乎其萃的佛家巨擘，絕非一般僧侶差可比擬！